Cooper Weeks
MADE IN CANADA

30 Jahre Eishockey-Bundesliga

GÜNTER KLEIN

30 Jahre Eishockey-Bundesliga

In Zusammenarbeit mit
Redaktion und Autorenteam
des SPORT-Kurier
Copress Verlag München

COPRESS VERLAG MÜNCHEN

Druckhaus München GmbH
Schellingstraße 39–43, 8000 München 40

REDAKTIONELLE GESAMTLEITUNG

Günter Klein

UMSCHLAGENTWURF UND LAYOUT

Franz Hornauer

PRODUKTION

Druck+Werbung Hornauer GmbH

GESAMTHERSTELLUNG

Druckhaus München GmbH
Printed in Germany

ISBN 3-7679-0289-3

MITARBEITER

Hans-Rüdiger Bein, Willibald Fischl, Erhard Füsser, Dag Heydecker, Klaus Kirschner, Camillo Kluge, Gerhard Kuntschik, Theo Mai, Hermann Pedergnana, Tom Ratschunas, Franz Sinn, Hans Staar, Artur vom Stein, Siegfried Zerrenner

FOTOS

Lorenz Baader, Bongarts, Burkhard Deifel, Wolfgang Diekamp, Jürgen Engler, FMS, Dieter Frinke, Roderich Gebel, Raimund Hackl, Fredi Hartung, Wolfgang Henry, Erika Heyer, Horstmüller, Peter Jebens, Keystone, Günter Klein, F. Kölbl, Marius König, Johannes Kösegi, Herbert und Jutta Mehrens, Peter Mularczyk, Charlotte Pedergnana, Ladilaw Perenyi, Pfeil, Rauchensteiner, H. A. Roth, Norbert Rzepka, Max Schirner, Norbert Schmidt, Fred Schöllhorn, Signum, Sven Simon, SPORT-Kurier-Archiv, Wolfgang Tscharnke, Hartmut Tresselt, Trux, Gerhard Uhl, Anne Wall, Bernd Wende, Werek

Besonderen Dank für Unterstützung und Information an Klaus-Peter Knospe (SPORT-Kurier), Horst Eckert (DEB-Referat für Öffentlichkeitsarbeit), Helmut Sterflinger (Garmisch-Partenkirchen) und Reinhard Hintermayr (Verband Deutscher Eishockey-Fan-Clubs).

INHALT

6 Vorwort
8 Auf den Spuren des ersten Meisters
12 30 Jahre Bundesliga – doch was war davor?
14–93 Saison 1958/59 – 1987/88
48 Das Eishockey-Museum
57 Lexikon der Skandale
94 Supertabelle 30 Jahre Bundesliga
95 Superlative 30 Jahre Bundesliga
96 Aktion »Rat der 20«
100 Der Bundesliga-Superstar
102 Der Bundesliga-Supertrainer
103 Die Meistermacher der 30 Jahre
110 Damals und heute: Zuschauerkrösus DEG
112 Zuschauertabelle aus 30 Jahren
121 Damals und heute: Schiedsrichter
124 25 Jahre DEB
126 Damals und heute: Torhüter
130 Die Verschollenen
144 Damals und heute: Fans
148 Eishockey-Karrieren
152 Weisenbach und die Deutsch-Kanadier
155 Ausländer der Bundesliga
158 Ansichten einer Frau
160 Andere über uns
168 Bundesliga-Cracks im Ausland
170 Zukunftsmodell
176 Ein satirischer Epilog

Ein Geschichts-

Unter Eishockey-Freunden
sind sie schon längst mehr al
nur ein Geheimtip: die seit
1985 erscheinenden Jahr-
bücher der Fachzeitschrift
SPORT-Kurier in
Zusammenarbeit mit dem
Copress Verlag. Nun kann
dieser Eishockey-Bibliothek
ein weiterer Baustein
hinzugefügt werden: Der
vorliegende Band befaßt sic
mit der gesamten Geschicht
der deutschen Bundesliga.
Sie wurde ja soeben 30 Jahr
alt – und das ist ein idealer
Zeitpunkt, um die Fülle des
Materials erstmals in dieser
für die Leser attraktiven
Form aufzuarbeiten.
Günter Klein und sein
Autorenteam haben ein
Geschichts- und ein
Geschichten-Buch

nd ein Geschichten-Buch

geschrieben. Sie geben einen kompletten Überblick der 30 Jahre mit den wesentlichen Fakten, den Tabellen, den Zuschauerzahlen, zeigen die Karrieren großer Spieler und Trainer auf. Natürlich illustriert mit eindrucksvollen Bildern aus alten und jungen Eishockey-Tagen.
Und die Verfasser bieten noch mehr als nur das rein Historische. Mit viel Liebe zum Detail vergleichen sie das Gestern und das Heute. Sie haben nachgeforscht: Was wurde aus der ersten Meistermannschaft der Bundesliga, wie erlebten die Torhüter und die Schiedsrichter ein Spiel in den Anfängen, wie jetzt? Sie fragen: Was wurde aus den Vereinen, die einmal erstklassig waren und nun weniger Beachtung erfahren? Sehr interessant ist auch folgender Abschnitt des Buches: Wie unser deutsches Eishockey im Ausland angesehen wird. Und wie Experten, Trainer und Funktionäre die Zukunft unserer Liga gestalten wollen.
Ich wünsche mir, daß »30 Jahre Eishockey-Bundesliga« an den Erfolg der SPORT-Kurier-Jahrbücher anschließt, daß es den Nostalgikern Spaß bereitet, darin zu blättern, und vor allem, daß es zur Einstiegslektüre für alle jungen Menschen wird, die unser faszinierender Sport in ständig steigendem Maße zu begeistern beginnt.

Otto Wanner,
Präsident des Deutschen
Eishockey-Bundes (DEB)

Spaziergang durch eine bezaubernde Ruine

Der Kobel. Ich habe mich in ihn verliebt, an einem sonnigen Samstagvormittag im April.
Die Eishockey-Saison ist am Ausklingen, nur die Damen sind noch am Schaffen. Sie spielen im Füssener Bundesleistungszentrum ihren Deutschen Meister aus. Damen und Eishockey – davon weiß der gute alte Kobel nichts. Die hochmoderne BLZ-Halle mit ihren grünen und orangen Plastikschalensitzen hat auch eine Curlingbahn. Gleich neben ihr ist eine Tür – sie führt hinüber ins Kobelstadion. Laß die Damen Damen sein, sage ich mir. Der Kobel ruft! Als wäre alles inszeniert für einen wie mich, der die Ruine Kobelstadion besichtigen will. Die Werbetafeln an der Bande sind heruntergefallen, auf den dünnen Rohren und dem feinen Kies zwischen ihnen liegt ein Rest von einem Schläger. Der Zaun, der einst die Schüsse auffing, die hoch am Tor vorbeirauschten, weist respektable Löcher auf. Kaum zu glauben: Eis wird hier noch in jedem Winter gemacht, trainiert wird noch am Kobel. Spiele, Wettkämpfe, Turniere? Nein, die Tribüne und die Stehplätze bleiben immer leer. Sie müssen …
Alles hier ist baufällig. Besonders im Winter. Ein paar Tage später spreche ich mit Otto Wanner, dem Präsidenten des Deutschen Eishockey-Bundes und Bürgermeister von Füssen, über den Kobel. Wanner sagt: »Wenn auf dem

Das brüchig gewordene Dach ist schuld daran, daß am Füssener Kobel kein Eishockey vor Publikum mehr gespielt werden darf – der Belastung durch Schneeauflage könnte es nicht mehr standhalten. Folge: Das Stadion ist gesperrt – die Bank der Heimmannschaft, auf der viele Größen einst gesessen sind, wird für immer leer bleiben...

Dach mehr als zehn Zentimeter Schnee liegen, sperrt das Landratsamt zu.« Es ist zu hören, man wolle den Kobel trotzdem nicht aufgeben? Wanner: »Ja, wir wollen das Stadion umbauen, es soll eine Halle für 3500 bis 4000 Zuschauer werden.« Freilich: Mit dem alten Kobel wird das nicht mehr viel zu tun haben...

Was mögen früher Leute hineingepaßt haben? Fast 15000. Das Stadion ist direkt in den Kobelhang hineingehauen, gegenüber der Tribüne und an den Seiten konnte man weit hinauf. Erst der Bau des Daches Anfang der 60er Jahre hat die Kapazität auf etwa 7000 eingeschränkt. Walter Richter, damals Geschäftsführer des EV Füssen, heute Pensionär und Organisator des Wurmberg-Cups, einer Sommerveranstaltung für Bundesliga-Klubs und Teams aus dem Osten, war stolz auf das Dach überm Kopf: »Wir haben 300000 Mark dafür bezahlt. Das war sehr billig.« Nun ist das Dach der Schwachpunkt – die Zeit hat an ihm gearbeitet. Ich steige am Hang hoch. Tatsächlich: ein Flickwerk, nicht sehr vertrauenerweckend. Die Stehränge sind so unkomfortabel, wie man sie sich nur denken kann. Da ist nichts sorgsam mit Beton ausgegossen, da sind einfach Holzbretter und ein paar Pflöcke in die Erde geschlagen worden jeden Meter. Zwischen oberen und unteren Reihen prangt ein noch neuer, ein heller Zaun – hinauf, wo's schön steil wird, darf man nicht.

Aber die Tribüne. Ich wette, sie war einmal die schönste in ganz Deutschland. Links sind da noch Klappsitze, wie im Kino. Wie lange muß keiner mehr da dringesessen sein. 1981 war hier noch die Junioren-WM, kurz darauf ging die Ära des EV Füssen als Erstligist zu Ende, das BLZ wurde zur Heimat des Zweitligateams, der Kobel war nur noch Ausweichplatz – und zuletzt nicht mal mehr das.

Ich kann es mir nicht verkneifen: Über die Rohre gehe ich in den Mittelkreis, an den blauen Punkt auf der roten Linie. Genau hier sind also große Spiele eröffnet worden, haben fast alle Stars dieser Eishockey-Welt einmal den Oberkörper gesenkt, ihren Schläger fest gegriffen, sich voll konzentriert und nur darauf gewartet, daß der Schiedsrichter die Scheibe einwirft,

Und hier stehe jetzt ich – ein Gefühl ist das! Auf den Spuren der Vergangenheit, auf den Spuren des ersten Bundesligameisters, des EV Füssen von 1958/59. Jener Mannschaft, die praktisch unschlagbar, eine Legende gewesen ist. Ich möchte alles über sie wissen.
Xaver Unsinn, der Bundestrainer, weiß alles, er hat als Spieler zu diesem Team gehört. Erinnern kann er sich an jeden seiner Kameraden, kann sie beschreiben.
Die Torhüter:
Karl Fischer: Ein Super-Fußballtorwart, sehr waghalsig auf dem Eis und entsprechend oft verletzt.
Wilhelm Bechler: Ein technischer Torwart, der erst in den späten Jahren seiner Karriere richtig gut geworden ist.
Die Verteidiger:
Paul Ambros: Ein exzellenter Läufer. Er war der erste, der Schlagschuß und Bodycheck praktizierte.
Martin »Bolly« Beck: Ein Filigrantechniker. Fast mehr Stürmer als Verteidiger.
Ernst Eggerbauer: Der hat auch gut Feldhandball gespielt, er war da Mittelläufer. Mir hat immer sein gutes Stellungsspiel gefallen.
Erich Franke: Ein Alleskönner, er hat mal vorne, mal hinten gespielt.
Max Pfefferle: Der beste Läufer in der Mannschaft, und der schnellste. Wegen einer schweren Verletzung über dem Auge hat er aufhören müssen.
Die Stürmer:
Markus Egen: Das ist der einzige Spieler, der auf allen Positionen gestanden ist. Hat angefangen als Torwart, wurde Verteidiger, Stürmer, am Ende seiner Karriere wieder Verteidiger. Im Training haben wir ihn ab und zu noch ins Tor gestellt.
Siegfried Schubert: Ein guter Center, technisch hervorragend.
Georg Guggemos: Er hatte den härtesten Schuß, ein Typ wie er könnte heute noch spielen.
Ernst Trautwein: Vom Flügel aus hat er das Spiel gemacht und auch viele Tore geschossen.
Walter Krötz: Technisch sehr gut, torgefährlich.
Oskar Mayrhans: Ein kleiner Spieler, Filigrantechniker, Center.
Leonhard Waitl: Wie Markus Egen hat er das körperbetonte Spiel geliebt. War als Stürmer und Verteidiger verwendbar.
Helmut Zanghellini: Ein Supertechniker!
Ernst Köpf: 1958/59 war seine erste Bundesliga-Saison. Er wurde unser bester Linksaußen in Deutschland. Läuferisch stark, plazierter Schuß. Und der »Gori« hatte eine fabelhafte Einstellung zu seinem Sport.
Fehlt noch einer in dieser kurzen Vorstellung: Xaver Unsinn selbst. Überlassen wir seine Charakterisierung Ernst Trautwein: »Der Xaver war ein Mannschaftsspieler mit wichtigen taktischen Aufgaben, technisch versiert, von der Spielauffassung her stark.«
Bis auf Krötz, Franke und Mayrhans spielten alle auch in der Nationalmannschaft, die mit dem EV Füssen erster Bundesliga-Meister wurden. 14 Cracks – die es insgesamt auf 942 Länderspiele und 305 internationale Tore brachten. Was muß für eine Substanz gesteckt haben in diesem Team!
Einige haben im Eishockey weiter Karriere gemacht. Xaver Unsinn, Markus Egen, Siegfried Schubert, Ernst Trautwein als renommierte Trainer, Paul Ambros als Fabrikant von Eishockeyschlägern ebenso wie Markus Egen – geschäftlich wurden sie zu Rivalen.
Gesellschaftlich brachte das Eishokkeyspielen Ende der 50er Jahre in Füssen weit voran, obwohl so gut wie nichts verdient wurde. »Aber wir waren wer«, sagt Ernst Trautwein, »und durch unseren Sport sind wir zu Reisen gekommen, die wir uns sonst nicht hätten leisten können.«
Und: Fast alle sind Füssener geblieben, auch wenn sie später für andere Klubs gespielt haben. »Der Zusammenhalt war immer sehr stark«, resümiert Ernst Trautwein, »in späteren Jahren sogar noch stärker als in der 58er-Mannschaft, die hatte doch eine sehr große Altersspanne.«
Heute läuft man sich regelmäßig über den Weg. Beim Tennis, beim Fußball – und beim Eishockey. Beim aktiven! Einmal pro Woche gehen die EVF-Old-Stars, die Paul Ambros' Frau Inge managt, aufs Eis. Manchmal auf Kobel-Eis.
Irgendwann – das steht fest – werde ich dort sein, um die Legenden in ihrem Denkmal spielen zu sehen.

Günter Klein

Martin Beck damals: Ein Verteidiger mit ungeheurem Offensivdrang.

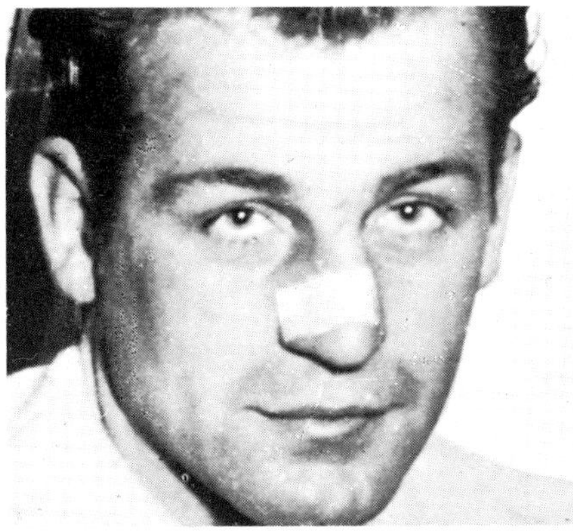

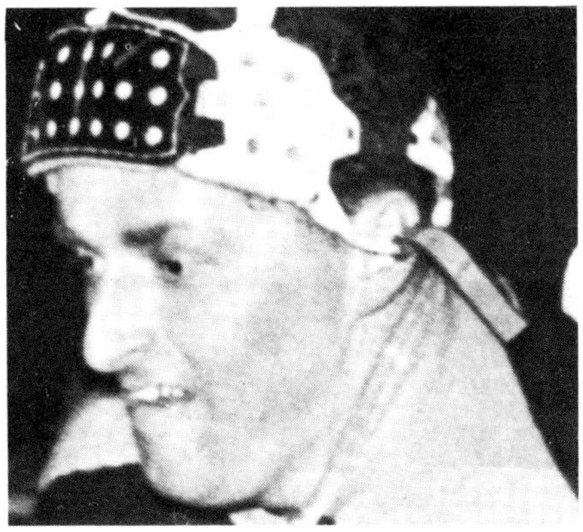

Markus Egen damals: Ein Genie, das auf jeder Position zurechtkam (oben rechts).

Georg Guggemos damals: Ein Typ, wie er auch 1988 noch gefallen könnte.

30 Jahre Eishockey-Bundesliga – und was war davor...?

War da überhaupt etwas? Aber natürlich! Da sind wir nicht solche Legendenstricker wie die Russen, die behaupten, sie hätten das Spiel Eishockey erstmals bei der WM 1953 in Basel und Zürich gesehen, ehe sie ein Jahr darauf bei ihrem internationalen Einstand gleich Weltmeister wurden – vor den Kanadiern, die sich als Erfinder dieses Sports betrachteten. Nein, deutsches Eishockey hat seine Tradition – lange vor der Gründung der Bundesliga.

Losgegangen ist es in Berlin, wo – das ist urkundlich belegt – 1897 auf dem Halensee ein Spiel zweier Berliner Mannschaften stattfand. Noch mehr Bandy (auf einer fußballfeldähnlichen Fläche mit größeren Toren) als Eishokkey. Doch die Entwicklung war nicht aufzuhalten. 1908 wurde im Deutschen Eissport-Verband, der schon fast zwanzig Jahre existierte, eine Sektion Eishockey gegründet, 1910 spielten die Berliner Klubs eine Stadtmeisterschaft aus und bastelten auch an einer Nationalmannschaft, die hinter Großbritannien Vize-Europameister werden konnte. Ab 1912 standen dann auch Deutsche Meisterschaften auf dem Programm, die meist ganz locker verliefen. Man traf sich an einem Wochenende oder Nachmittag und spielte den Besten aus. So einfach ging das damals.

Die Erfolge stellten sich ein: 1912 Europameister, 1930 wieder, 1932 in Lake Placid olympisches Bronze mit zwei Siegen, vier Niederlagen und 7:26 Toren, 1935 der zweite Platz bei der WM, die allerdings die CSSR vorzeitig verließ, weil der Staatspräsident gestorben war. Ein Sieg genügte, um die Schweiz auf Platz drei zu verweisen.

Interessant, wer sich vor dem Zweiten Weltkrieg alles am Spielbetrieb beteiligte: VfB Königsberg, VdS Tilsit, SV Schierke, EV Hindenburg, Blau-Weiß Dresden, SV Beuthen, TG Komotau, Zehlendorfer Wespen Berlin, VfL Rastenburg, EKE Wien – Eishockey-Deutschland hatte andere Grenzen.

Übrigens: Mitte der 30er Jahre galt das Kunsteis bereits als etabliert. Es gab elf Bahnen.

Die Lage nach dem Krieg: 1947 wurde wieder der Titel ausgespielt. Dazu bildeten sich eine Vorrundengruppe Süd und eine Gruppe Nord mit je sechs Vereinen, die beiden Sieger bestritten das Endspiel: Der SC Riessersee schlug Berlin/Eichkamp 10:1. Ab der folgenden Saison wurde eine eingleisige Oberliga geschaffen (mit SC Riessersee, VfL Bad Nauheim, EV Füssen, Krefelder EV, HC Augsburg und Preußen Krefeld fing's an), in der jedoch auch eher locker und mit wechselnder Anzahl an Teilnehmern gespielt wurde.

Die Konsequenz: Man wollte nun wirklich mal Ordnung, zumal die Zuschauerzahlen schon recht beeindruckend waren, und gründete 1958 die Bundesliga. »Der Sepp Herberger hat solch eine Ballung der Kräfte immer für den Fußball gefordert«, erinnert sich heute Eishockey-Bundestrainer Xaver Unsinn, »und wir haben das in unserem Sport einfach gemacht – fünf Jahre vor den Fußballern.«

Große Namen hat das deutsche Eishokkey der Vor-Bundesliga-Ära hervorgebracht. Gustav Jaenicke (Berliner SC, SC Riessersee) war der genialste Spieler, die Leinwebers Bruno und Walter prägten das Geschehen in Füssen, Fritz Poitsch, Karl Wild, Toni Biersack – auch sie waren bedeutende Männer.

Auch die Ausländer hatten schon immer großen Einfluß auf die Entwicklung des deutschen Eishockeys. Ganz zu Beginn waren es britische Studenten, die ihre Kommilitonen einführten in die Kunst des Umgangs mit dem Puck, Mitte der 20er Jahre gab es mit Blake Watson bereits den ersten kanadischen Trainer, dem nach dem Krieg in Füssen der große Frank Trottier folgte. Und immer wieder mal spielten auch Tschechen und Slowaken in deutschen Teams mit. Freilich, ohne die große Mark zu machen – der Punkt, in dem sich das Eishockey hierzulande am dramatischsten verändert hat.

Günter Klein

Die Ehrentafel der Deutschen Meister vor der Zeit der Bundesliga

1912	Berliner SC
1913	Berliner SC
1914	Berliner SC
1920	Berliner SC
1921	Berliner SC
1922	MTV München 1878
1923	Berliner SC
1924	Berliner SC
1925	Berliner SC
1926	Berliner SC
1927	SC Riessersee
1928	Berliner SC
1929	Berliner SC
1930	Berliner SC
1931	Berliner SC
1932	Berliner SC
1933	Berliner SC
1934	Brandenburg Berlin
1935	SC Riessersee
1936	Berliner SC
1937	Berliner SC
1938	SC Riessersee
1939	EKE Wien
1940	Wiener EG
1941	SC Riessersee
1944	Berliner SC/Brandenburg
1947	SC Riessersee
1948	SC Riessersee
1949	EV Füssen
1950	SC Riessersee
1951	Preußen Krefeld
1952	Krefelder EV
1953	EV Füssen
1954	EV Füssen
1955	EV Füssen
1956	EV Füssen
1957	EV Füssen
1958	EV Füssen

Von 1915–19, 1942–43, 1945–46 wurde keine Deutsche Meisterschaft ausgetragen. Es waren Kriegs- und unmittelbare Nachkriegsjahre.

Ein großer Star der Nachkriegszeit: Fritz Poitsch

Nicht schlecht war auch schon in Vor-Bundesliga-Zeiten die deutsche Nationalmannschaft. Am 23. Januar 1952 schlug sie die Edmonton Mercurys 4:1. Zweifacher Torschütze: H. J. Pescher. (Bild unten)
Bild rechts: Ein kanadischer Trainer, der den EV Füssen formte: Frank Trottier. Hier in freundschaftlicher Pose mit Mannschaftskapitän Lucki Kuhn.

Als Füssens Stars die DEG mit 20:1 abschossen

Heutzutage kann man sie kaum noch zählen, keine Sportart verzichtet auf sie: Doch als 1958 im deutschen Eishockey die Bundesliga kreiert wurde, da war das schon eine absolute Novität in den hiesigen sportlichen Gefilden. Große Aufmerksamkeit erlangte der Vorgang damals ohnehin nicht – Eishockey galt als exotische Randerscheinung, eine winterliche Freizeitbeschäftigung, vorzugsweise für deftige Leute aus Bayern. Beinahe kurios deshalb, daß von den »Gründungsmitgliedern« der neuen Liga 30 Jahre später mit dem Mannheimer ERC und der Düsseldorfer EG ausgerechnet zwei Klubs, die nördlich des »Weißwurst-Äquators« angesiedelt waren, als einzige übriggeblieben sind.

Doch damals machten andere die Musik, genaugenommen nur ein Verein, der in den 50er und 60er Jahren für jedermann die Personifizierung des bundesdeutschen Eishockeys darstellte: der EV Füssen ist gemeint, der in den sechs Jahren vor der Gründung der Eishockey-Bundesliga jeweils souverän den Titel einkassiert hatte – und der sich auch durch die Umbenennung der Spielklasse nicht aus seinem imponierenden Rhythmus bringen ließ. Nur eine Niederlage in den 14 Spielen gegen allerdings lediglich sieben Konkurrenten, dazu die meisten Tore geschossen, die wenigstens hineinbekommen – EV Füssen über alles!

Mag der siebte Titelgewinn in Serie (heute beinahe unvorstellbar) 1959 auch keine allzugroße publizistische Resonanz gehabt haben: Die Namen einiger Cracks aus dem Allgäu dürften auch jüngeren Anhängern des Eishokkeys immer noch ein Begriff sein. An erster Stelle selbstverständlich der heutige Bundestrainer Xaver Unsinn, aber seinerzeit stand natürlich ein Markus Egen noch mehr im Blickpunkt. Egen, ein Ausnahmestürmer in deutschen Landen, hatte gerade von seinem Vorgänger Bruno Leinweber die Füssener Formation übernommen, wobei er jedoch als Spielertrainer fungierte.

Angesichts der turmhohen Überlegenheit des EVF keine schwere Aufgabe, möchte man meinen, aber immerhin waren eine Reihe überragender Spielerpersönlichkeiten wie Paul Ambros, Ernst Eggerbauer, Martin Beck, Ernst Trautwein, Leonhard Waitl, Helmut Zanghellini, Ernst Köpf und eben Xaver Unsinn unter einen Hut zu bekom-

... 5:12 (2:3, 1:5, 2:4).

Erste Punkte für Preußen

Zum Auftakt der deutschen Eishockey-Meisterschaft 1958 brachte die Bundesliga ein Spiel, das im Krefelder Lokalderby die Preußen etwas überraschend mit 2:1 (1:0, 0:1, 1:0) über den Krefelder EV erfolgreich sah. In diesem Spiel zweier deutscher Exmeister vor 7000 Zuschauer in der ausverkauften Rheinlandhalle brachte der Saison-Auftakt viel Härte und Dramatik, aber auch bemerkenswert gute Leistungen. Die Preußen überraschten durch eine ausgezeichnete Kondition, ein Verdienst des Trainers Gerhard Kießling. Insgesamt wurden 25 Strafminuten verhängt, 15 für die Preußen, zehn für den KEV.

In der 4. Minute gingen die Preußen durch Pawelczik nach einem Alleingang in Führung. Dann rückte Nationaltorwart Uli Jansen im Tor des KEV mehr und mehr in den Mittelpunkt. Mit Glanzparaden verhinderte er zunächst einen größeren Rückstand seiner Mannschaft. Im Mitteldrittel kamen die Gastgeber durch ein Eigentor von Verteidiger Zippel zum 1:1. Die Entscheidung fiel in der 45. Minute nach einem Alleingang von Werner Kadow, der Uli Jansen täuschte. Jansen und Jochems beim KEV, Pawelczik, Herda, Werner Kadow und Langhans bei den mannschaftlich sehr eindrucksvollen Preußen waren die besten Spieler.

... unentschieden

Ein historischer Bericht aus dem SPORT-Kurier: Das Krefelder Derby war das erste – ein vorgezogenes – Bundesligaspiel.

Das Meisterteam 1958/59

Torhüter: Karl Fischer, Wilhelm Bechler.

Verteidiger: Paul Ambros, Martin Beck, Ernst Eggerbauer, Erich Franke, Max Pfefferle.

Stürmer: Markus Egen, Siegfried Schubert, Georg Guggemos, Xaver Unsinn, Ernst Trautwein, Walter Krötz, Oskar Mayrhans, Leonhard Waitl, Helmut Zanghellini, Ernst Köpf.

Spielertrainer: Markus Egen.

men. Gut sieben Tore pro Spiel produzierten die EVF-Asse im Schnitt, mit sage und schreibe 20:1 wurde die Düsseldorfer EG am Kobelhang überrollt, auch anderen Gegnern ging es häufig nicht viel besser. Kein Wunder, daß das routinierte Torhütergespann mit Karl Fischer und Wilhelm Bechler – die beiden begannen ihre Tätigkeit beim EV Füssen schon Ende der 40er Jahre – meist geruhsame Abende verbrachte.
Größter Konkurrent des Serienchamps war wieder einmal der EC Bad Tölz, auch der MERC schlug sich nicht schlecht. Der SC Riessersee, ein weiterer Klub, der Ende der 80er nichts mehr mit dem Top-Eishockey in Deutschland zu tun hat, belegte in der ersten Bundesligasaison nur Rang vier; immerhin hatten die Werdenfelser jedoch den Torschützenkönig der neuen Liga in ihren Reihen: Horst Schuldes, ein in seinen Leistungen (besonders auf internationaler Bühne) häufig schwankender Stürmer, traf insgesamt 25mal in 14 Spielen – eine Torquote, die die Torjäger von heute ganz gewiß nicht mehr zustande bringen.
Aber 1958/59 spielten die DEG und die EG Weßling/Starnberg auch eine echte Prügelknabenrolle, zweistellige Ergebnisse waren bei den beiden Absteigern an der Tagesordnung. Während die Rheinländer schon bald wieder (und dann machtvoll) die Eishockeyszene entern sollten, hat man vom damaligen Tabellenletzten nie wieder etwas gehört. Kunststück, Weßling/Starnberg löste sich nach der verkorksten Spielzeit auf – ein Vorgang, der dem deutschen Eishockey (leider) bis in die heutigen Tage erhalten geblieben ist.
Bemerkenswert an der Zusammensetzung der Ur-Bundesliga: Bei nur acht Klubs kamen mit den Preußen und dem KEV gleich zwei Vertreter aus Krefeld, und die Gastspiele in der rauchigen Rheinlandhalle stellten auch für die erfolgverwöhnten Bayern alles andere als ein Zuckerschlecken dar. Rasch gefunden waren auch die beiden neuen Gesichter für die Bundesliga 59/60: der VfL Bad Nauheim und der ESV Kaufbeuren rückten nach, wobei sowohl den Hessen wie auch dem Team aus dem Allgäu gleich schwere Zeiten im Oberhaus angekündigt wurden.

Erhard Füsser

Einer von vielen Füssener Stars 1958/59: Helmut Zanghellini. Kennzeichen: Exzellente Technik!

Der Mannheimer ERC spielte in der ersten Bundesliga-Saison in der Spitzengruppe mit – und ein früherer Füssener war einer der Stars: Kurt Sepp, 104facher Nationalspieler.

Die Nationalmannschaft 1958/59

Nach zweijähriger Abstinenz auf der internationalen Bühne (1957 Boykott wegen des Ungarn-Aufstands, 1958 freiwilliger Verzicht nach schwachen Vorbereitungsspielen) reichte es 1959 in Prag nicht für die A-Gruppe: Die vorgeschalteten Gruppenspiele gegen Finnland (3:5) und Schweden (1:6) gingen verloren, das 7:2 über Italien war zu wenig.
Immerhin wurde danach der Wettbewerb in der B-Gruppe (ebenfalls in der CSSR) sicher gewonnen, wobei es lediglich in der zweiten Auflage gegen die Azzurri mit dem 2:2 einen Punktverlust gab.
Bemerkenswert: Die DDR wurde haushoch mit 8:0 vom Eis gekantert, dennoch belegten die Ostdeutschen noch einen guten dritten Rang. Trainer der deutschen Nationalmannschaft bei diesem Turnier war Gerhard Kießling (36), der zu diesem Zeitpunkt noch gar nicht lange in der Bundesrepublik weilte.
Das deutsche Torhütergespann kam übrigens aus einer Stadt: Jansen, die Nummer 1, war für den Krefelder EV aktiv, Obermann stand beim Rivalen Preußen im Tor.

Statistik 1958/59

Abschlußtabelle:

1. EV Füssen	14	107:31	26:2
2. EC Bad Tölz	14	89:50	20:8
3. Mannheimer ERC	14	62:49	18:10
4. SC Riessersee	14	89:43	16:12
5. Preußen Krefeld	14	73:75	15:13
6. Krefelder EV	14	62:59	11:17
7. Düsseldorfer EG	14	42:124	4:24
8. Weßling/Starnberg	14	34:117	2:26

Die Torjäger:

1. Horst Schuldes (SC Riessersee)	25
2. Max Pfefferle (EV Füssen)	18
Xaver Unsinn (EV Füssen)	18

Anmerkung: Statistik in den frühen Bundesligajahren – das ist ein düsteres Kapitel. Eine überregionale vollständige Berichterstattung gab es damals noch nicht. Deshalb sind nur wenige Daten verbürgt. Natürlich die Abschlußtabelle. Bei den besten drei Torjägern handelt es sich um keine offiziellen Verbandsangaben, aber die Quellen stimmen weitgehend überein. Skorerlisten wurden noch nicht erstellt – die »kanadische Wertung« mit Toren plus Vorlagen (Assists) hielt erst viel später Einzug im deutschen Eishockey.

Riessersees Coup – dank des Herrn Croupier

Ein Torwart war der überragende Mann der zweiten Bundesliga-Saison: Michael Hobelsberger vom SC Riessersee. Nur in der Nationalmannschaft lief es für ihn nicht nach Wunsch.

Die zweite Bundesligasaison zeichnete sich schon durch einige Besonderheiten aus. Es sollte die letzte mit dem absoluten Miniprogramm von nur 14 Spieltagen sein, ein Programm, das die Kufenathleten einfach nicht genug forderte und das auch wichtige Entscheidungen nur allzu rasch in die Nähe des Zufalls lenken konnte. Probleme, das Olympiaturnier im Spielplan unterzubringen, gab es damals verständlicherweise nicht – die mangelnde Konkurrenzfähigkeit des bundesdeutschen Eishokkeys anno 1960 durfte dann allerdings auch niemanden überraschen.

Überraschen mußte hingegen der Ausgang des kurzen Meisterschaftsrennens in der Spielzeit 1959/60. Klarer Favorit? Wer anders als der Serienmeister EV Füssen. Doch zwei schwache Momente kosteten dem Egen-Team den neuerlichen Titel. Ganze zwei Minuszähler standen auf dem Konto des EVF, als es das entscheidende Gastspiel beim Altmeister SC Riessersee gab. Die Garmischer, zuletzt 1950 mit der Generation der Karli Wild, Toni Biersack & Co. Meister und auch nur mit drei Miesen belastet, sahnten im entscheidenden Match groß ab: Über 12000 Fans drängten sich im Olympiastadion – und dann folgte neben der hübschen Kasseneinnahme auch noch das sportliche Happy-End.

In dem begeisternd-spannenden Spiel stand in der 60. Minute (bei einer knappen 5:4-Führung des SCR) noch alles auf des Messers Schneide. Füssen riskierte jetzt alles, nahm den Torhüter Bechler zugunsten eines sechsten Feldspielers vom Eis – aber die Werdenfelser quittierten die Verzweiflungsmaßnahme mit dem 6:4. Im Mittelpunkt der Ovationen stand auch an diesem Abend Michael Hobelsberger, Nationaltorwart und Spielbankcroupier, der

Das Meisterteam 1959/60

Torhüter: Michael Hobelsberger, Harry Hein.

Verteidiger: Hans Huber, Sylvester Wackerle, Günter Sailer, Erwin Riemeier.

Stürmer: Rudolf Pittrich, Heinz Günzrodt, Horst Schuldes, Albert Loibl, Lorenz Fries, Arthur Endress, Xaver Breitsamer, Richard Kappelmeier, Bernd Herzig, Horst Schulte, Andreas Bastl.

Trainer: Ronny Barr

wesentlichen Anteil am erstaunlichen Coup des SC Riessersee hatte. Lediglich 31 Gegentore in der Meisterschaft – die Zahl drückt aus, wo 1959/60 die Stärken des neuen Titelträgers lagen.
Da war nicht nur Keeper Hobelsberger, auch die vier Verteidiger (mehr brauchte man noch nicht) Huber, Wakkerle, Sailer und Riedmeier besaßen für deutsche Verhältnisse Klasse, ihre Geschlossenheit machte letztlich das kleine Plus gegenüber dem Starensemble aus Füssen aus. Abwehrrecke Hans Huber, bisweilen mehr als 50 Minuten auf dem Eis, blieb noch bis in die 70er aktiv und brachte selbst als 44jähriger noch eine erstaunliche Leistung. Und war vorbildlich fair.
Auch die Torschützenkrone sicherte sich der SCR, wobei allerdings der Topschütze des Vorjahres, Nationalspieler Horst Schuldes, seinem wesentlich unbekannteren Mitstreiter Lorenz Fries den Vortritt lassen mußte. Dem Mittelstürmer reichten vergleichsweise bescheidene 19 Treffer zur Würde des Rekordschützen. Andere klangvolle Namen im Garmischer Team: Rudi Pittrich und Albert Loibl, die durch ihre Kampfkraft und Einsatzfreudigkeit bestachen.
Riessersee verlor in der gesamten Spielzeit nur einmal – in Füssen; alle anderen Auswärtsspiele wurden jedoch gewonnen. Den dritten Punkt gab der Meister vor heimischer Kulisse ab – und den kurioserweise mit einem 0:0 gegen den EC Bad Tölz, ausgerechnet gegen die Mannschaft mit den erfolgreichsten Sturmreihen. Die Isarwinkler hatten indes nie etwas mit dem Ausgang des Titelkampfs zu tun, die Truppe befand sich noch im Umbruch.
Wie kaum anders zu erwarten, machten die beiden Neulinge Bad Nauheim und Kaufbeuren die Abstiegsfrage unter sich aus. Und auch bei den Kellerkindern gab es eine ganz enge Entscheidung, die beiden Krefelder Vereine und der MERC hielten immer den nötigen Abstand zur Gefahrenzone. Kopf an Kopf ging es zwischen Hessen und Allgäuern her – erst am Meisterschafts-Ultimo fiel die Entscheidung im direkten Duell. Recht deutlich mit 7:3 gewann der VfL am 14. Spieltag – der ESVK mußte bereits nach einem Jahr Bundesliga die Eliteklasse verlassen.

Das Fazit der Saison: Keine berauschenden Leistungen, aber Spannung satt. Ein Triumph für den SC Riessersee, der im Meisterjahr übrigens von einem kanadischen Trainer betreut wurde: Wer kann sich heute an den Mann mit dem Namen Ronny Barr erinnern? Der EV Füssen nahm's nicht tragisch: Beim Titelsammeln hatte man halt mal eine kleine Pause eingelegt...

Erhard Füsser

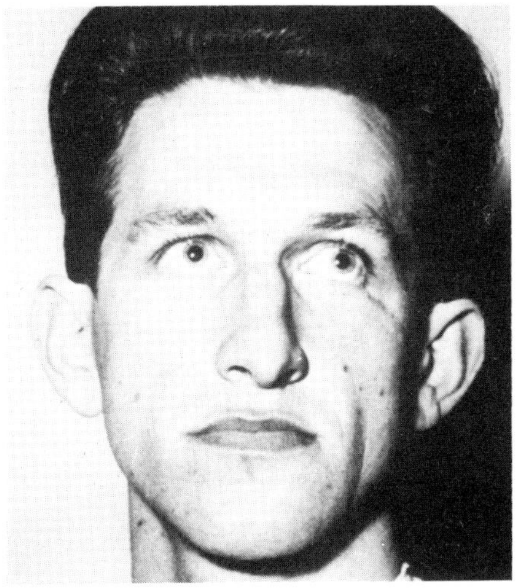

Der Huber-Hans in jungen Jahren als Stütze des SC Riessersee. Der Verteidiger-Recke alter Schule spielte noch als 44jähriger in der zweithöchsten Liga. Was für ein Kerl!

Zweit-Karriere

Eishockeyspieler, die gute Fußballer waren – die hat's gegeben. Etwa Füssens Meistermacher Vladimir Bouzek oder UdSSR-Idol Vsevolod Bobrov, die in beiden Disziplinen Nationalspieler waren. Auch diese Kombination kam vor: Tennis und Eishockey. Boris Beckers Manager Ion Tiriac ist da der prominenteste Vertreter. Er spielte in Rumäniens Daviscup-Mannschaft – und für die Eishockey-Equipe. 1964 war er als Olympionike in Innsbruck dabei. Eine besondere Zweit-Karriere hatte Andreas Bastl, Mitglied des Meisterteams des SC Riessersee, 1959/60. Allerdings ist sein Neben-Sport nur bayerisch-regional sehr populär: Andreas Bastl wurde Deutscher Meister im Fingerhakeln...

Günter Klein

Die Nationalmannschaft 1959/60

Um eine gemeinsame Olympiamannschaft zu bilden, kam es in der Saison 1959/60 nicht zu der erhofften Einigung mit der DDR – das in vielen Sportarten angewandte Prozedere mit Ausscheidungsspielen mußte herhalten: Sieger wurde dabei die Bundesrepublik, die sowohl in Garmisch (5:2) als auch in Weißwasser (5:3) die Oberhand behielt.
Im amerikanischen Squaw Valley war dann jedoch Schmalhans Küchenmeister, denn lediglich in der Vorrunde durfte einmal gejubelt werden: 4:1 gegen Finnland, womit allerdings die Endrunde der besten sechs Länder erreicht war. Da flog der Puck in den fünf Partien nur noch ganze fünfmal ins gegnerische Netz, während Michael Hobelsberger (vom Meister Riessersee) und Uli Jansen insgesamt noch 45mal hinter sich greifen mußten.
Die Truppe von Karl Wild konnte einem fast schon leid tun, so böse geriet sie in jeder Endrundenbegegnung unter die Räder. Da machten es die Russen mit einem 7:1 beinahe noch gnädig, Olympiasieger USA langte beim 9:1 schon kräftiger hin.

Die Statistik 1959/60

Abschlußtabelle:

1. SC Riessersee	14	99:31	25:3
2. EV Füssen	14	95:41	24:4
3. EC Bad Tölz	14	102:47	17:11
4. Krefelder EV	14	59:77	11:17
5. Mannheimer ERC	14	49:67	11:17
6. Preußen Krefeld	14	61:83	10:18
7. VfL Bad Nauheim	14	46:90	8:20
8. ESV Kaufbeuren	14	47:132	6:22

Die Torjäger:

1. Lorenz Fries (SC Riessersee)	19
2. Max Pfefferle (EV Füssen)	16
3. Alfred Hynek (ESV Kaufbeuren)	14

28 Spiele: Da begann der Ernst des Bundesliga-Lebens

Sportlich brachte die nacholympische Saison im bundesdeutschen Eishockey nichts Neues: Füssen vor Tölz und Riessersee – das hatten wir doch wohl schon mal. Aber in puncto Modus wurde mit dieser Spielzeit ein Stein ins Rollen gebracht, der erste Schritt vom rein sportlichen Freizeitvergnügen zum späteren Puckprofi gemacht. Das hatte beinahe schon den Anstrich des Sensationellen. Das Programm von bisher nur 14 Spieltagen wurde auf 28 verdoppelt. Nicht überraschend natürlich, daß von der neuen langen Distanz die Mannschaft profitierte, die über die eindeutig größte Substanz verfügte: der EV Füssen, dessen Erfolgsära noch keineswegs zu Ende war.

Für Markus Egen wurde es der erste Titel als Trainer (zuletzt war er ja Spielertrainer gewesen). Ein Spaziergang wurde es für die Allgäuer nach dem Betriebsunfall im Vorjahr freilich nicht. Egen, eine machtvolle Persönlichkeit mit vielen Ecken und Kanten, mit unbestrittener fachlicher Kompetenz, konnte auf ein ganzes Arsenal ausgefuchster Nationalspieler zurückgreifen. Damals traf wirklich zu: Spielst du in Füssen, dann ist es auch bis zur Nationalmannschaft kein weiter Weg mehr.

Dies galt auch für die neuen Gesichter am Kobelhang. Da war beispielsweise der neue Torhüter Harry Lindner, der allerdings auf der internationalen Bühne immer umstritten bleiben sollte. Auch über Peter Schwimmbeck, klein und schon in seiner aktiven Zeit etwas rundlich, wurde häufig gelästert, wenn der Verteidiger im Bundestrikot wieder mal einen Fehler produzierte – über den Bodycheck-Spezialisten des EV Füssen lachte jedenfalls von den Gegnern in der Eishockey-Bundesliga keiner.

Manfred Gmeiner gehörte auch zu den Jüngeren, immer zuverlässig im dritten Sturm. Und natürlich Georg Scholz, der aus Kaufbeuren (dorthin war übrigens Xaver Unsinn gewechselt) gekommen war und gleich mächtig für Furore sorgte. Mit seinen 31 Ligatreffern wäre er beinahe sogar Torschützenkönig geworden, eine Ehre, die ihm sein routinierter Kollege Ernst Trautwein mit 34 Torerfolgen vor der Nase wegschnappte.

Trautwein, ein eleganter Schlittschuhläufer mit einer hervorragenden Technik, war schon so etwas wie eine Ausnahmeerscheinung in der Bundesliga. Was ihm fehlte, um auch im internationalen Vergleich ein ganz Großer zu werden? Jeweils ein Schuß mehr Schnelligkeit und Härte, aber der Ernst blieb vom ersten bis zum letzten Spiel seiner Karriere immer der Typ des »Gentleman-Eishockeyspielers« – mit einem Strafzeitenkonto größeren Umfangs konnte er nie dienen.

Dafür war beim EV Füssen in erster Linie Paule Ambros, der »Tiger vom Hopfensee«, zuständig. Seine Einlagen, gerne auch mal welche mit der Faust, sind Legende geworden. Daran vermochte sich damals auch schon Sammy Drechsel zu begeistern, dessen launige Eishockeyreportagen für Funk und Fernsehen immer noch unerreicht sind. Was es damals auf dem Bildschirm zu sehen gab? Tatsächlich schon einmal spätabends die Liveübertragung eines Eishockey-Bundesligaspiels, des letzten Drittels zumindest, was dadurch möglich wurde, daß Punktspiele auch unter der Woche zur Austragung kamen.

Schärfster Konkurrent der Füssener in der Saison 1960/61 war eindeutig der EC Bad Tölz, bei dem sich junge Ausnahmekönner wie Verteidiger Otto Schneitberger und Stürmer Sepp Reif in Szene zu setzen begannen. Keine Frage, mit den »Tölzer Buam« wuchs eine Gefahr für das Establishment aus dem Allgäu heran. Im Mittelfeld der Tabelle tummelten sich – nun schon zum wiederholten Male – die beiden Krefelder Klubs KEV und Preußen sowie der Mannheimer ERC, doch noch mußte man achtungsvollen Abstand zu den übermächtigen Bayern halten.

Jegliche Spannung fehlte in der »Mammut«-Saison von 28 Spieltagen im Abstiegsbereich. Während sich der Aufsteiger aus dem Westen, Eintracht Dortmund, dank guter Leute wie Hoja, Löggow, Konecki und Jablonski sicher behaupten konnte, erlebte der VfL aus Bad Nauheim ein wirkliches Debakel. Am 6. Spieltag gelang gegen den Neuling aus Westfalen ein 3:0 – es war der erste Sieg, und es sollte der einzige bleiben! Was folgte, waren 22 Niederlagen in Serie, das Punktekonto von 2:54 bedeutete einen Abstieg mit Schimpf und Schande: Die Hessen hatten pro Spiel noch nicht einmal zwei Törchen zustande gebracht. *Erhard Füsser*

Das Meisterteam 1960/61

Torhüter: Wilhelm Bechler, Harry Lindner.

Verteidiger: Paul Ambros, Ernst Eggerbauer, Martin Beck, Peter Schwimmbeck, Günther Steeger.

Stürmer: Siegfried Schubert, Leonhard Waitl, Ernst Köpf, Ernst Trautwein, Helmut Zanghellini, Georg Scholz, Manfred Gmeiner, Erich Franke, Walter Krötz.

Trainer: Markus Egen.

Die Nationalmannschaft 1960/61

Wie heftig die Politik auch in dieser (oder gerade in dieser) Zeit im Sportbetrieb mitmischte, dafür vermittelte die Weltmeisterschaft 1961 in Genf und Lausanne lebendiges Anschauungsmaterial. Kräftig in Mitleidenschaft gezogen wurde dabei die bundesdeutsche Eishockeyvertretung, die vor allem deshalb auf dem achten und letzten Rang landete und damit Absteiger war, weil sie die Begegnung gegen die DDR auf höhere Weisung hin nicht austragen durfte.

Schuld war der »Flaggenstreit«, die vom Weltverband akzeptierte DDR-Flagge (das Tuch mit Hammer und Zirkel galt bei uns politisch als »Spalterflagge« und durfte nicht gegrüßt werden) verbot ein Antreten des Teams des neuen Trainers Erich Konecki – und damit sicherte sich die DDR zwei kampflose Punkte.

Da halfen die beiden Remis gegen die USA (4:4) und Finnland (3:3) nichts mehr – die weiteren Spiele gegen die Eishockey-Großmächte gingen in der Schweiz samt und sonders hoch verloren, und »Witschi« Edelmann im Tor konnte auch nichts reparieren.

Welch ein Spieler: Ernst Trautwein hatte 1960/61 eine Supersaison. Er war der Top-Torjäger der Bundesliga und gab auch im Dreß der Nationalmannschaft eine gute Figur ab.

Kleines Bild: Xaver Unsinn ging von Füssen nach Kaufbeuren – im Gegenzug kam er: Georg Scholz. Und er schlug prächtig ein.

Die Statistik 1960/61:

Abschlußtabelle:

1. EV Füssen	28	176:55	48:8
2. EC Bad Tölz	28	121:53	45:11
3. SC Riessersee	28	144:79	40:16
4. Krefelder EV	28	177:108	29:27
5. Mannheimer ERC	28	91:108	22:34
6. Preußen Krefeld	28	97:137	22:34
7. Eintr. Dortmund	28	75:128	16:40
8. VfL Bad Nauheim	28	53:203	2:54

Die Torjäger:

1. Ernst Trautwein (EV Füssen)	34
2. Georg Scholz (EV Füssen)	31
3. Horst Schuldes (SC Riessersee)	25

Tölz ganz toll mit Witschi, Otto, Hans & Co.

Selbstverständlich hatte der EV Füssen für die Spielzeit 1961/62 den zehnten Meistertitel fest im Visier – doch das Unternehmen Titelverteidigung scheiterte. Spielverderber war – und da hatte sich im Vorjahr schon einiges angebahnt – der dynamische EC Bad Tölz, der mit seiner gelungenen Mischung aus Jugend und Routine für den Überraschungscoup sorgte. Die Isarwinkler behielten ganz knapp vor der allgewaltigen Konkurrenz aus Füssen die Oberhand – vielleicht war der EC Bad Tölz vom hohen Favoriten auch etwas unterschätzt worden.

Der Modus mit einer Doppelrunde der acht Klubs war schon wieder eliminiert worden: Es hatte angesichts der Unterlegenheit der Tabellen-Kellerkinder einfach zu viele einseitige Partien (und damit Langeweile und sinkendes Zuschauerinteresse) gegeben. Und 28mal Ernstfall – dies schien für viele der damaligen Amateure auch noch etwas zu viel zu sein. Also trennte man das Feld nach der Runde von 14 Begegnungen in eine Meister- und Abstiegsrunde

Das Meisterteam 1961/62

Torhüter: Wilhelm Edelmann, Klaus Hafensteiner.
Verteidiger: Hans Rampf, Walter Riedl, Otto Schneitberger, Heinz Bader, Franz Deisenrieder, Hans Wechsel.
Stürmer: Sepp Reif, Peter Lax, Alois Mayr, Sepp Wörschhauser, Siegfried Mayr, Georg Eberl, Peter Schmidt, Klaus Retzer, Adi Floßmann.
Spielertrainer: Hans Rampf.

auf, wob
Punkte n
Danach
gegen je
Pflichtsp
von 1961
Das Sch
direkten
konnte si
gationssp
ster die K
1961 tat
Neues: S
eine Grup
klasse ins
Vereine
Eishocke
Eintracht
fen (späte
EV Pfron
Anfang

gegangene EV Rosenheim. Damit trat eine erstaunliche Steigerung von zuvor lediglich 18 auf gleich 32 Klubs auf, einen prozentual vergleichbaren Schub hat es später – trotz des Booms in der Eishockeybranche – nie wieder gegeben.
In der Bundesliga war natürlich noch nichts von den Newcomern zu spüren, hier regierten nach wie vor die Etablierten – allerdings mußte der EV Füssen auf den fest eingeplanten zehnten Jubiläumstitel noch etwas warten.
Der EC Bad Tölz war diesmal dran, nicht zuletzt dank der immer besser herauskommenden Jungstars wie Sepp Reif (damals 21 Jahre alt) und dem ein Jahr älteren Otto Schneitberger. Überhaupt die Tölzer Verteidigung: Im Tor der routinierte Willi »Witschi« Edelmann (später ein renommierter Schiedsrichter), davor neben Otto die ausgebufften Hans Rampf, Heinz Bader und Walter Riedl. Dieses Bollwerk gab letztlich den Ausschlag bei der Titelvergabe – der Rivale aus Füssen kassierte 26 Treffer mehr.
Doch auch im Angriff übertrumpften die Isarwinkler diesmal die Torfabrik aus dem Allgäu, und da mußte natürlich auch ein Tölzer Torjäger Nummer 1 werden: Sepp Reif, ein pfeilschneller und auch technisch beschlagener Rechtsaußen, langte in den 20 Spielen 29mal zu. Leistungsträger im Sturm waren außerdem der elegante Peter Lax und der bullige Schorsch Eberl, aber auch die beiden Mayrs, Alois und Sigi, dazu Sepp Wörschhauser und Klaus Retzer leisteten wertvolle Arbeit.
In der Endrunde der besten vier mußten sich der SC Riessersee und Preußen Krefeld mit Statistenrollen begnügen, was bei den Seidenstädtern kaum überraschen konnte. Überhaupt oben dabeizusein, das war schon ein hübscher Erfolg, der nicht zuletzt auch durch die Goalgetterqualitäten eines Peter Rohde zustande kam. Der eigenwillige Stürmer hatte zwei Jahre pausieren müssen, weil es damals alles andere als leicht war, den Verein zu wechseln (er kam von der DEG) – und wegen Verstößen gegen die noch sehr kleinlich ausgelegten Amateurbestimmungen.
In der Abstiegsrunde ging es sehr ausgeglichen zu, der ESV Kaufbeuren ließ aber am Ende die Mitbewerber aus dem Westen und Südwesten sicher hinter sich. Der Regisseur des ESVK hieß Xaver Unsinn, der sich auch noch einmal mit 10 der 80 Kaufbeurer Treffer zu profilieren vermochte. Auch das Schlußlicht Eintracht Dortmund sollte noch einmal davonkommen: Mit dem EV Landshut kündigte sich zwar schon die aufstrebende Macht aus Niederbayern an – in der Relegation gegen die Westfalen reichte es für den Oberligameister jedoch noch nicht.

Erhard Füsser

Die Nationalmannschaft 1961/62

Schon wieder beteiligte sich die Politik an der Eishockey-WM: Die DDR-Mannschaft erhielt für die Veranstaltung im amerikanischen Colorado Springs von den US-Behörden keine Einreisevisa – der kalte Krieg ließ auch unter Präsident John F. Kennedy noch grüßen. Die UdSSR und die CSSR verzichteten daraufhin (in voller Solidarität mit dem sozialistischen Bruder) ebenfalls auf eine Teilnahme, womit die Bundesrepublik plötzlich wieder erstklassig war.
So fand man sich in trauter Gemeinschaft mit den Exoten aus England, gegen die ein 9:0 gelang. Da konnten die 0:8-Niederlage gegen Kanada und das 0:4 gegen Weltmeister Schweden leichter verschmerzt werden. Mit einem 7:1 gegen den Nachbarn Schweiz durfte sogar noch ein zweiter Sieg registriert werden, ein versöhnlicher Abschluß für den letztmals als Bundestrainer arbeitenden Karl Wild.
Das Nationalteam rekrutierte sich in erster Linie wieder aus einer Kombination von EV Füssen und Meister EC Bad Tölz.

Tölz wurde Meister – mit 29 Toren hatte Sepp Reif wesentlichen Anteil daran.

Bild links: Glückwünsche für den Meister EC Bad Tölz: Eishockey-Obmann Geiger schüttelt Torhüter Witschi Edelmann die Hand. Im Hintergrund Bundesinnenminister Hermann Höcherl und der bayerische Staatssekretär Rudolf Eberhardt.

Die Statistik 1961/62

Meisterrunde:			
1. EC Bad Tölz	20	118:59	34:6
2. EV Füssen	20	108:85	32:8
3. SC Riessersee	20	76:63	22:18
4. Preußen Krefeld	20	75:81	15:25
Abstiegsrunde			
5. ESV Kaufbeuren	20	80:109	18:22
6. Krefelder EV	20	60:101	15:25
7. Mannheimer ERC	20	74:88	13:27
8. Eintracht Dortmund	20	58:93	11:29
Die Torjäger			
1. Sepp Reif (EC Bad Tölz)			29
2. Ernst Köpf (EV Füssen)			18
Manfred Gmeiner (EV Füssen)			18

Am Superduo Ambros/Waitl kam keiner vorbei

In einer Manier, die keine Fragen offen ließ, rückte der EV Füssen in der Saison 1962/63 die in Schieflage geratenen Meisterschaftsdinge wieder ins Lot. Die Allgäuer distanzierten in der Endrunde nicht nur Titelverteidiger Bad Tölz – die beiden übrigen Teilnehmer aus Mannheim und Garmisch wurden geradezu zu Statisten degradiert –, standesgemäß zelebrierte Füssen auch den zehnten Titel seit 1949. Da paßte es natürlich ausgezeichnet, daß die Truppe von Trainer Markus Egen just in diesem Jahr am Kobelhang ein Dach über dem Kopf bekam.
Aus dem damals noch schier unerschöpflich sprudelnden Nachwuchsquell hatten wieder einmal einige junge Talente den Weg in die Füssener Stammannschaft gefunden, so beispielsweise als Nummer zwei hinter Harry Lindner der junge Torhüter Günther »Moses« Knauss, dessen Schicksal es werden sollte, am Kobelhang immer noch einen besseren Mann – später Toni Kehle – vor der Nase zu haben. Gleichwohl leistete Knauss dem Team – und auch noch in anderen Funktionen dem Verein – wertvolle Dienste.
Da war aber auch noch der aus der Filiale SC Ziegelwies gekommene Hansjörg Nagel, ein wahrer Hüne, der sich auch in der Bundesliga – nicht nur wegen seines Gardemaßes – gleich Respekt zu verschaffen wußte. Im Angriff fielen auch die neuen Gesichter Rudi Gröger und Gustav Hanig auf, wobei letzterer vor einer langen Karriere im gelb-schwarzen Dreß des EVF stehen sollte. Zu Beginn der Spielzeit 62/63 war Hanig noch nicht ganz 18 Jahre alt, aber dem Mittelstürmer wurde gleich eine glänzende Zukunft prophezeit. So war das eben in dieser Zeit: Wer beim EV Füssen spielte, der mußte einfach ein potentieller Nationalspieler sein!
Ein enormes Plus für den Meister lag auch darin, daß – wie schon meist in der Nationalmannschaft – Leonhard Waitl nur noch Verteidiger spielte, wobei er nicht nur die abgetretenen Martin Beck und Ernst Eggerbauer vergessen ließ, sondern binnen kurzer Zeit zu einem der absoluten Topstars des bundesdeutschen Eishockeys avancierte. Die Füssener Abwehr mit dem legendären Verteidigerpaar Ambros/Waitl war schon eine Bank – doch wie wirbelten erst die Sturmreihen in diesem Jahr die Gegner durcheinander: Wie ein Tornado. 171 Treffer in den nur 20 Punktspielen, also mehr als acht pro Match – diese Zahlen sprechen eine überdeutliche Sprache, vor allem, wenn man berücksichtigt, daß der Vize Bad Tölz sich mit vergleichsweise mageren 92 Toren begnügen mußte.
Immerhin gelang den Isarwinklern aber ein spektakuläres 13:2 gegen den Champion, ein beinahe unglaubliches Resultat, für das sich Füssen jedoch mit einem 12:0 im eigenen Stadion massiv revanchierte. Selbstverständlich stellte die Torfabrik aus dem Allgäu auch die erfolgreichsten Goalgetter der Spielzeit: Georg Scholz (27 Tore) wurde Erster, Ernst Köpf (24), der noch über viele Jahre zu den sichersten Vollstreckern in Deutschland zählen sollte, Dritter der Torjägerliste.
Nach drei Jahren gesprengt wurde das bayerische Dreigestirn Füssen, Tölz und Riessersee vom Mannheimer ERC, der seinen leichten Abwärtstrend (3./5./5./7.) zunächst einmal stoppen konnte – dies auch dank der Verpflichtung von Peter Rohde, der es bei Preußen Krefeld lediglich ein Jahr ausgehalten hatte. Die Westdeutschen, 61/62 noch in der Runde der besten vier, gerieten diesmal (ohne Torjäger Rohde) gleich in Abstiegsgefahr, doch zum Glück für die Seidenstädter befand sich mit Eintracht Dortmund ein ausge-

Das Meisterteam 1962/63

Torhüter: Harry Lindner, Günther Knauss.
Verteidiger: Paul Amros, Leonhard Waitl, Hansjörg Nagel, Peter Schwimmbeck, Rudolf Simon.
Stürmer: Georg Scholz, Siegfried Schubert, Ernst Köpf, Helmut Zanghellini, Gustav Hanig, Ernst Trautwein, Manfred Gmeiner, Rudolf Gröger, Walter Krötz.
Trainer: Markus Egen.

Ein neues Gesicht: Günther »Moses« Knauss vom EV Füssen. Ein starker Torwart, der jedoch immer hochkarätige Konkurrenz im Verein hatte.

Die Saison 1962/63 erlebte ihn letztmals als Aktiven: Hans Rumpf – wie er zu dieser Zeit aussah ...

sprochener Schwachpunkt in der Liga. Die Quittung für die Westfalen: Diesmal entgingen sie ihrem Schicksal nicht mehr. Der EV Landshut betrat dafür die deutsche Eishockeyszene, mit vielen jungen Männern. Dafür traten 1963 auch zwei ganz verdiente Recken von der aktiven Bühne ab: Die späteren Bundestrainer Xaver Unsinn (Kaufbeuren) und Hans Rampf (Bad Tölz) sollten indes der Puckbranche noch lange erhalten bleiben. *Erhard Füsser*

Immer stärker wurde der Füssener Leonhard Waitl – weder aus Füssens Team noch aus der Nationalmannschaft war er wegzudenken.

Die Nationalmannschaft 1962/63

Drei zweistellige Niederlagen – und alle drei in einer deprimierenden Preislage – setzte es bei der WM 1963. Doch glücklicherweise gehörte nicht nur die deutsche Nationalmannschaft zu den »Underdogs« der Zwei-Klassen-Gesellschaft. Selten hat es auf einer Meisterschaft vier so überlegene Teams und vier so klare Punktelieferanten gegeben.
3:15 gegen die UdSSR, 2:10 gegen Schweden (das den Titel gegen die Sowjets nicht verteidigen konnte), 1:10 gegen die CSSR – der neue Bundestrainer Vic Heylinger hatte es wirklich nicht leicht.
Besonderes Pech dann noch im Spiel gegen die USA: Hobelsberger und Ohlber, die beiden Keeper, mußten verletzungsbedingt passen, so daß mit dem Verteidigerriesen Hansjörg Nagel zwangsweise ein Feldspieler zum Torwart wurde. Statt eines 4:8 hätte es sonst ohne weiteres einen Sieg geben können. Der Lichtblick: ein 4:3 im Prestigeduell gegen die DDR.

Der neue Trainer der Nationalmannschaft: Vic Heylinger, ein Amerikaner.

Die Statistik 1962/63

Meisterrunde:

1. EV Füssen	20	171:56	35:5
2. EC Bad Tölz	20	92:67	26:14
3. Mannheimer ERC	20	83:74	20:20
4. SC Riessersee	20	75:67	19:21

Abstiegsrunde:

5. Krefelder EV	20	92:89	21:19
6. ESV Kaufbeuren	20	80:109	17:23
7. Preußen Krefeld	20	54:99	13:27
8. Eintr. Dortmund	20	51:115	9:31

Die Torjäger:

1. Georg Scholz (EV Füssen)	27
2. Peter Rohde (Mannheimer ERC)	25
3. Ernst Köpf (EV Füssen)	24

Neuling Landshut: Ein Bub mit Namen Schloder

Füssen schon wieder Meister: daß der deklassierten Konkurrenz das überhaupt nicht gefiel, störte die EVF-Cracks wenig. Sie stellten sich lachend zum Mannschaftsfoto.

1963/64 war eine Olympiasaison – heutzutage für die Sportart Eishockey eine besondere Gelegenheit, sich ins Rampenlicht zu rücken. Ganz anders verlief es damals, die Fans strömten in wesentlich geringerer Zahl in die Stadien (der Schnitt sank in den 80 Punktspielen um 300 auf 3750) – und schuld daran war in erster Linie der EV Füssen. Was die Allgäuer »verbrochen« hatten? Sie hatten es sich erlaubt, noch überlegener den Titel (es war schon der elfte) nach Hause zu bringen als im Vorjahr, wo sie die Konkurrenten bereits mühelos beherrscht hatten.

Das Meisterteam 1963/64

Torhüter: Harry Lindner, Günther Knauss.
Verteidiger: Paul Ambros, Leonhard Waitl, Hansjörg Nagel, Peter Schwimmbeck, Rudolf Thanner, Rudolf Simon.
Stürmer: Georg Scholz, Siegfried Schubert, Ernst Trautwein, Manfred Gmeiner, Helmut Zanghellini, Ernst Köpf, Rudolf Gröger, Gustav Hanig, Walter Krötz, Gerd Junghanns.
Trainer: Markus Egen.

Tja, das Meisterensemble hatte sich immer besser eingespielt, und konnte zudem noch jederzeit auf Extraleistungen seiner herausragenden Solisten zurückgreifen. Nur mit dem Toreschießen ging man am Kobelhang diesmal etwas sparsamer um: mit 117 waren es 54 weniger als in der Vorsaison, doch immer noch 36 mehr, als »Verfolger« EC Bad Tölz zustande brachte, der sich im Sommer '63 markant verstärkt hatte: Vom SC Riessersee waren mit Albert Loibl und Rudi Pittrich zwei Nationalstürmer in den Isarwinkel gezogen – geholfen hat's freilich wenig.

12 Punkte Rückstand verzeichnete Tölz am Ende auf den EVF, bei dem lediglich ein Neuer auf sich aufmerksam machte: Rudi Thanner, ein Verteidiger, der sich nicht nur im Verein, sondern auch noch in der Nationalmannschaft seine Meriten verdienen sollte. Der erfolgreichste Füssener Schütze war erneut Georg Scholz, jedoch mit vergleichsweise mageren 18 Toren, was auch prompt bewirkte, daß die Würde des Torschützenkönigs an jemand anderen ging. Peter Rohde brachte das Kunststück fertig, exakt ein Drittel der 63 Treffer des Mannheimer ERC auf sein persönliches Konto zu bringen – wahrlich eine beachtliche Leistung, die in der Jetztzeit unserer Bundesliga wohl kaum noch ein Angreifer zu bewerkstelligen vermag.

An Rohdes Seite stürmte mit Walter Schacherbauer erstmals ein Mann, dem Experten eine große Zukunft vorhersagten, der aber leider später mehr durch seine zahlreichen Vereinswechsel für Gesprächsstoff sorgte als durch Taten im Nationaltrikot. Schacherbauer war neben Loibl, Pittrich und Bernd Herzog der vierte herbe Spielerverlust, den der SC Riessersee hinnehmen mußte.

Noch gab indes die Jugendarbeit Jahr für Jahr neue potentielle Bundesligacracks her: 1963 spielte bei den drittplazierten Garmischern erstmals der junge Toni Pohl mit, der sich in den folgenden 15 Jahren für diverse Klubs (Krefeld, Düsseldorf, Köln, München) zu einem der gefährlichsten Torjäger entwickeln sollte.

Eine ganz große Bundesligakarriere begann ebenfalls im Jahr 1963. Der Aufsteiger EV Landshut, ehrgeizig und auch gleich recht erfolgreich (Bestplazierter in der Abstiegsrunde), präsentierte mit dem erst wenige Wochen vor Saisonbeginn 16 Jahre alt gewordenen Alois Schloder (Geburtsdatum 11. August 1947) ein absolutes Ausnahmetalent, was am ehesten dadurch dokumentiert wird, daß der bereits hervorragende schlittschuhläuferische Qualitäten beweisende rechte Flügelstürmer mit 12 Treffern gleich der beste Schütze des Aufsteigers aus Niederbayern wurde. Was dann folgte, ist allen deutschen Eishockeyfans längst ein Begriff: Alois Schloder entwickelte sich zu einem Weltklassemann – und mit ihm wurde auch der EV Landshut groß.

Schlagzeilen machte der Alois seinerzeit noch nicht, zu sehr war alles auf den EV Füssen fixiert, der nicht nur die Hälfte des deutschen Olympiaaufgebots in Innsbruck stellte (Ambros, Schwimmbeck, Waitl, Scholz, Zanghellini, Köpf, Schubert und Trautwein), sondern mit Markus Egen auch den neuen Bundestrainer; er hatte Vic Heylinger, den erfolglosen Mann aus Übersee abgelöst, weil es ohnehin nahelag, den wichtigsten Klubtrainer auch gleich an die Schalthebel der Nationalmannschaft zu lassen.

Was die Füssener in puncto Überlegenheit produzierten, das gaben am Tabellenende die Krefelder Preußen im Negativen her. Jammervolle fünf Pünktchen wurden gesammelt – der letzte Platz war somit genauso früh vergeben wie der Titel. Die Bundesliga-Planstelle blieb jedoch dem Westen erhalten, weil Totgesagte manchmal eben doch länger leben, und Eintracht Dortmund hatte sich dank der Routiniers wie Kurt Jablonski (33, sah aber aus wie 43) und Karl-Heinz Löggow nach dem Abstieg noch einmal zur Oberliga-Meisterschaft und somit zum Wiederaufstieg aufschwingen können. *Erhard Füsser*

Es dauerte nicht lange, bis aus dem jungen Alois Schloder ein Mann fürs DEB-Trikot wurde. Mit 12 Treffern glänzte er in seiner ersten Bundesliga-Saison.

Die Nationalmannschaft 1963/64

Für die Bundesrepublik war es schon ein steiniger Weg, bis die Teilnahme am Endrundenturnier bei den Olympischen Spielen in Innsbruck feststand. Zunächst galt es, die leidige Ausscheidung mit der DDR zu überstehen.

Nach dem 4:4 in Füssen sah es böse für das nun von Markus Egen betreute Team aus, doch im Rückspiel in Ost-Berlin erhielt Ernst Trautwein mit seinem Treffer zum 4:3 die Olympiahoffnungen am Leben. In Österreich mußte dann erst noch ein 2:1-Zittersieg gegen Polen geschafft werden, bevor sich Ambros, Waitl, Reif & Co. wieder die zweistelligen Schlappen abholen durften.

Immerhin, mit dem 2:1 gegen Finnland und dem 6:5 gegen die Schweiz wurden die Erfolge eingefahren, die man erwarten durfte. Im Kontrast dazu: das standesgemäße 0:10 gegen den ungefährdeten Olympiasieger UdSSR.

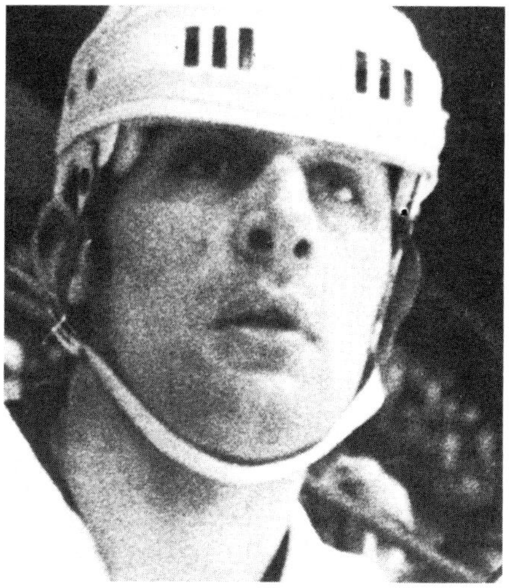

Der nächste Füssener Star: Verteidiger Rudolf Thanner schlug ganz groß ein.

Die Statistik 1963/64

Meisterrunde:

1. EV Füssen	20	117:36	36:4
2. EC Bad Tölz	20	81:70	24:16
3. SC Riessersee	20	70:66	21:19
4. ESV Kaufbeuren	20	71:90	20:20

Abstiegsrunde:

5. EV Landshut	20	68:72	19:21
6. Mannheimer ERC	20	63:71	18:22
7. Krefelder EV	20	65:75	17:23
8. Preußen Krefeld	20	50:105	5:35

Die Torjäger:

1. Peter Rohde (Mannheimer ERC)	21
2. Horst Schuldes (SC Riessersee)	18
Georg Scholz (EV Füssen)	18

Bilddokumente von den Olympischen Spieler 1964, für die sich die deutsche Nationalmann- schaft, das Aushängeschild der Bundesliga, mi Mühe qualifiziert hatte. Deutsche Torerfolg (Bild unten) waren selten, meist stand der vor Ulli Jansen gehütete Kasten im Brennpunkt

CCCP

Nur drei Minuspunkte: Füssen, die Übermacht

Die kribbelnde Ungewißheit vor dem Saisonstart? Fehlanzeige! Knisternde Spannung bis zum letzten Spieltag? Keine Spur! Der klare Favorit hieß von Anfang an EV Füssen – und der wurde natürlich nach den einseitig verlaufenden 20 Spieltagen auch alter und neuer Eishockey-Meister. Damit machten die Allgäuer das Dutzend voll, nebenbei landeten sie wieder einen Hattrick. Arme Bundesliga, der EV Füssen war einfach zu stark für diese Klasse: fünf Minuspunkte 1963, nur vier im Jahr darauf, diesmal sogar nur noch drei – deutlicher konnte man wohl kaum noch dominieren. Wen wunderte es, daß sich in dieser Situation schon wieder einige Leute den Kopf über einen neuen Modus zerbrachen.

Attraktiv zeigte sich die Meisterschaftsabwicklung nun wirklich nicht, und im Schlepptau mangelhafter deutscher Leistungen auf der internationalen Bühne tat sich in der Spielzeit 1964/65 auf dem Zuschauersektor nur Negatives. Einen dramatischen Publikumsschwund gab's, nur noch 239660 Fans wollten die Puckjäger der Bundesliga sehen (knapp 3000 durchschnittlich), und damit waren der Branche innerhalb von nur zwei Jahren rund 25 Prozent der Besucher abhanden gekommen – da mußten einfach die Alarmglocken klingeln.

Unglücklicher konnte das Programm der Liga aber auch nicht laufen: Oben setzte sich Füssen schon bald vom »Rest der Welt ab«, unten krebste der Aufsteiger Eintracht Dortmund solo herum. Die Folge: die Westfalen, finanziell ohnehin nicht gerade auf Rosen gebettet, gerieten schon frühzeitig neben der sportlichen auch in eine wirtschaftliche Krise – ein Glück, daß wenigstens noch das Saisonende in Anstand erreicht wurde. Man sieht, neu ist das nicht, was das bundesdeutsche Eishockey auch heutzutage in dieser Beziehung des öfteren erlebt.

Das liebe Geld, ja, wer liebt es nicht? Auch bei den Eishockeyspielern entwickelten sich jetzt die ersten handfesten Romanzen mit dem Mammon, und auch das idyllische Bayern blieb von diesen Geschichten, die das Leben schreibt, nicht verschont. Da hatten doch zwei etablierte Stars wie Sepp Reif (24) und Otto Schneitberger (25) beschlossen, künftig statt in Bad Tölz an der Düsseldorfer Brehmstraße hinter der kleinen schwarzen Scheibe herzujagen. Zwei aktuelle Nationalspieler, beide im besten Mannesalter – der Skandal im Sommer 1964 war schon ganz schön groß, zumal die Tölzer sich hartnäckig weigerten, den beiden die Freigabe zu erteilen. Als Gründe nannten Reif und Schneitberger in erster Linie die beruflichen Perspektiven im Rheinland – von Gehältern sprach damals in der Öffentlichkeit noch niemand.

Sportlich konnte es zumindest 1964 noch keinen besonderen Anreiz geben – die DEG war nur Oberligist! Aber einer mit Zukunft, und weil es anders nicht ging, saßen die beiden Ex-Tölzer ihre obligatorische 18monatige Sperre auf der Düsseldorfer Tribüne ab, wobei sie die letzte Saison der DEG in der Zweitklassigkeit erleben sollten. Die 10000-Mann-Arena war auch damals schon sehr oft ausverkauft. Keine Frage, da tat sich was, und für das längst keine Bestform mehr besitzende deutsche Eishockey kam diese Entwicklung zur rechten Zeit.

Die DEG mußte zwar dem Absteiger Preußen Krefeld in der Oberliga den Vortritt lassen, wegen der Aufstockung der Bundesliga von acht auf zehn Klubs wurde man jedoch 1965 (gemeinsam mit dem VfL Bad Nauheim) endlich wieder erstklassig – fünf Jahre in der Anonymität waren endlich vorüber.

Zurück aber zu den Hauptdarstellern dieser Saison, den Spielern aus dem Allgäu. Der EV Füssen verlor nur ein einziges Match (4:7 gegen den Mannheimer ERC), verfügte wieder einmal über den besten Angriff und die solideste Verteidigung, lediglich Torschützenkönig wurde mit dem Tölzer Rudi Pittrich (23 Treffer) ein Nicht-Füssener. Für den EVF traf Ernst »Gori« Köpf am häufigsten – 20mal.

Ganz nebenbei gewann Füssen auch den traditionellen Spengler-Cup in Davos, übrigens zum zweiten Mal nach 1952. Ein Wermutstropfen für die Verantwortlichen am Ende der Spielzeit: Ernst Trautwein, der 111fache Internationale, beendete seine so ungemein erfolgreiche Stürmerlaufbahn, in der er in knapp 200 Pflichtspielen insgesamt 183 Treffer erzielte. Wie kann er nur, er ist doch noch viel zu jung – das dachten 1965 viele Eishockeyfreunde, denn Ernst Trautwein war gerade erst 29 Jahre alt. Ersatz für den korrekten Sportsmann war in Füssen allerdings schon in Sicht: die Namen von Heinz Weisenbach und Bernd Kuhn tauchten erstmals im Kader auf. *Erhard Füsser*

Das Meisterteam 1964/65

Torhüter: Günther Knauss, Harry Lindner.
Verteidiger: Paul Ambros, Leonhard Waitl, Hansjörg Nagel, Peter Schwimmbeck, Rudolf Simon, Rudolf Thanner.
Stürmer: Rudolf Gröger, Helmut Zanghellini, Ernst Köpf, Georg Scholz, Siegfried Schubert, Ernst Trautwein, Manfred Gmeiner, Gustav Hanig, Heinz Weisenbach, Heinz Sohmen, Gottfried Groß, Bernd Kuhn.
Trainer: Markus Egen.

Der EV Füssen als unerschöpfliche Talentquelle: Bernd Kuhn sollte noch Jahre nach seinem 1964er-Debüt, dann mit Schnurrbart (Bild obere Reihe links und rechts), einer der wichtigsten und bedeutendsten Spieler sein. Ebenfalls neu im EVF-Team: Heinz Weisenbach – mit modischen Koteletten . . . (unten links). Kein gutes Jahr war die Saison 1964/65 für den Krefelder EV. Ein Glück, daß er mit Uli Jansen im Tor wenigstens einen Supermann hatte (unten rechts).

Die Nationalmannschaft 1964/65

Wenn man die Saison 1964/65 als eine »schwache« der deutschen Nationalmannschaft charakterisiert, dann hat man wohl eher noch untertrieben. Allerdings, Bundestrainer Markus Egen mußte sich die meiste Zeit über mit einer arg gestutzten Truppe behelfen (ohne Ambros, Sepp und Trautwein sowie die »auf Eis gelegten« Tölzer Stars Schneitberger und Reif), so daß die Mißerfolge eigentlich niemanden überraschen konnten. Vor der WM mußte Deutschland erst einmal in eine lästige Qualifikationsmühle mit der Schweiz, die erst im Nachsitzen (in Augsburg fing es mit einem 2:8 geradezu katastrophenmäßig an) mit einem 7:2 in Bern und schließlich dem 7:6 in Genf überstanden wurde.

Für das A-Turnier im finnischen Tampere langte es dennoch nicht: ein 4:5 gegen Norwegen machte alles zunichte und bedeutete die Teilnahme an der B-Gruppe in Pori. Dort setzte es erneut ein 1:6 gegen die Schweiz, selbst gegen die Ungarn bewerkstelligte man nur ein 4:4, international hatte das deutsche Eishockey einen Tiefpunkt erreicht.

Die Statistik 1964/65

Meisterrunde:			
1. EV Füssen	20	133:48	37:3
2. EC Bad Tölz	20	83:81	25:15
3. SC Mannheimer ERC	20	90:87	21:19
4. ESV Kaufbeuren	20	82:82	18:22
Abstiegsrunde:			
5. SC Riessersee	20	70:67	20:20
6. EV Landshut	20	58:67	20:20
7. Krefelder EV	20	56:77	13:27
8. Eintr. Dortmund	20	45:108	6:34

Die Torjäger:

1. Rudolf Pittrich (EC Bad Tölz)	23
2. Peter Rohde (Mannheimer ERC)	20
Ernst Köpf (EV Füssen)	20

Schluß mit dem Eintopf! Danke, Tölzer »Buam«!

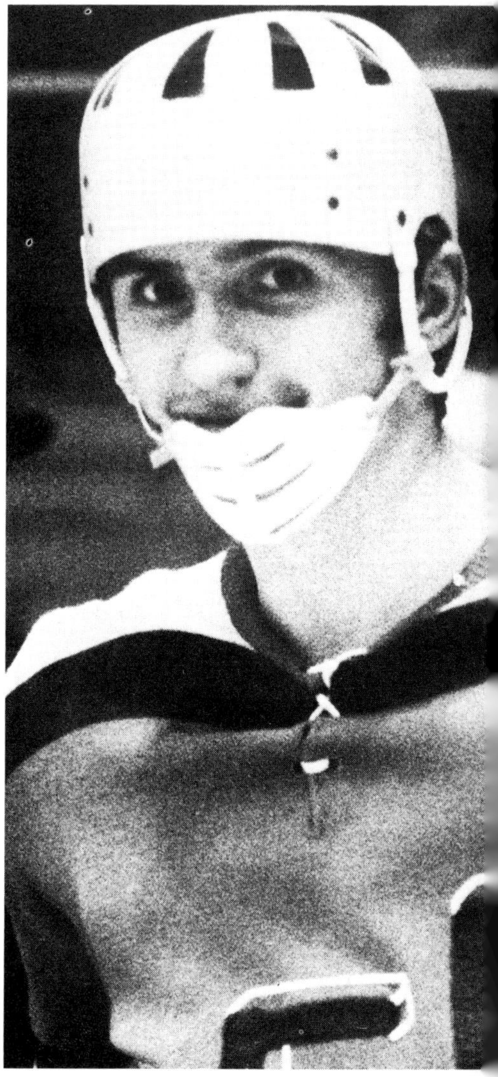

Wie kann der EV Füssen gestoppt werden? Auf dem Eis kaum möglich, das hatte man 1965 richtig erkannt. Was also tun? Ein neuer Modus mußte her – und prompt scheiterte der Serienmeister. Genauso war es übrigens 1962 gelaufen, als erstmals die Endrunde der besten vier Vereine eingeführt worden war. Eine ärgerliche Angelegenheit für das wieder einmal beste Team, das trotz einer überragenden Vorrunde am Ende mit leeren Händen dastand – die Vizemeisterschaft betrachtete am Kobelhang niemand als Erfolg. Der große Triumphator hieß EC Bad Tölz, der im entscheidenden Moment Topform vorwies.

Praktisch wurde das Titelrennen in einem einzigen Spiel entschieden, denn als sich Bad Tölz und Füssen am 6. Februar in der Stadt im Isarwinkel in der letzten Punktbegegnung gegenüberstanden, da lagen die beiden Kontrahenten in der Tabelle gleichauf mit jeweils 9:5 Zählern notiert. Bis ins Schlußdrittel hinein herrschte in der mit 6500 Zuschauern restlos ausverkauften Halle eine nervenzerfetzende Spannung – bevor die Tölzer »Buam« ihre bis dahin knappe 4:3-Führung auf 6:3 ausbauten: am Ende stand mit dem 8:4(4:3, 0:0, 4:1)-Sieg der Gastgeber der neue Meister fest. Verteidigerrecke Erwin Riedmeier war mit zwei Treffern an diesem Abend der erfolgreichste Schütze, Gustav Hanig traf ebenfalls zweimal für Füssen, dem in der entscheidenden Phase Leonhard Waitl wegen einer Fünfminuten-Strafe fehlte.

Bad Tölz holte sich seinen zweiten Titel dank der resoluten Heimstärke in der nur acht Spieltage umfassenden Meisterrunde. In Füssen (1:4), Düsseldorf (1:4) und Mannheim (4:4) mußte der neue Meister dagegen Federn lassen, indes ging es Titelverteidiger Füssen noch übler. Der hatte durch einen total verpatzten Auftakt (1:2 in Mannheim und 2:4 in Kaufbeuren) den Tölzern erst den Rückenwind verschafft, der die dann zu den nötigen Großtaten befähigte.

Der kantige Kanadier Mike Daski, ein manchmal etwas eigenwilliger Trainer, hatte in Bad Tölz eine gute Mischung beisammen: Da war der Edelmann-Nachfolger Toni Klett im Tor, die vier nicht allzu schnellen, aber robusten Abwehrstrategen Bader, Schichtl, Riedl und Riedmeier, dazu im Angriff die Kombination aus alt (Loibl, Pittrich, Eberl, Mayr) und jung (Lax, Eimannsberger, Leitner, Funk). Es war die erste Saison der beiden künftigen Nationalstürmer Hans Eimannsberger und Lorenz Funk in der Bundesliga, und der »Lenz« ließ mit 16 Treffern gleich mächtig aufhorchen. Torjäger Nummer 1 – die Ehre mußten sich drei Stürmer teilen, von denen lediglich Siegfried Schubert vom EV Füssen bislang schon ein Begriff gewesen war. Auf ebenfalls 26 Treffer kamen noch die »Shooting-Stars« Manfred Hubner (Kaufbeuren) und Horst Philipp (Bad Nauheim).

Die Namen deuten es schon an: In der Bundesliga war einiges erheblich in Bewegung geraten. Ein neuer Modus, drei neue Mitglieder (alles Rückkehrer), eine tolle Steigerung bei den Besucherzahlen (von 3000 auf 4150 im Schnitt) und endlich wieder eine bessere Perspektive nach drei Jahren Eis-

Das Meisterteam 1965/66

Torhüter: Toni Klett, Fritz Hafensteiner.
Verteidiger: Hans Schichtl, Heinz Bader, Erwin Riedmeier, Walter Riedl, Georg Lechner.
Stürmer: Albert Loibl, Rudi Pittrich, Georg Eberl, Alois Mayr, Peter Lax, Willi Leitner, Hans Eimannsberger, Willi Gerg, Lorenz Funk, Reinhold Meister, Karl Bär, Hans Brandner.
Trainer: Mike Daski.

Eintracht Dortmund existierte nicht mehr – doch Horst Roes fand einen neuen Arbeitgeber: die Düsseldorfer EG. Und die sorgte als Bundeslig Aufsteiger gleich für Furor

So jung und schon Meister Lorenz Funk (oben, Mitte) und Hans Eimannsberger gehörten zur Bad Tölzer Sensationstruppe, die Füssen den Titel entriß.

Bild rechts: Der Kanadier Ed Reigle brachte die Nationalmann schaft wieder auf Trab.

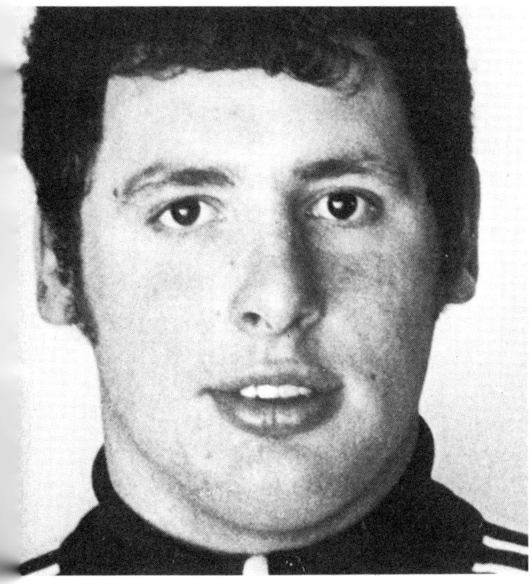

hockey-Eintopf. Das lag natürlich auch an der hervorragenden Rolle, die der Wiederaufsteiger Düsseldorfer EG zu spielen vermochte. Reif und Schneitberger waren nach ihrer Sperre spielberechtigt, von der aufgelösten Dortmunder Eintracht hatte man Hoja, Roes, Jablonski und Löggow an die Brehmstraße geholt, dazu kam noch der aus der DDR geflüchtete Stürmer Erich Böttcher – und zur krönenden Abrundung dirigierte jetzt bei den Rheinländern auch noch Hans Rampf: Eishokkey-Herz, was wolltest du in der ersten Spielzeit mehr?

Heraus sprang für die DEG schließlich Rang drei, zu Hause waren die Rheinländer sofort (mit 10500 Fans im Rükken) eine Macht! Machtvoll hatte auch der EV Füssen zunächst noch agiert, in der gesamten Vorrunde der Konkurrenz nur zwei Unentschieden zugestanden (5:5 gegen Kaufbeuren mit seiner neuen Paradereihe Köberle/Hubner/Lutzenberger, 3:3 in Landshut). Die schwerwiegenden Abgänge (neben dem abgetretenen Ernst Trautwein war sensationellerweise auch noch Paul Ambros zum aufstrebenden Augsburger EV emigriert) schienen zu Beginn überhaupt keine Probleme zu bereiten – aber dann. Immerhin gab es für den EVF noch ein kleines Trostpflaster, das selbstverständlich nicht über den entgangenen Titel hinwegtrösten konnte: Beim erstmals ausgetragenen Europapokal scheiterte man erst im Finale an ZKL Brünn, aber die Tschechen galten damals eben noch als eine Nummer zu groß.

Erhard Füsser

Die Nationalmannschaft 1965/66

Es konnte ja nur noch besser werden – und es wurde tatsächlich alles besser! Anstelle von Markus Egen übernahm mit Ed Reigle wieder einmal ein Vertreter des kämpferischen Eishockey aus Übersee die Leitung der DEB-Puckjäger – und das mit ungemein viel Erfolg. Alle sieben Spiele des B-Turniers im jugoslawischen Laibach wurden gewonnen, gegen die direkten Aufstiegskonkurrenten Rumänien (4:1) und Jugoslawien (6:2) sogar sehr überzeugend.

Der erst 21 Jahre alte Füssener Gustav Hanig avancierte zum Torschützenkönig des Turniers, und vor allem machten einige junge Leute auf sich aufmerksam, von denen man noch einiges hören sollte. In erster Linie natürlich der Landshuter Alois Schloder, dazu Heinz Weisenbach aus Füssen, die beiden Kaufbeurer Wolfgang Boos und Manfred Hubner, nicht zu vergessen das neue Torhütergespann Günther Knauss und Sepp Schramm. Auch für den späteren Rekord-Nationalspieler Lorenz Funk (insgesamt 225 Einsätze) war Laibach die Premieren-Weltmeisterschaft – und Meister war der »Lenz« 1966 auch noch geworden.

Die Statistik 1965/66

Vorrunde:

1.	EV Füssen	18	110:39	34:2
2.	ESV Kaufbeuren	18	84:75	23:13
3.	EC Bad Tölz	18	76:48	21:15
4.	Düsseldorfer EG	18	66:57	21:15
5.	Mannheimer ERC	18	61:73	17:19
6.	Krefelder EV	18	64:73	15:21
7.	Preußen Krefeld	18	58:71	15:21
8.	EV Landshut	18	50:73	13:23
9.	VfL Bad Nauheim	18	70:102	11:25
10.	SC Riessersee	18	45:71	10:26

Meisterrunde:

1.	EC Bad Tölz	8	36:19	11:5
2.	EV Füssen	8	41:23	9:7
3.	Düsseldorfer EG	8	27:37	8:8
4.	Mannheimer ERC	8	20:34	7:9
5.	ESV Kaufbeuren	8	22:33	5:11

DEV-Pokal/Abstiegsrunde:

1.	SC Riessersee	8	28:15	10:6
2.	Preußen Krefeld	8	31:24	10:6
3.	EV Landshut	8	33:25	8:8
4.	Krefelder EV	8	25:30	8:8
5.	VfL Bad Nauheim	8	19:42	4:12

Die Torjäger:

1.	Horst Philipp (VfL Bad Nauheim)	26
	Manfred Hubner (ESV Kaufbeuren)	26
	Siegfried Schubert (EV Füssen)	26

Mit Euphorie aus dem Dornröschenschlaf

Über die Bundesligasaison 1966/67 ist auch viele Jahre später immer wieder heftig diskutiert worden. Viel ist hineingedeutet worden in diese 138 Punktspiele, und dies sicher nicht zu Unrecht. Die damaligen Zeitzeugen werden sich sicher noch erinnern: Vom Beginn eines neuen Eishockey-Zeitalters wurde gesprochen und viel geschrieben, vom unaufhaltsamen Aufstieg der Großstadtvereine und vom sich erstmals abzeichnenden Niedergang der Traditionsklubs aus den kleinen bayerischen Gemeinden. Heute wissen wir: Die Auguren sollten recht behalten – mit dem Premierentitel der Düsseldorfer EG nahm eine große Veränderung im bundesdeutschen Eishockeysport ihren Anfang.
15 Jahre lang hatten die Puckjäger im Westen meist ein Diasporadasein gefristet – die Meisterschaft des Krefelder EV (1952) lag schon allzu lange zurück. Beinahe ein Dornröschenschlaf war's, aus dem die DEG das bevölkerungsreichste Bundesland in Sachen Eishokkey erweckte. In einer eindrucksvollen Endrunde sicherten sich die Männer von der Brehmstraße (alle fünf Spiele natürlich vor je 10500 Fans und damit vollem Haus) geradezu souverän die umjubelte Meisterschaft. Die Begeisterungsfähigkeit des Publikums in der NRW-Metropole suchte schon damals ihresgleichen – und trug die DEG letztlich zum Erfolg.
Fünf Siege auf eigenem Eis, auch auswärts Triumphe bei den »Großmächten« Bad Tölz (4:2) und Füssen (3:2) – die einzige Niederlage, 1:3 in Landshut, tat dem 36 Jahre alten Trainer Hans Rampf und seinen Leuten nicht mehr weh. Das Düsseldorfer Team war in seinem zweiten Bundesligajahr weiter zusammengewachsen, mit dem Kaufbeurer Reinhold Rief hatte man sogar noch eine weitere Verstärkung aus Bayern an Land gezogen. Der Siegeszug der Westdeutschen, getragen auch von einer Welle der Euphorie in den Medien, war einfach nicht zu stoppen, auch nicht vom Titelverteidiger EC Bad Tölz, der sich noch achtbar aus der Affäre zog.
Ein Debakel erlebte der EV Füssen. Noch als Favorit in die Endrunde gestartet, landete die erfolgverwöhnte Truppe am Ende auf Rang vier – die schlechteste Placierung nach dem Kriegsende (und das auch noch mit negativem Punktekonto). Solider Dritter wurde der EV Landshut, enttäuschend hingegen das Abschneiden des Mannheimer ERC und des Krefelder EV, wobei letzterer wenigstens noch mit Horst Ludwig und dessen 29 Treffern den Torschützenkönig stellte. Düsseldorf kassierte natürlich groß ab, im übrigen sanken die Besucherzahlen jedoch etwas.
Ob's am neuen Modus lag? Wieder einmal hatte es eine Abkehr vom erst vor Jahresfrist Erprobten gegeben. Grund für die diesmal bei den süddeutschen Bundesligavereinen aufgetretene Unzufriedenheit: die weiten Reisen in der eingleisigen Bundesliga verursachten zu hohe Kosten, auch in den übrigen Klassen drückten diese Sorgen die Vereine. Heraus kam eine totale Nord-Süd-Trennung der Ligen, lediglich im Oberhaus fand man sich zu einer Endrunde der besten sechs Teams wieder zusammen.
In den Doppelrunden der jeweils nur noch fünf Teilnehmer setzten sich die Düsseldorfer EG (erwartungsgemäß) und der EV Füssen in ihren Gruppen durch. Dabei hatte der Serienchampion obendrein noch verschiedene hochkarätige Abgänge zu verkraften: Leonhard Waitl (er ging zu Bayern München, zur neuen Eishockeyabteilung natürlich, die viele anlockte), Ernst Köpf (der Augsburger EV kaufte ebenfalls weiter kräftig ein) und Siegfried Schubert (hörte bereits mit 26 Jahren auf) standen plötzlich nicht mehr zur Verfügung, dennoch legte der EVF eine starke Runde hin.

Das Meisterteam 1966/67

Torhüter: Rainer Gossmann, Hans-Joachim Schmengler.
Verteidiger: Dieter Hoja, Horst Hübbers, Horst Roes, Jochen Schmidt, Otto Schneitberger.
Stürmer: Erich Böttcher, Peter Gregory, Karl Heitmüller, Kurt Jablonski, Ingo Lingemann, Sepp Reif, Karl-Heinz Löggow, Reinhold Rief, Klaus Breidenbach, Ferdinand Werdermann.
Trainer: Hans Rampf.

Neue Gesichter tauchten natürlich auch in dieser abwechslungsreichen Spielzeit auf, so beispielsweise der Garmischer Stürmer Toni Hofherr, auf den ersten Blick als Ausnahmetalent zu erkennen. Doch auch er konnte den Abstieg des SC Riessersee in der äußerst hart umkämpften Relegationsrunde Süd nicht verhindern. Im Kampf gegen die drei ehrgeizigen Oberligisten München, Augsburg und die SG Oberstdorf/Sonthofen (die damalige Sensationsmannschaft schlechthin) blieb auch noch bedauerlicherweise der ESV Kaufbeuren auf der Strecke. Und im Norden erwischte es, indes keineswegs unerwartet, den schwachen Schlittschuh-Club aus Berlin, der nur ein Jahr Bundesligaluft schnuppern durfte – vorerst. *Erhard Füsser*

Die Nationalmannschaft 1966/67

Gestern noch auf hohen Rossen, heute durch die Brust geschossen. So ging es der Nationalmannschaft 1967 bei der Weltmeisterschaft in Wien. Welch himmelweite Unterschiede zwischen einem A- und einem B-Turnier bestehen, davon mußte das Team des Ed Reigle in Österreichs Metropole leidvoll Kenntnis nehmen. Ein bescheidenes Pünktchen beim 2:2 gegen Finnland (mit den Skandinaviern kam man irgendwie am besten zurecht), ansonsten nur deklassierende Schlappen – die Deutschen mußten international wieder einmal tief unten durch.
Dabei konnte Reigle praktisch auf das komplette Aufgebot des Vorjahres zurückgreifen, doch Gegner wie die UdSSR (gegen den Weltmeister wirkte man beim 1:16 wie ein Anfänger) und Kanada (1:13) waren schon mehr als eine Nummer zu groß.
Besonders schmerzlich war natürlich die 1:8-Pleite gegen den Rivalen DDR, gegen den immer eine erhebliche Portion Prestige auf dem Spiel stand – diesmal triumphierten Joachim Ziesche & Co.

Hoch soll er leben: Trainer Hans Rampf wird zur Ehrenrunde des neuen Titelträgers Düsseldorf übers Eis getragen.

Die Statistik 1966/67

Gruppe Süd:			
1. EV Füssen	16	88:46	25:7
2. EC Bad Tölz	16	73:55	18:14
3. EV Landshut	16	50:73	13:19
4. SC Riessersee	16	51:61	13:19
5. ESV Kaufbeuren	16	51:78	11:21
Gruppe Nord:			
1. Düsseldorfer EG	16	93:42	24:8
2. Mannheimer ERC	16	85:46	21:11
3. Krefelder EV	16	69:50	19:13
4. Preußen Krefeld	16	66:88	12:20
5. Berliner SC	16	33:120	4:28
Endrunde:			
1. Düsseldorfer EG	10	44:23	18:2
2. EC Bad Tölz	10	53:22	14:6
3. EV Landshut	10	28:50	10:10
4. EV Füssen	10	31:33	8:12
5. Krefelder EV	10	32:44	8:12
6. Mannheimer ERC	10	22:39	2:18

Die Torjäger

1. Horst Ludwig (Krefelder EV)	29
2. Alois Schloder (EV Landshut)	28
3. Sepp Reif (Düsseldorfer EG)	23

Die Top-Skorer der Endrunde

1. Lorenz Funk (EC Bad Tölz)	12 + 8 = 20
2. Alois Schloder (EV Landshut)	11 + 4 = 15
3. Sepp Reif (Düsseldorfer EG)	7 + 6 = 13

Füssens herzlich willkommene 13

Das Spielchen mit der Modusänderung – auch für 1967/68 mochte niemand darauf verzichten. Vergleichsweise bescheiden wurde diesmal gebastelt, die Trennung in Nord und Süd beibehalten, aber dabei nur eine einfache Runde gespielt. Dafür wurde diesmal die Endrunde verdoppelt, um der Entscheidung um den Titel den Charakter des Zufälligen zu nehmen. Das gleiche Prinzip kam auch bei den regionalen Abstiegs- und Aufstiegsrunden zur Anwendung. Kurzum, im deutschen Eishockey ging es wieder rund. Den EV Füssen konnte dies alles nicht kratzen: Nach zweijähriger Erfolgsabstinenz wurde endlich wieder ein Titel geholt – und daß es der 13. war, konnte noch nicht einmal die Abergläubischsten am Kobelhang stören.

In der Vorrunde lief die Kombinationsmaschine der Füssener noch etwas stotternd, vielleicht mußte man sich auch erst an neue Töne gewöhnen: Mit Professor Vladimir Bouzek aus der CSSR hatte der EVF einen Mann an die Bande geholt, der fürs erste einige andere Akzente setzte. Der mannschaftliche Umbruch, nach dem Abgang von vielen Stars (Trautwein, Schubert, Waitl, Ambros, Köpf) in den letzten Jahren unumgänglich geworden, durfte mittlerweile als gelungen angesehen werden. Die jungen Leute, wie Torhüter Toni Kehle, die Stürmer Bernd Kuhn, Heinz Weisenbach und Klaus Ego hatten sich voll integriert, und die Routine von so gestandenen Leuten wie Peter Schwimmbeck, Hansjörg Nagel, Georg Scholz und Helmut Zanghellini war unbezahlbar.

Nach ihrem Coup vom Vorjahr kam die Düsseldorfer EG in der Endrunde mit den drei besten bayerischen Teams nie für eine Titelverteidigung in Frage. Möglicherweise hatten doch einige Akteure 1967 über ihrem Limit gespielt, der graue Alltag hatte die Rheinländer jedenfalls früh eingeholt. Es war natürlich für den EV Füssen ein besonderer Triumph, beide Gastspiele an der Brehmstraße zu gewinnen (2:1 und 3:0), auch auf eigenem Eis ließ man gegen die frühzeitig entthronte DEG nichts mehr anbrennen (4:3 und 7:3).

So blieb letztlich – wieder einmal – der EC Bad Tölz die einzige Gefahr für den EVF. Doch trotz der immer besser werdenden Jungstars wie Lorenz Funk, Hans Eimannsberger und Sepp Adlmaier sprachen am Ende sechs Punkte Rückstand doch eine deutliche Sprache.

Doch Tölz und der solide EV Landshut hielten wenigstens noch halbwegs mit, während sich die drei Westvertreter mehr oder weniger blamierten. Preußen Krefeld ergatterte in den 20 Spielen gerade mal ein Pünktchen, doch war das Erreichen der Meisterrunde schon ein Erfolg gewesen. Etwas besser das Abschneiden des MERC (erstmals mit dem aus Füssen geholten Manfred Gmeiner), die DEG trotz der Zuzüge von Wolfgang Boos (Kaufbeuren) und Harald Kadow (Preußen Krefeld) eher enttäuschend. In der Relegation, ausgetragen mit den beiden Bundesligisten und nunmehr vier Klubs aus der Oberliga, setzten sich im Norden die Etablierten durch (Krefelder EV und VfL Bad Nauheim), im Süden hingegen scheiterten sowohl Bayern München als auch die SG Oberstdorf/Sonthofen.

Die Spielgemeinschaft zeigte sich in dieser Saison völlig überfordert, während die ambitionierten Puckjäger des FC Bayern (hervorgegangen aus dem Münchner EV) sich heftig wehrten, bevor sie für den immer markanter hervortretenden Augsburger EV ihren Platz doch noch räumen mußten. Die Schwaben, vom Verleger und Mäzen Curt Frenzel systematisch nach vorne gebracht, überstanden sogar das Theater um ihren Star-Verteidiger Paule Ambros und sechs weitere Spieler, denen Verstöße gegen die Amateurparagraphen zur Last gelegt worden waren. Aus heutiger Sicht reine Bagatellen, aber damals: Welch ein Rauschen im Blätterwald, nur weil Ambros vom AEV ein Auto-Darlehen in Höhe von 3500 Mark erhalten hatte.

Erwähnenswert in dieser Saison noch die Torjägerqualitäten des »Lenz«

Das Meisterteam 1967/68

Torhüter: Toni Kehle, Günther Knauss, Karlheinz Schweiger.
Verteidiger: Rudolf Thanner, Josef Völk, Hansjörg Nagel, Peter Schwimmbeck, Hartmut Seelus, Rudolf Simon.
Stürmer: Georg Scholz, Gustav Hanig, Bernd Kuhn, Herbert Stowasser, Helmut Zanghellini, Rudolf Gröger, Klaus Ego, Heinz Weisenbach, Frank Neupert, Horst Meindel, Reinhold Driendl, Fritz Poitsch II.
Trainer: Vladimir Bouzek.

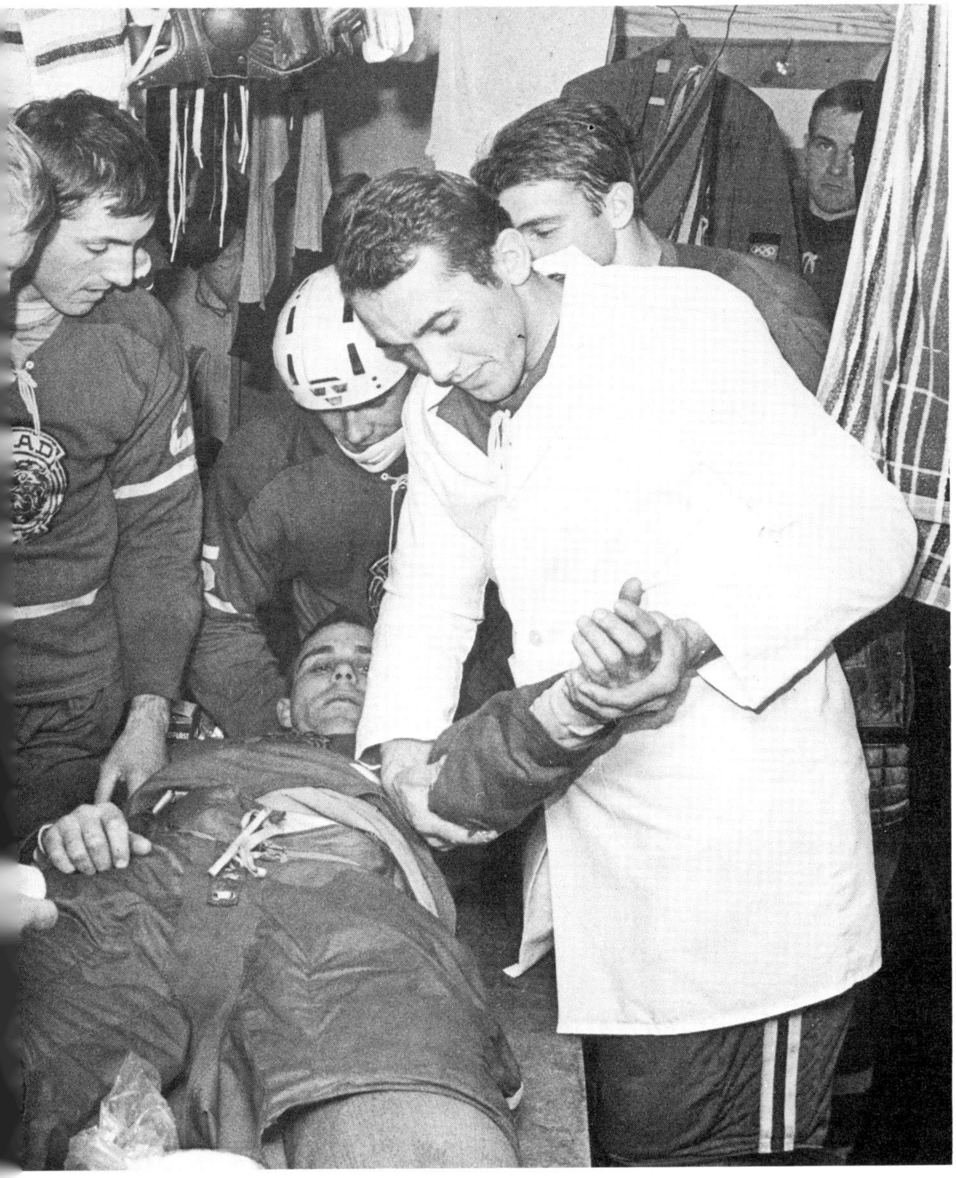

Die Nationalmannschaft 1967/68

Die Olympischen Spiele des Jahres 1968 werden den meisten – zumindest was das Eishockey angeht – noch wegen der dramatischen Auseinandersetzungen zwischen der UdSSR und der CSSR in Erinnerung sein. Hintergrund: Der Einmarsch in Prag vom August 1967 und die bis nach Grenoble reichenden Emotionen. Die Tschechen gewannen 5:4 – Olympiasieger wurde jedoch die Sowjetunion, weil die CSSR gegen Schweden noch einen Zähler abgab.
Mit der Spitze hatte die Bundesrepublik wieder einmal gar nichts zu tun. Der einzige Lichtblick: Die DDR wurde mit 4:2 geschlagen, und wenigstens blieben diesmal die zweistelligen Pakkungen aus. Sepp Schramm vom EV Landshut erwies sich als großer Rückhalt in einem Team, das in fünf der sieben Turnierspiele in Frankreich jeweils nur einen Treffer markierte, indes beim sensationell knappen 4:5 gegen Bronzemedaillen-Gewinner Schweden nur knapp an einer Sensation vorbeischlitterte.
Für Bundestrainer Ed Reigle war es ein durchaus ehrenvoller Ausstand, auch für den Neu-Düsseldorfer Sepp Reif war es der letzte Auftritt auf großer internationaler Bühne.

Funk, der 33mal traf und auch in der Meisterrunde mit 28 Punkten (23 + 5) zum Topskorer avancierte. Die Düsseldorfer EG scheiterte als deutscher Vertreter wenig rühmlich in der zweiten Runde des Europacups. Nur 4:4 zu Hause gegen das Jugo-Team des HC Jesenice, auswärts ein blamables 3:7. In der Auftaktrunde waren die DEG-Cracks mit 8:2 und 8:3 noch mühelos gegen den französischen Champion HC Chamonix weitergekommen. Damals herrschten auf der europäischen Eishokkeybühne andere Kräfteverhältnisse – die Jugoslawen waren für die deutsche Nationalmannschaft fast so etwas wie ein Angstgegner. *Erhard Füsser*

Eine Doppelfunktion nahm beim starken EC Bad Tölz Sepp Adlmaier ein. Da der starke Spieler gelernter Heilpraktiker war, machte er sich bei diversen Wehwehchen der Kameraden nützlich. Trainer Mike Daski (links) konnte über Adlmaiers Heilkünste nur mit offenem Mund staunen.

Die Statistik 1967/68

Gruppe Süd:			
1. EC Bad Tölz	8	47:18	14:2
2. EV Füssen	8	51:22	11:5
3. EV Landshut	8	27:21	9:7
4. Bayern München	8	24:38	6:10
5. Oberstdorf/Sonthofen	8	11:61	0:16
Gruppe Nord:			
1. Düsseldorfer EG	8	41:29	11:5
2. Preußen Krefeld	8	44:46	10:6
3. Mannheimer ERC	8	45:27	8:8
4. Krefelder EV	8	38:39	7:9
5. VfL Bad Nauheim	8	25:52	4:12
Endrunde:			
1. EV Füssen	20	96:42	34:6
2. EC Bad Tölz	20	85:48	28:12
3. EV Landshut	20	71:72	23:17
4. Düsseldorfer EG	20	64:55	21:19
5. Mannheimer ERC	20	58:72	13:27
6. Preußen Krefeld	20	49:124	1:39

Die Torjäger

1. Lorenz Funk (EG Bad Tölz)	33
2. Horst Ludwig (Krefelder EV)	31
3. Bernd Kuhn (EV Füssen)	27

Die Topskorer der Endrunde

1. Lorenz Funk (EC Bad Tölz)	23 + 5 = 28
2. Alois Schloder (EV Landshut)	18 + 6 = 24
3. Peter Rohde (Mannheimer ERC)	15 + 7 = 22

Die neuen Mächte: AEV und »Rote Teufel«

Das Besondere an der Spielzeit 1968/69? Auf den ersten Blick war nichts Außergewöhnliches zu erkennen, der EV Füssen verteidigte seinen Titel erfolgreich, aber das war der etablierten Meistertruppe aus dem Allgäu auch früher schon oft genug gelungen. Damals konnte es noch keiner ahnen: Es sollte erst 17 Jahre später (1987 durch den Kölner EC) wieder eine Titelverteidigung geben – ab sofort war ein Bäumchen-wechsle-dich-Spielchen um die Meisterschale angesagt. Apropos Köln: Am Ende dieser Spielzeit rückte der Klub aus der Domstadt – er firmierte damals noch als Kölner EK – über eine gelungene Relegationsrunde erstmals ins Eishockey-Oberhaus. Für ein erstes kurzes Gastspiel jedenfalls.

Die Musik machten damals jedoch noch andere, vor allem ein äußerst sattelfester EV Füssen, der in der Vorrunde ganze zwei, in der Meisterrunde auch gerade nur sechs Punkte abgab. Professor Vladimir Bouzek konnte einem völlig eingespielten Ensemble vertrauen, in dem mit Karl-Heinz Egger und Werner Modes nur zwei neue Gesichter auftauchten – aber die waren dann auch bald schon wieder nationalmannschaftsreif. Besonders stark die Füssener Abwehr, die sich auf das mit Abstand beste Torhütergespann verlassen konnte: Toni Kehle und Günther Knauss.

Im Prinzip hatte man 1968 nicht am Modus herumgedreht, ganz ohne Änderung sollte es jedoch auch diesmal nicht gehen. Die Zahl der Bundesligisten wurde sowohl im Norden wie im Süden von fünf auf sechs erhöht, eine Maßnahme, von der ausschließlich Fußballvereine profitieren sollten. Pardon, natürlich die Eishockeyabteilungen von Eintracht Frankfurt (der heutige Manager Günter Herold war schon dabei) und Bayern München, um das sich auch der Beckenbauer-Manager Robert Schwan verdient machte. Die beiden Klubs waren zuletzt als Dritte der Relegationsrunden knapp an der Bundesliga vorbeigeschlittert – doch man wollte die City-Klubs nicht draußen haben.

Einen großen Gefallen tat man damit jedoch weder den Bayern noch der Eintracht (sie verfügte mit Horst Philipp und dem vom KEV gekommenen Horst Ludwig immerhin über zwei der gefährlichsten Schützen der Liga), denn in den jeweiligen Gruppenspielen gab es für sie nicht viel zu bestellen. Dafür ließ im Süden der Augsburger EV aufhorchen, der sich hinter der Prominenz aus Füssen und Bad Tölz langsam, aber sicher als dritte Kraft herauskristallisierte – zu Lasten des EV

Das war der Supersturm der Bundesliga 1968/69: Die erste Tölzer Reihe mit Adlmaier, Zach und Funk (von links) war besonders in der Endrunde erfolgreich.

Das Meisterteam 1968/69

Torhüter: Toni Kehle, Günther Knauss.
Verteidiger: Rudolf Thanner, Josef Völk, Hansjörg Nagel, Peter Schwimmbeck, Rudolf Simon.
Stürmer: Georg Scholz, Gustav Hanig, Bernd Kuhn, Heinz Weisenbach, Helmut Zanghellini, Klaus Ego, Herbert Stowasser, Horst Meindel, Karl-Heinz Egger, Frank Neupert, Werner Modes, Reinhold Driendl.
Trainer: Vladimir Bouzek.

Er organisierte die Abwehr beim Newcomer Augsburger EV: Paul Ambros.

Landshut, bei dem übrigens damals ein junger, hochaufgeschossener Bursche namens Erich Kühnhackl seine ersten sechs Meisterschaftstore fabrizierte. Wohlgemerkt, 1968/69!

Zurück zum AEV, der mit seinen spektakulären Neuverpflichtungen schon seit einiger Zeit für ein mulmiges Gefühl in den Magengruben der bayerischen Konkurrenz gesorgt hatte. Vor allem der EV Füssen hatte »bluten« müssen – die Achse mit Lindner (im Tor), Ambros (Abwehrchef) und Köpf (er wurde mit 31 Treffern neuer Schützenkönig) hatte sich aus dem Allgäu nach Schwaben zu Trainer Xaver Unsinn orientiert.

Was Augsburg im Süden, das war 1968/69 der VfL Bad Nauheim im Norden. Völlig überraschend belegte das Team aus der Kurstadt in der Vorrunde Rang 1 – vor der mächtigen Düsseldorfer EG. Wer hätte so etwas für möglich gehalten? Bei den Hessen kam ein erst 18 Jahre alter Stürmer nicht nur wegen seiner 20 Treffer in die Schlagzeilen: Rainer Philipp verkörperte mit seiner rasanten und dynamischen Spielweise den Stil der vor allem auf eigenem Eis starken »Roten Teufel«.

In der Liste der Torjäger dieser Saison belegte Philipp den fünften Rang, aber auch alle anderen Schützen der Top-Ten verfügten über einen deutschen Paß – es sollte bis heute das letzte Mal sein, denn die Zeit der Ausländerstars dämmerte langsam herauf. In den beiden Abstiegsrunden (drei Teams von oben standen jeweils drei Emporkömmlingen aus der Oberliga gegenüber) ging es 1969 längst nicht so dramatisch zu wie noch im Vorjahr. Bei den »Nordlichtern« deuteten die Krefelder Preußen schon frühzeitig ihre Schwäche an – ihr Abstieg (nur Rang fünf) überraschte niemanden. Nutznießer war Köln, und mit dem EC Deilinghofen trat erstmals ein Verein ins Rampenlicht, der später noch viel von sich reden machen sollte.

Das Pendant zum ECD im Süden hieß EV Rosenheim. Allerdings waren die Oberbayern 1969 noch chancenlos gegen die drei Bundesligisten, lediglich der ESV Kaufbeuren machte die ansonsten spannungslos verlaufene Runde spannend. Unzufriedenheit mit dem Modus machte sich angesichts eines mäßigen Zuschauerinteresses wieder allenthalben breit. *Erhard Füsser*

Die Nationalmannschaft 1968/69

Modusänderungen in der Bundesliga – und das internationale Eihockey stand da kaum nach. Auch hier wurde ständig herumgedoktert, die alle vier Jahre eingeschobenen Olympischen Spiele erschwerten alles noch zusätzlich. Klar war 1969 nur: Die Bundesrepublik war für die A-Gruppe in Stockholm nicht qualifiziert und mußte sich statt dessen auf der wesentlich unattraktiveren B-Meisterschaft in Laibach herumschlagen.

Doch diesmal erwies sich Jugoslawien – anders noch als 1966 – nicht mehr als gutes Pflaster für das bundesdeutsche Team, das sich auf der Veranstaltung einer immer stärker werdenden Konkurrenz gegenübersah.

Erstmals fungierte beim DEB ein Trainergespann, doch auch die geballte Ladung aus Füssen (mit leichtem Einschlag aus der CSSR), in den Personen Professor Vladimir Bouzek und Markus Egen ausgedrückt, erlebte in Laibach wieder mal ein mittleres Debakel, denn mit den Neulingen Kehle, Ego, Zach, Köberle und Toni Hofherr gingen die Partien gegen DDR (1:6), Polen (2:3) und Gastgeber Jugoslawien (1:4) verloren.

Die Statistik 1968/69

Gruppe Süd:			
1. EV Füssen	10	51:24	18:2
2. EC Bad Tölz	10	43:19	14:6
3. Augsburger EV	10	40:25	13:7
4. EV Landshut	10	32:26	10:10
5. SC Riessersee	10	32:55	3:17
6. Bayern München	10	26:58	2:18
Gruppe Nord:			
1. VfL Bad Nauheim	10	43:34	16:4
2. Düsseldorfer EG	10	52:14	15:5
3. Mannheimer ERC	10	41:32	11:9
4. Krefelder EV	10	39:35	8:12
5. Eintr. Frankfurt	10	31:59	5:15
6. Preußen Krefeld	10	20:52	5:15
Endrunde:			
1. EV Füssen	20	108:35	34:8
2. Düsseldorfer EG	20	73:56	25:15
3. EC Bad Tölz	20	84:60	23:17
4. Mannheimer ERC	20	74:70	21:19
5. Augsburger EV	20	63:122	10:30
6. VfL Bad Nauheim	20	48:105	7:33

Die Torjäger

1. Ernst Köpf (Augsburger EV)	31
2. Georg Scholz (EV Füssen)	29
3. Wolfgang Boos (Düsseldorfer EG)	25
4. Gustav Hanig (EV Füssen)	22
5. Rainer Philipp (VfL Bad Nauheim)	20

Die Topskorer der Endrunde

1. Georg Scholz (EV Füssen)	21 + 9 = 30
2. Ernst Köpf (Augsburger EV)	18 + 11 = 29
3. Lorenz Funk (EC Bad Tölz)	12 + 14 = 26

Landshut endlich mit der zweiten Waffe

Ein ganz, ganz starkes Jahr der Bayern war es, die beinahe totale Dominanz des Südens – mit einem überraschenden neuen Meister am Ende der Marathondistanz von 36 Spielen, über die heute nur müde gelächelt würde. Dem EV Landshut, seit Jahren auf leisen Sohlen immer weiter nach oben gekommen, gelang 1969/70 der große Coup: Erstmals ging der Eishockeytitel nach Niederbayern, die Konkurrenten aus der näheren Heimat wurden souverän in die Schranken gewiesen. Wie es zu dieser erstaunlichen Wachablösung kommen konnte? In Landshut wurde ein langfristiger geduldiger Aufbau belohnt, und dann erhielt das Team um die Schloder-Brüder im richtigen Moment eine kleine Blutauffrischung von jenseits der Grenze.

Bereits in der vorigen Saison waren sie zum EVL gestoßen – Rudi Hejtmanek und Erich Kühnhackl. Der mit allen Wassern gewaschene Routinier und der junge Aussiedler aus der CSSR, der sich als ausgemachter Glücksfall für das deutsche Eishockey erweisen sollte – mit ihnen präsentierte Landshut jetzt neben der Reihe mit Alois und Kurt Schloder sowie Toni Steiger endlich die zweite Waffe, die den Emporkömmling zu einem Titelkandidaten machte. Dazu kamen der immer besser werdende Torhüter Sepp Schramm (in den vergangenen Jahren stets im Nationalmannschaftsaufgebot) und die soliden Verteidiger Michael Eibl und Günter Magura. Dies alles hätte aber sicher noch nicht gereicht, wenn da nicht auch noch ein gewisser Karel Gut gewesen wäre.

Der diplomierte Trainer aus der CSSR, eine absolute Respektsperson, verschaffte den Landshutern die nötige taktische Cleverness, gepaart mit der persönlichen Disziplin, die für das tschechische Eishockey schon längst eine Selbstverständlichkeit darstellte, den bundesdeutschen Cracks jedoch noch weitgehend abging. Über den Siegeszug des EV Landshut gab es schon in der Vorrunde zahlreiche erstaunte Gesichter, doch spätestens in der Endrunde der besten acht Teams bestätigte sich, daß es sich um mehr als ein Strohfeuer gehandelt hatte.

Von der wieder einmal erfolgten Modusänderung profitierten die Niederbayern jedenfalls nicht. Mit der Trennung in Nord und Süd, ohnehin umstritten, war es im Sommer 1969 bereits wieder vorbei. Eingleisigkeit war erneut Trumpf, und um die vorhandene Zahl von 12 Bundesligisten so rasch wie möglich wieder auf zehn zu stutzen, wurde eine knallharte Relegationsrunde für die vier letzten Klubs der Vorrunde beschlossen: Lediglich zwei konnten in der Auseinandersetzung mit den vier Oberligisten ihren privilegierten Status erhalten. Beinahe logisch, daß dabei Frankfurt und Köln ins Gras beißen mußten, während der MERC und Kaufbeuren ihre Bundesligatauglichkeit locker unter Beweis stellen konnten.

Für nicht für die Liga geeignet hielt Wilhelm Neudecker, der bärbeißige Boß des FC Bayern München, seine Puckjäger insgeheim schon lange. Unbefriedigende Zuschauerzahlen, dazu immer höhere Kosten auf dem Personalsektor – da machte ein Neudecker einfach nicht mehr mit: Kurzerhand strich er den FC Bayern von der Eishockey-Bundesligakarte, die Abteilung wurde aufgelöst, für die Stars (wie Waitl, Mauer, Maus) ließen sich leicht neue Arbeitgeber finden. Für den freien Platz der Münchner fand sich mit dem ESV Kaufbeuren ebenfalls rasch ein Abnehmer.

Das Meisterteam 1969/70

Torhüter: Sepp Schramm, Johann Schneidermeier.
Verteidiger: Michael Eibl, Heinz Bickleder, Günter Magura, Max Pfaller.
Stürmer: Alois Schloder, Kurt Schloder, Toni Steiger, Rudolf Hejtmanek, Erich Kühnhackl, Wolfgang Dylla, Peter Krebs, Harald Siegmund, Rupert Kreitmeier, Walter Glaser, Gerd Banholzer.
Trainer: Karel Gut.

Fußball ja, Eishockey nein – sagte Bayern Münchens Präsident Wilhelm Neudecker und löste die Abteilung der Kufenathleten kurzerhand auf.

arel Gut, der diplomierte Trainer aus
r CSSR, machte den EV Landshut zum
leister. Doch danach mußte er – leider –
rück in sein Heimatland.

Mit dem EC Bad Tölz Zweiter – das war für Trainer Ladislav Olejnik die erste von sechs Vizemeisterschaften. Er wurde zum »ewigen Zweiten« der Bundesliga.

f dem Eis war er der »Ziehvater« des
iteren Topstars Erich Kühnhackl:
utinier Rudolf Hejtmanek.

s Aushängeschild der CSSR im
ssersee-Trikot: Joschi Golonka.

Gute Noten verdiente sich in dieser Spielzeit neben Vize Bad Tölz vor allem der SC Riessersee, der so etwas wie eine kleine Wiederauferstehung feierte. Verantwortlich für den Aufschwung der Garmischer zeichnete ein Mann, der über mehr als ein Jahrzehnt als Aushängeschild des CSSR-Eishockeys gegolten hatte: Jozef »Joschi« Golonka war auch mit 31 Jahren noch ein toller Ausnahmekönner. Mit Härte versuchte man vielerorts dem slowakischen Klassestürmer beizukommen, worüber sich Joschi auch noch viel später aufzuregen wußte.

Geändert wurde beim DEB bekanntlich gerne und viel, an dem Regelexperiment in der Spielzeit 1969/70 war der Verband indes unschuldig. Auf Empfehlung der internationalen Gremien probierte man in der Bundesliga eine Freistoßvariante aus. Bei einer Zwei-Minuten-Strafe wurde gegen die Partei des Sünders zusätzlich ein Freistoß verhängt, der vom Anstoßkreis (sonst vom Tatort) her auszuführen war. Obwohl nur indirekt zu verwerten, erwies sich die Verletzungsgefahr als zu hoch: Spezialisten wie Golonka und der Torschützenkönig Bernd Kuhn schossen eben zu hart. Wo schon von Flops die Rede ist: Den größten landete sicherlich die DEG mit dem letzten Platz, und das trotz neuer Stars wie Rudi Potsch und Toni Pohl. *Erhard Füsser*

Die Nationalmannschaft 1969/70

Weil die Kanadier sich in WM-Abstinenz übten, wurde in der wiederum nur sechs Länder umfassenden A-Gruppe ein Platz für einen zweiten Aufsteiger frei. Jetzt rächten sich für Deutschland die Niederlagen des Vorjahres noch einmal auf besondere Art, denn so erhielt Polen erstmals Zugang zum Oberhaus.

Statt in Stockholm mußte sich das bundesdeutsche Team im rumänischen Bukarest mit der Konkurrenz herumschlagen – allerdings nicht ganz mit dem erhofften Erfolg. Das Schlüsselspiel gegen A-Gruppen-Absteiger USA mußte mit 2:5 auf der Verlustseite abgebucht werden. Da konnten auch die mehr oder weniger deutlichen Erfolge in den restlichen Begegnungen nicht darüber hinwegtrösten.

Professor Bouzek (diesmal unterstützt von Ernst Trautwein) hatte eine Konzession an Meister Landshut gemacht: Michael Eibl und Günther Magura waren neben den beiden stürmenden Schloder-Brüdern Alois und Kurt als Verteidiger aufgeboten worden. Sein erstes Turnier bestritt der Nauheimer Rainer Philipp, der es später noch auf 199 Einsätze für den DEB bringen sollte.

Statistik 1969/70

Vorrunde:

1. EV Landshut	22	120:24	38:6
2. EV Füssen	22	117:59	34:10
3. EC Bad Tölz	22	110:66	32:12
4. SC Riessersee	22	94:62	28:16
5. Augsburger EV	22	84:67	26:18
6. Krefelder EV	22	82:93	22:22
7. Düsseldorfer EG	22	54:60	21:23
8. VfL Bad Nauheim	22	77:88	19:25
9. Mannheimer ERC	22	81:98	18:26
10. ESV Kaufbeuren	22	70:97	16:28
11. Kölner EK	22	64:130	8:36
12. Eintr. Frankfurt	22	68:169	3:41

Endrunde:

1. EV Landshut	14	64:36	22:6
2. EC Bad Tölz	14	67:40	19:9
3. SC Riessersee	14	59:44	17:11
4. EV Füssen	14	63:54	16:12
5. Augsburger EV	14	70:61	15:13
6. VfL Bad Nauheim	14	44:68	9:19
7. Krefelder EV	14	43:85	8:20
8. Düsseldorfer EG	14	37:59	6:22

Die Torjäger

1. Bernd Kuhn (EV Füssen)	43
2. Rainer Philipp (VfL Bad Nauheim)	33
Alois Schloder (EV Landshut)	33
4. Ernst Köpf (Augsburger EV)	32
5. Rudi Hejtmanek (EV Landshut)	30

Die Topskorer der Endrunde

1. Alois Schloder (EV Landshut)	15 + 7 = 22
2. Ernst Köpf (Augsburger EV)	15 + 6 = 21
3. Michael Mauer (Augsburger EV)	13 + 5 = 18

Ein gerechter Modus – doch der EVF als Spannungskiller

Nur dreimal mußte Karl-Heinz Egger so grimmig dreinschauen. Die anderen Male gingen stets seine Füssener als Sieger vom Eis.

Die Zahl der Punktspiele veränderte sich gegenüber dem Vorjahr nicht, dennoch verdient die erneute Modusänderung noch eine besondere Erwähnung. 1970/71 wurde ein weiterer Schritt vom Amateurismus in Richtung Profitum getan, mit dem Eishockeysport in der Bundesrepublik Deutschland konnte es weiter aufwärts gehen. In einer eingleisigen Bundesliga, bestehend aus zehn Klubs, wurde erstmals in einer Doppelrunde die Entscheidung über den Meister und den Absteiger herbeigeführt – eine klare Regelung, gerade heraus und ohne Ablenkungsmanöver. Kritik gab es natürlich trotzdem reichlich, aber es war auch ausgemachtes Pech, daß weder oben noch unten die geringste Spannung aufkommen wollte.

Wegweisend sollte auch der Entschluß sein, die Ligaspiele im Freitag/Sonntag-Rhythmus über die Bühne zu bringen. Bislang war es üblich gewesen, daß die in den Süden oder Westen reisenden Teams auf ihrem Trip in die Fremde jeweils zwei Auswärtsspiele zu absolvieren hatten (man hatte die Kosten im Auge). Verzerrungen im Spielplan, Ergebnisverfälschungen waren die Folge. Nunmehr gab es für jeden Klub an jedem Wochenende jeweils ein Heim- und ein Auswärtsspiel – und so ist es geblieben, weil noch niemandem etwas für deutsche Verhältnisse Praktikables eingefallen ist.

Der Modus ist freilich schuldlos, wenn ein Klub so souverän und überlegen das Geschehen diktiert wie der EV Füssen in dieser Spielzeit. Die Allgäuer, nach ihrem schwachen Rang vier im Vorjahr beinahe schon abgeschrieben, feierten ein erstaunliches Comeback, obwohl die Vorzeichen alles andere als günstig gewesen waren. Professor Vladimir Bouzek, die vielleicht zu gutmütige Eishockey-Kapazität, hatte die Kommandobrücke des EVF freigemacht – gekommen war ein Mann mit Stallgeruch: Siegfried Schubert, jetzt gerade 31 Jahre alt, der bereits 1966 seine Laufbahn in Füssen beendet hatte.

Das Meisterteam 1970/71

Torhüter: Toni Kehle, Günther Knauss, Werner Sänger.
Verteidiger: Rudolf Thanner, Josef Völk, Peter Schwimmbeck, Werner Modes, Hermann Völk, Georg Hamberger, Heinz Geiger, Theo Schneider.
Stürmer: Norbert Scholz, Gustav Hanig, Bernd Kuhn, Klaus Ego, Heinz Weisenbach, Karl-Heinz Egger, Herbert Stowasser, Horst Meindel, Günther Hadraschek, Karl-Heinz Golomb, Peter Neumann, Wolfgang Flassig, Rudolf Schneider.
Trainer: Siegfried Schubert.

Immerhin waren 1970 mit Zanghellini und Nagel zwei Routiniers abgetreten, Jungnationalspieler Frank Neupert hatte sich schon zwölf Monate zuvor in Richtung DEG abgesetzt (ohne Freigabe). Dennoch blieb der EV Füssen ein Ensemble mit zahlreichen herausragenden Kräften. Man denke nur an Torhüter Kehle, die »eisernen« Verteidiger Thanner und Völk, die Mittelstürmer Hanig, Weisenbach und Meindel, die Flügelstürmer Egger und Ego, und natürlich an Bernd Kuhn, den damals gefährlichsten Linksaußen der Eliteklasse. Kein Zufall, daß Kuhn mit 42 Treffern (einer weniger als 1970) erneut Torschützenkönig wurde, dabei

Alois Schloder, Sepp Reif, Peter Hejma und Rainer Philipp hinter sich ließ. 67 von 72 möglichen Punkten holte der neue Champion – besser geht es kaum noch. Nur einen Zähler gab Füssen am Kobelhang ab (3:3 gegen den entthronten EV Landshut), dazu wurde in Niederbayern einmal mit 1:5 verloren und bei der Düsseldorfer EG noch mit 3:6. Das war's dann schon, die Tordifferenz der Schubert-Truppe belief sich auf plus hundert, alles in allem: Dieser EV Füssen war Spitze!

Stellt man die Tabelle einmal auf den Kopf, dann konnte der Mannheimer ERC fast eine vergleichbare Ausbeute vorweisen: lediglich sechs Pünktchen ergatterten die Badener, die für einige Jahre in der Versenkung verschwinden sollten.

Trotz der klaren Verhältnisse strömten die Besucher in beachtlicher Anzahl in die Stadien: 694720 sahen die 180 Matches, ein respektabler Schnitt von 3860, doch sicherlich eine Marke, die bei weitem noch zu übertreffen war. Den besten Publikumszuspruch verzeichnete natürlich Vizemeister DEG, wo sich alle Augen auf einen Spieler richteten: Peter Hejma (26), Starnationalstürmer der CSSR, dessen glänzende Rolle bei den Olympischen Spielen in Grenoble (5:4-Sieg gegen die UdSSR) noch allen Eishockeyfreunden ein Begriff war, hatte seine Sperre von 18 Monaten abgesessen und präsentierte sich seinen erwartungsfrohen neuen Fans gleich in der erwarteten bestechenden Verfassung. Obwohl er eher einen Spielmacher verkörperte, zeigte er auch große Torjägerqualitäten (32 Treffer).

Wie in der Bundesliga gab es auch in der Oberliga einen tollen Siegeszug: Preußen Krefeld, 1969 abgestiegen, startete mit 44:0 Punkten und holte sich völlig unbedrängt das Wiederaufstiegs-Ticket – das dicke Ende sollte jedoch Monate später kommen. *Erhard Füsser*

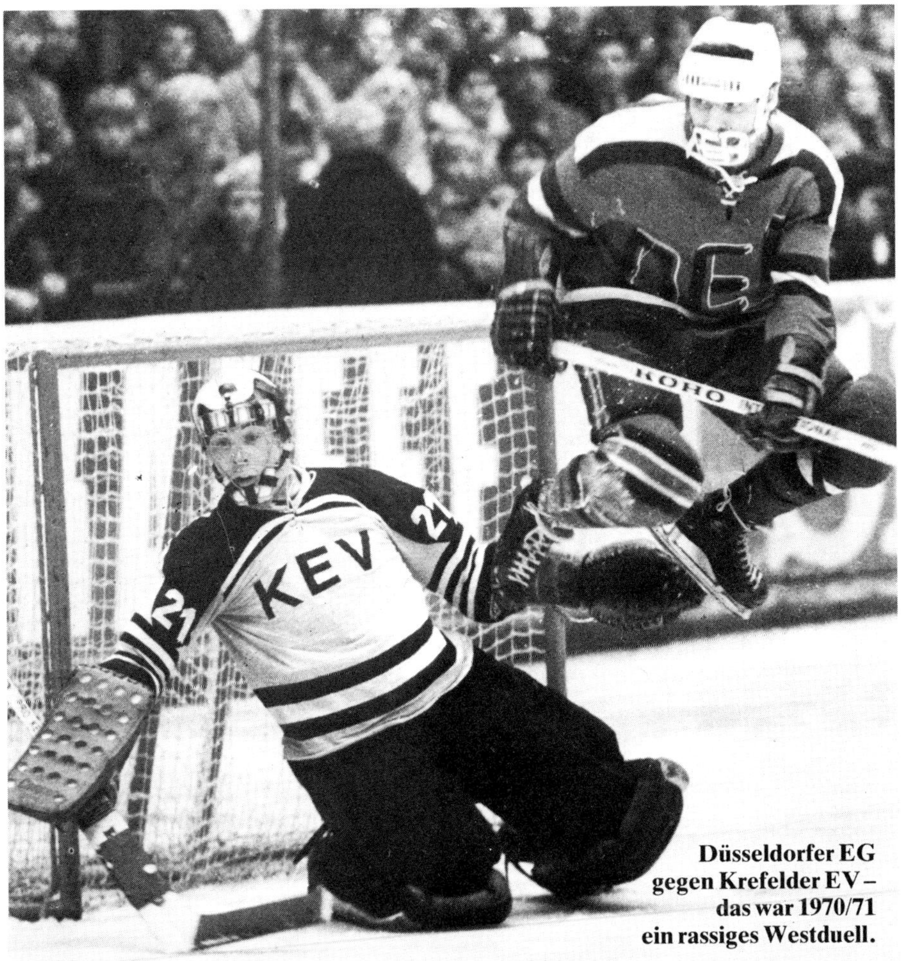

Düsseldorfer EG gegen Krefelder EV – das war 1970/71 ein rassiges Westduell.

Die Nationalmannschaft 1970/71

Am grünen Tisch war die Bundesrepublik (auf Kosten der DDR) doch noch wieder in den erlauchten Kreis der großen Sechs gelangt; Kanada stand ja immer noch abseits. Auch ein neuer Mann stand im Jahr 1971 an der Bande, doch halt: So neu war der mittlerweile 48jährige Sachse Gerhard Kießling ja auch nicht. 1959 hatte er erstmals die Nationalmannschaft betreut, jetzt durfte er in der Schweiz einen weiteren Anlauf unternehmen.

Daß es schließlich ein Happy-End für Kießling und seine Truppe gab und für den Trainer ein Bad im Genfer See –, dafür war der Garmischer »Turbo-Stürmer« Toni Hofherr verantwortlich. In der Doppelrunde hatte es nämlich zunächst ein klares 7:2 über den Abstiegs-Mitkonkurrenten USA gegeben. Normalerweise also alles klar, denn beim Rückspiel war sogar eine Niederlage mit vier Treffern Differenz erlaubt. Doch plötzlich führten die Amerikaner mit 5:0, ehe der besagte Toni Hofherr das tolle Ehrentor markierte. Und Kießling mußte – wie versprochen – in den kalten See: immerhin war der Klassenerhalt geschafft.

Die Statistik 1970/71

Abschlußtabelle:

1.	EV Füssen	36	181:81	67:5
2.	Düsseldorfer EG	36	195:114	54:18
3.	EC Bad Tölz	36	181:113	51:21
4.	EV Landshut	36	195:111	49:23
5.	SC Riessersee	36	143:111	42:30
6.	Augsburger EV	36	135:165	27:45
7.	Krefelder EV	36	155:179	24:48
8.	ESV Kaufbeuren	36	96:166	23:49
9.	VfL Bad Nauheim	36	130:218	17:55
10.	Mannheimer ERC	36	112:265	6:66

Die Torjäger:

1.	Bernd Kuhn (EV Füssen)	42
2.	Alois Schloder (EV Landshut)	36
3.	Sepp Reif (Düsseldorfer EG)	34
4.	Peter Hejma (Düsseldorfer EG)	32
5.	Rainer Philipp (VfL Bad Nauheim)	31
6.	Lorenz Funk (EC Bad Tölz)	27
	Ernst Köpf (Augsburger EV)	27
8.	Sepp Adlmaier (EC Bad Tölz)	26
	Horst Ludwig (Krefelder EV)	26
10.	Rudi Hejtmanek (EV Landshut)	25

Anmerkung: Für 1970/71 wurde auch eine Skorerwertung erstellt. Allerdings weisen die Angaben im Vergleich mit der Torjägerliste einige auffällige Unregelmäßigkeiten auf. Deshalb haben wir auf einen Abdruck verzichtet. Als Skorerkönig der Saison wurde Peter Hejma (Düsseldorfer EG) vor Bernd Kuhn und Gustav Hanig (EV Füssen) geführt.

Die neue DEG: Zwei 67er und viele junge Stars

„Du sollst ewig Deutscher Meister sein", sangen die freudetrunkenen Fans der Düsseldorfer EG am Ende der Bundesliga-Saison 1971/72. Wenn man sich einmal das Aufgebot des Teams von der Brehmstraße aus diesem Erfolgsjahr genauer anschaut: Hier war schon das Potential für einen neuen Serienmeister beisammen – und auch die wirtschaftlichen Voraussetzungen mit einem stets ausverkauften Stadion waren gegeben. Gegenüber dem ersten Titelgewinn der DEG 1967 hatte sich doch ein gewaltiger Umbruch vollzogen; was damals noch vorwiegend durch eine Begeisterungswelle bewerkstelligt worden war, wurde diesmal mit wahrem Professionalismus erreicht. Und wieder stand ein prominenter Mann an der Bande: Fünf Jahre nach Hans Rampf gab Xaver Unsinn die richtigen Kommandos.

155000 Fans stärkten den DEG-Cracks bei den 16 Heimspielen den Rücken, aber auch eine Reihe anderer Klubs, wie Augsburg mit 90000, verzeichneten steigende Besucherzahlen. Insgesamt kamen 617200 Zuschauer (Schnitt 4290), was angesichts der skandalösen Vorfälle vor Beginn der Spielzeit keineswegs zu erwarten gewesen war. Da hatte nämlich der Oberligameister Preußen Krefeld (immerhin der Meister von 1951) genau zwanzig Jahre nach diesem einmaligen Triumph ein mehr als unrühmliches Ende gefunden. Oder war es einfach nur ein Schritt der Vernunft gewesen, den Betrieb zu schließen, bevor noch Schlimmeres passiert wäre? Die Seidenstädter, der hochüberlegene Aufsteiger, verzichteten nicht nur auf ein Oberhausdasein – der Verein löste sich schlichtweg auf.

Die Bundesliga stand plötzlich nur mit neun Vereinen da, weil auch die Alternative, die SG Oberstdorf/Sonthofen, just in diesem Sommer (natürlich ebenso aus finanziellen Gründen) wenig rühmlich zusammenbrach. Bei Krefeld noch besonders peinlich: Dort fungierte der DEB-Spitzenfunktionär Hermann Giebelen als Eishockey-Chef – die deutsche Puckbranche war bedauerlicherweise wieder einmal böse ins Gerede gekommen.

Die Spannung im Abstiegskampf fiel diesmal von Anfang an flach. Die Auffüllung in der nächsten Saison auf zehn (es wurden dann sogar elf Vereine) war von vornherein beschlossene Sache, von Relegationsspielen wollte schon bald niemand (am wenigsten der marode Krefelder EV) mehr etwas wissen.

Zurück noch einmal zum Champion, der Düsseldorfer EG. Von der 67er Besetzung war in der gesamten Abwehr lediglich noch „Atom-Otto" Schneitberger dabei; im Tor stand der aus Bad Nauheim gekommene Rainer Makatsch, aus Krefeld hatte man Harald Kadow und Erich Weide geholt, und aus der CSSR war (ganz legal übrigens) der Nationalverteidiger Rudi Potsch verpflichtet worden. Auch im Angriff mimte ein ehemaliger Tölzer den „letzten Mohikaner": Sepp Reif (31) war als einziger übriggeblieben, doch um ihn herum wimmelte es nun geradezu von hervorragenden Spitzenkräften des deutschen Eishockeys, die die Düsseldorfer zielbewußt nach und nach an die Brehmstraße gezogen hatten.

Neu gekommen waren Walter Stadtler (Rosenheim) und Walter Köberle, der Wolfgang Boos aus Kaufbeuren nachfolgte. Eine noch untergeordnete Rolle spielte ein junger Mann namens Vladimir Vacatko, den die DEG beim Nachbarn Köln ausgemacht hatte. Damals verstand man es eben in der nordrhein-westfälischen Landeshauptstadt, die geeigneten Talente ins eigene Trikot zu stecken, eine Qualität, die dann für lange Zeit abhanden kommen sollte. Noch war es aber längst nicht soweit, noch regierte der unnachahmliche Peter Hejma, gehörte auch das stürmische Eigengewächs Peter Müller zu den Publikumslieblingen.

Titelverteidiger Füssen wurde Zweiter, doch bemerkenswerter erschien die Renaissance des SC Riessersee, bei dem sich Joschi Golonka jetzt als Verteidiger groß in Szene setzte und die Gebrüder Franz und Toni Hofherr für die Tore sorgten. Ein weiteres Garmischer Riesentalent, der Rechtsaußen Georg Hartelt, war bereits vor Saisonbeginn auf tragische Weise durch eine Abgasvergiftung ums Leben gekommen.

Erhard Füsser

Das Meisterteam 1971/72

Torhüter: Rainer Makatsch, Manfred Fleischner.
Verteidiger: Harald Kadow, Otto Schneitberger, Rudolf Potsch, Erich Weide, Heiko Antons, Jürgen Schwer.
Stürmer: Sepp Reif, Peter Hejma, Vladimir Vacatko, Walter Stadler, Toni Pohl, Klaus Volland, Walter Köberle, Wolfgang Boos, Peter Müller, Erwin Zeidler, Hubert Engel.
Trainer: Xaver Unsinn.

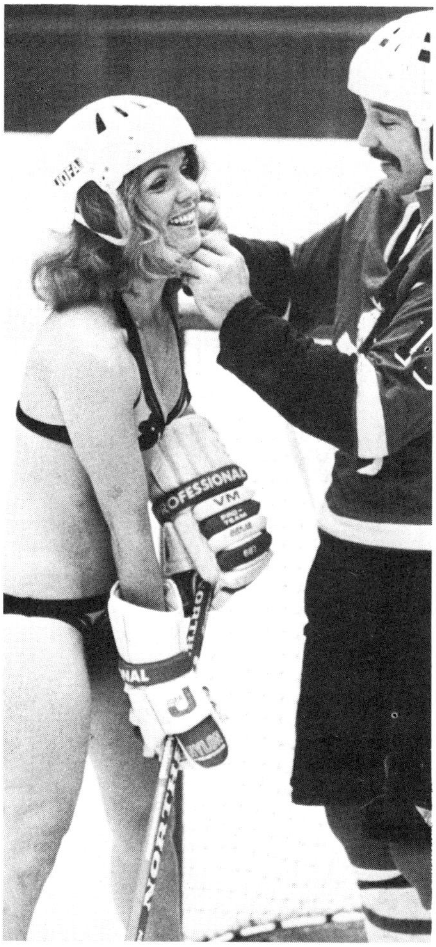

. die DEG Meister wurde,
ıörte er zu den Besten: Walter Köberle.
: Dame, der er hier behilflich ist,
ßt Gaby Köberle. Seine Frau.
arbeitete als Fotomodell für mehrere
·rbeagenturen und präsentierte auf
ılem Eis auch mal heiße Bademode.

Nanu, Heinz Weisenbach und Kapitän Gustav Hanig vom Vizemeister EV Füssen mit Pokal? Des Rätsels Lösung: Der Pott galt als Auszeichnung für den Bayerischen Meister. Wenigstens etwas...

Die Nationalmannschaft 1971/72

1972 war der Weltverband so sehr hinter dem lieben Geld her, daß neben dem Olympischen Eishockeyturnier im japanischen Sapporo auch noch eine Weltmeisterschaft abgehalten wurde. Das Team von Bundestrainer Gerhard Kießling wurde im Qualifikationsspiel von den Polen ganz kalt erwischt: 0:4 und damit Verbannung in die wenig spektakuläre B-Gruppe, in der (bei nur fünf Teilnehmern) trotz eines 6:7 gegen Gastgeber Japan noch die Top-Position erreicht wurde.
Günstiger gestaltete sich die A-WM in Prag, doch einmal ganz ehrlich: Auf acht der zehn Spiele hätte man angesichts von 16 Gegentreffern gegen Weltmeister CSSR, 18 gegen die UdSSR, 17 gegen Schweden und gar 21 gegen Finnland liebend gerne verzichten können. So reichten dann zwei problemlose Siege gegen die noch weit schwächere Schweiz (6:3 und 4:1) zum Klassenerhalt. Konkurrenzfähigkeit auf internationaler Bühne konnte dem deutschen Eishockey 1972 indes niemand attestieren. Kein Zufall, daß die Torhüter Kehle und Makatsch noch das meiste Lob erhielten.

Statistik 1971/72

Abschlußtabelle

1. Düsseldorfer EG	32	147:75	48:16
2. EV Füssen	32	136:97	44:20
3. SC Riessersee	32	148:107	41:23
4. EC Bad Tölz	32	117:106	38:26
5. EV Landshut	32	166:142	35:29
6. Augsburger EV	32	119:125	28:36
7. VfL Bad Nauheim	32	124:155	23:41
8. ESV Kaufbeuren	32	102:160	18:46
9. Krefelder EV	32	93:183	13:51

Die Torjäger

1. Horst Philipp (Bad Nauheim)	29
Alois Schloder (EV Landshut)	29
Bernd Kuhn (EV Füssen)	29
4. Anton Hofherr (SC Riessersee)	28
5. Lorenz Funk (EC Bad Tölz)	26

Die Topskorer:

1. Alois Schloder (EV Landshut)	29 + 22 = 51
2. Anton Hofherr (SC Riessersee)	28 + 18 = 46
3. Erich Kühnhackl (EV Landshut)	24 + 22 = 46

Markus Egen kehrte zurück – der Erfolg auch

Erst nur neun, jetzt gleich elf – das deutsche Eishockey fiel in Sachen Austragungsmodus wieder einmal von einem Extrem ins andere. Ob man dem EV Rosenheim mit der außerplanmäßigen Beförderung in die Erstklassigkeit einen Gefallen getan hatte, dies ließ sich nach Abschluß der 40 Spieltage angesichts eines äußerst bescheidenen Punktekontos und 218 kassierten Treffern natürlich leicht mit Nein beantworten. Doch das Schicksal der Oberbayern blieb angesichts anderer Turbulenzen Nebensache: da beschäftigte sich die Öffentlichkeit schon eher mit dem neuen Meister EV Füssen und den Dingen, die die beiden Nobodies Krefeld und Berlin so trieben.

Markus Egen war wieder an die Bande am Kobelhang zurückgekehrt – und mit ihm auch der Erfolg. Bevor das erste Bully ausgeführt wurde, hatte die große Mehrzahl der Experten blind auf eine gelungene Titelverteidigung der DEG getippt – zu exquisit wirkte das an der Brehmstraße zur Verfügung stehende Spielerensemble. Doch die Probleme bei den Westdeutschen taten sich in anderen Bereichen auf. Zum Beispiel im Trainerwechsel vom zupackenden, herzhaften und mitteilsamen Xaver Unsinn auf den eher durch seine Intellektualität wirkenden Jiri Pokorny, Typ Eishockey-Professor.

Im universitären Betrieb lagen auch die Schwierigkeiten, die Rainer Makatsch der DEG bereitete. Der Klassekeeper wollte in diesem Jahr sein juristisches Staatsexamen ablegen; meist mußte er sich durch Manfred Fleischer vertreten lassen. Die 132 Gegentore sagen alles. Füssen schnappte nur 95. So wurde der Weg frei für den Serienmeister aus dem Allgäu, der seinen 16. Titel auch den hervorragenden Torwartkünsten des Toni Kehle zu verdanken hatte. Im Transfertheater um Torjäger Bernd Kuhn (mit 44 Treffern am Ende wieder mal der Superschütze), den es nach Kaufbeuren zog, fiel gerade noch rechtzeitig der Vorhang – und dann kehrte auch noch Verteidigerveteran Leonhard Waitl (33) aus Augsburg zum EV Füssen zurück.

Ohne Wechselfieber ging es natürlich auch 1972 nicht ab: Spektakulär vor allem die Einkäufe des Neulings Berliner Schlittschuh-Club, der sich vier Cracks aus Bayern besorgte – und dabei nicht die schlechtesten. Lorenz Funk und Heinz Bader aus Bad Tölz, dazu Franz Funk und Manfred Hüttmann aus Augsburg. Der langsame Abstieg der süddeutschen Klubs begann schon zu dieser Zeit intensiver zu werden, obwohl beispielsweise zum AEV immer noch 88500 Fans pilgerten, die drittmeisten der Liga. Das Armenhaus lag in Tölz, das nur 33000 Besucher hatte. Das konnte schon niemanden mehr überraschen. „Füssen führt, die DEG kassiert" – ein treffender Spruch angesichts von 184500 Kartenkäufern an der Brehmstraße.

Für den EVF war es natürlich schon mehr als ein Reichsparteitag, die Düsseldorfer EG ausgerechnet am heimischen Kobelhang ihres Meisteranzugs zu entkleiden: 6:1 wurden die Rheinländer am 18. Februar 1973 vom Eis gefegt – die Titelfeier durfte angeleiert werden. Drei junge Stürmer katapultierten sich in der Torschützenliste erstmals ganz weit nach vorne: Lothar Kremershof vom Krefelder EV, Erich Kühnhackl aus Landshut und der im Vorjahr noch unscheinbare Vladimir Vacatko von der DEG imponierten mit 40, 38 und 35 Treffern auf den Rängen drei bis fünf.

Hauptthema der Spielzeit (und ein unangenehmes dazu) war jedoch die plötzliche Ausländerschwemme. Der Deutsche Eishockey-Bund hatte mit schwammigen Formulierungen in der Wettkampfordnung wieder einmal die Vereine zu übertriebener Cleverneß angestachelt. Nur ein Ausländer war pro Verein erlaubt, aber Ausnahmebestimmungen im Juniorenbereich machten es möglich, daß Berlin und Krefeld plötzlich Schweden und Kanadier fast im halben Dutzend in die Bundesliga importierten. Rosenström, Brandt, Andersson, Johansson hier, Ovington, Weithus, Thompson dort.

Erst ein außerordentlicher Verbandstag im Dezember 1972 begrenzte die Zahl der Legionäre auf insgesamt drei. Rosenheim und Kaufbeuren nutzte das nichts mehr: Sie stiegen ab, und als letzter Oberligameister (anschließend wurde die Bundesliga II eingeführt) kamen die Haie aus Köln nach oben – über sie wird noch einiges zu berichten sein.

Erhard Füsser

Das Meisterteam 1972/73

Torhüter: Toni Kehle, Markus Egen II, Werner Sänger.

Verteidiger: Rudolf Thanner, Josef Völk, Peter Schwimmbeck, Werner Modes, Karlheinz Ruban, Helmut Forster, Leonhard Waitl.

Stürmer: Klaus Ego, Heinz Weisenbach, Bernd Kuhn, Norbert Scholz, Gustav Hanig, Karlheinz Egger, Herbert Stowasser, Horst Meindel, Bruno Frenzel, Michael Wanner, Theo Schneider, Peter Neumann, Wolfgang Büttner.

Trainer: Markus Egen.

Die Nationalmannschaft 1972/73

Gerhard Kießling setzte bei der WM in Moskau voll auf die Jugend – aber das Experiment mit einem Team mit Durchschnittsalter unter 23 ging voll in die Hose: Der Bundestrainer wäre nach dem Abstieg fast seinen Job losgewesen. Die jüngste Mannschaft des Turniers mußte zum Teil herbe Schlappen hinnehmen, wobei die Ergebnisse selbst für die wenig verwöhnten deutschen Anhänger noch negativ aus dem Rahmen fielen: 1:17 und 2:18, das war schon deprimierend.

Doch nach einem 4:2 gegen die Polen in der Hinrunde fiel das Kind erst im Rückspiel in den Brunnen, als die Kellerkinder aus dem Osten mit 4:1 gewannen.

Natürlich setzte es jetzt Vorwürfe an die Adresse Kießlings, der seinem Sohn Udo (erst 17 Jahre alt) damals sicherlich noch keinen Gefallen mit der Nominierung für Moskau getan hatte. Der alte Kießling stand 1973 mit seiner Meinung („Unsere jungen Spieler können die internationale Erfahrung nicht früh genug bekommen") eben noch allein auf weiter Flur.

Von Augsburg zurück nach Füssen und dort gleich wieder Meister: Leonhard Waitl.

Der junge Mann links sollte später noch ein Großer werden: Vladimir Vacatko, damals noch als aufstrebender DEG-Stürmer.

Bild links: Jubel in Bad Tölz – dieses Bild wurde immer seltener. Der Ex-Meister fiel ins Mittelmaß zurück, nachdem Lorenz Funk und Heinz Bader nach Berlin gegangen waren.

Statistik 1972/73

Abschlußtabelle

1.	EV Füssen	40	201:95	62:18
2.	Düsseldorfer EG	40	230:132	59:21
3.	EV Landshut	40	176:111	53:27
4.	VfL Bad Nauheim	40	174:157	47:33
5.	SC Riessersee	40	153:146	42:38
6.	Berliner SC	40	169:161	38:42
7.	EC Bad Tölz	40	116:135	35:45
8.	Krefelder EV	40	141:193	34:46
9.	Augsburger EV	40	154:194	33:47
10.	ESV Kaufbeuren	40	99:176	25:55
11.	EV Rosenheim	40	102:218	12:68

Die Torjäger

1.	Bernd Kuhn (EV Füssen)	44
2.	Peter Hejma (Düsseldorfer EG)	43
3.	Lothar Kremershof (Krefelder EV)	40
4.	Erich Kühnhackl (EV Landshut)	38
5.	Vladimir Vacatko (Düsseldorfer EG)	35

Die Topskorer:

1.	Erich Kühnhackl (EV Landshut)	38 + 30 = 68
2.	Peter Hejma (Düsseldorfer EG)	43 + 24 = 67
3.	Alois Schloder (EV Landshut)	34 + 28 = 62
4.	Lothar Kremershof (Krefelder EV)	40 + 17 = 57
5.	Vladimir Vacatko (Düsseldorf)	35 + 20 = 55

BSC Meister – wie zu Kaiser Wilhelms Zeiten

Neue Meister braucht das Land, neue Champions tun der Eishockey-Bundesliga gut. Bereits in der zweiten Saison nach dem Aufstieg gelang dem Berliner Schlittschuh-Club der große Coup, konnte Erfolgstrainer Xaver Unsinn die erste Ernte einer gelungenen Aufbauarbeit in die Scheuer fahren. Für den ersten Deutschen Meister, der seinen Premieren-Titel noch zu Kaisers Zeiten (Wilhelm Zwo) im Jahre 1912 feiern konnte, brachte der 36. und letzte Spieltag die riesige Jubelfete, als der Ausburger EV mit 8:1 nach Hause (und zugleich in die Zweitklassigkeit) geschickt wurde. Für Unsinn und seine Crew schlossen sich in der alten Reichshauptstadt lange nicht erlebte Festszenarien an, natürlich auch ein Empfang im Rathaus Schöneberg beim Regierenden Bürgermeister.

Ein skandinavisch angehauchter Titel war es für die Berliner, auch wenn damit nicht mehr die am Rande der Legalität importierten Jung-Schweden gemeint waren. Axel und Karl-Gustaf Richter, Kaj Nilsson, Sven-Erik Brännström, dazu die ganz starken finnischen Verteidiger Hannu Koivunen und Jaako Marttinen – nur 91 Gegentreffer und ganze 296 Strafminuten unterstrichen, was die taktische und persönliche Disziplin der Männer aus dem hohen Norden 1973/74 für den BSC wert waren. Zudem hatte sich der Schlittschuh-Club, der immerhin schon über die Funk- und Vozar-Brüderpaare verfügte, auch in den deutschen Landen geschickt umgetan und mit Nikolaus Mangold und Ernst Köpf (Augsburg) sowie dem Kaufbeurer Stefan Metz wichtige Ergänzungen für das Team eingekauft.

Berlin ein überraschender Meister? Ja! Aber ein Zufalls-Champ? Ganz bestimmt nein, denn zu dieser Zeit stimmte rund um die Halle an der Jafféstraße noch alles. Der Liga konnte es nur recht sein, denn allgemein war vor dem Start lediglich ein Duell zwischen Titelverteidiger EV Füssen und der Düsseldorfer EG erwartet worden. Warum es dazu nicht kam, vielmehr Außenseiter wie Landshut und Bad Nauheim auf den „Medaillenplätzen" landeten? Bei Füssen ging nach dem letzten Titelgewinn die Luft raus, selbst im Europacup scheiterte man mit 7:8 (zu Hause!) und 3:5 unter peinlichen Umständen am harmlosen Ungarn-Meister Ferencvaros Budapest – die Blütezeit des Eishockeys im Allgäu ging langsam, aber sicher ihrem Ende entgegen.

Eher hausgemacht wirkten dagegen die Probleme der wirtschaftlich und sportlich immer noch enorm potenten Düsseldorfer EG (144000 Zuschauer in 18 Heimspielen), die es in dieser Spielzeit einmal mit der kanadischen Welle versuchte. Für Trainer Chuck Holdaway begann es indes mit Sprachschwierigkeiten, Stürmer Corky Agar ließ sich bei der DEG in punkto Strafminuten (67) nur noch von Otto Schneitberger (71) und Hitzkopf Walter Stadler (94) übertreffen, und von Russel Wiechnik hatte man an der Brehmstraße auch mehr als 20 Tore erwartet. Kurz und schlecht: Mehr als Rang vier konnte da nicht herausspringen.

Was Sache in Sachen Toreschießen ist, dafür lieferte Erich Kühnhackl ein sattes Demonstrationsbeispiel ab: 50mal fegte der Lange den Puck ins gegnerische Netz – und der EV Landshut holte sich nicht von ungefähr die Vizemeisterehre. Erstaunlich auch das Husarenstück der „Roten Teufel" aus der Kurstadt Bad Nauheim. Dort hatte ein gewisser Ladislav Olejnik aus einem Minimum an Möglichkeiten ein Maximum an Eishockeykunst gemacht und dabei Spieler wie die Brüder Horst und Rainer Philipp, Miro Slezak, Verteidiger „Paule" Langner und Torwart Sture Leksell (ein Schwede) mit erheblichem Profil versehen.

Weniger anspruchsvoll ging es in der Abstiegszone zu. Dort kämpften von Anfang an drei Klubs ums nackte Überleben, wobei der schwache Neuling Kölner EC (trotz seines furchterregenden Beinamens „Haie") eigentlich das geborene Opfer zu sein schien. Bei sieben Punkten Rückstand auf Krefeld und Augsburg suchte man dann in der Domstadt sein Heil in einem Trainerwechsel (Ondrej Bendik, der Aufstiegsmacher, kam für seinen tschechischen Landsmann Jiri Hanzl) – und hatte Glück. Ein 6:4 am letzten Spieltag gegen Vize Landshut reichte zur Rettung, der Augsburger EV, der nach dem Tod von Präsident und Mäzen Curt Frenzel immer mehr die Orientierung verloren hatte, mußte dran glauben – da halfen auch die 16 Tore des jungen Nationalverteidigers Udo Kießling (18) nichts.

Unschönes gab es auch in dieser Punktrunde: der Tölzer Keeper Toni Klett verpaßte Alois Schloder per Schläger einen Wadenbeinbruch, aber beim Rückspiel im Isarwinkel verlor Hans Eimannsberger durch einen Crosscheck Schloders gleich neun Zähne – auch nicht die feine Art. *Erhard Füsser*

Das Meisterteam 1973/74

Torhüter: Franz Funk, Axel Richter, Horst Grudde.

Verteidiger: Hannu Koivunen, Manfred Müller, Sven-Erik Brannström, Manfred Hüttmann, Jaako Marttinen, Franz-Xaver Müller.

Stürmer: Michael Wanner, Lorenz Funk, Ernst Köpf, Klaus Mangold, Tibor Vozar, Ferenz Vozar, Karel Slanina, Stefan Metz, Carl-Gustav Richter; Kaj Nilsson.

Trainer: Xaver Unsinn.

Bild oben: Ganz groß im Kommen: Der „Lange", Erich Kühnhackl, wurde erstmals Torschützenkönig. Alois Schloder (Nr. 15) gratuliert. Erst am letzten Spieltag wurde es Gewißheit: Der Meisterteller würde dem Schlittschuh-Club und seinem Kapitän Lorenz Funk gehören. Für Augsburg war fast ein jeder Gegner zu stark – so auch Füssens Torwart Werner Sänger in dieser Situation für AEV-Stürmer Günter Reimer (rechts).

Die Nationalmannschaft 1973/74

Die DDR, nach längerer Zeit mal wieder oben, dafür die Bundesrepublik wieder unten in der B-Gruppe – das mußte weh tun, zumal das Unternehmen „Wiederaufstieg sofort" ziemlich eindeutig in die Hose ging. Während die Ostdeutschen im Oberhaus A in Helsinki nicht die Klasse halten konnten (Weltmeister wurde erneut die UdSSR), langte es für die Deutschen (West) in Laibach lediglich zu Rang drei – die US-Boys gewannen hingegen beim B-Turnier alle sieben Begegnungen und sicherten sich zu Recht den Aufstieg.
Von Pech konnte für Gerhard Kießlings Truppe nicht die Rede sein, zu klar gingen die entscheidenden Partien gegen die USA (2:5) und Jugoslawien (4:10) verloren. Die Gastgeber stürzten sich vor allem auf die Brüder Rudi und Goran Hiti, die gemeinsam mit Erich Kühnhackl in den Sturm des Allstar-Teams gewählt wurden. Bei der Bundesrepublik lastete wieder einmal allzu viel Verantwortung auf der Reihe Schloder/Kühnhackl/Philipp.

Statistik 1973/74

Abschlußtabelle

1.	Berliner SC	36	150:91	51:21
2.	EV Landshut	36	172:123	48:24
3.	VfL Bad Nauheim	36	159:118	46:26
4.	Düsseldorfer EG	36	181:127	44:28
5.	EV Füssen	36	143:127	40:32
6.	SC Riessersee	36	157:137	37:35
7.	EC Bad Tölz	36	125:128	36:36
8.	Kölner EC	36	118:188	21:51
9.	Krefelder EV	36	141:237	19:53
10.	Augsburger EV	36	120:190	18:54

Die Torjäger

1.	Erich Kühnhackl (EV Landshut)	50
2.	Peter Hejma (Düsseldorfer EG)	32
3.	Rainer Philipp (Bad Nauheim)	31
4.	Alois Schloder (EV Landshut))	29
	Josef Adlmaier (EC Bad Tölz)	29

Die Topskorer:

1.	Erich Kühnhackl (EV Landshut)	50 + 26 = 76
2.	Rainer Philipp (Bad Nauheim)	31 + 16 = 47
3.	Peter Hejma (Düsseldorfer EG)	32 + 14 = 46
4.	Lothar Kremershof (Krefelder EV)	21 + 21 = 42
5.	Alois Schloder (EV Landshut)	29 + 11 = 40

Noch klein, aber schon fein...

Historische Stücke aus dem Eishockey-Museum...

Die Kanadier haben eines, die Russen auch, Finnen, Schweden und Tschechen ebenso – und jetzt wir: ein Museum, das Eishockey-Geschichte dokumentiert. Eröffnet im Sommer 1988 zum 25jährigen Jubiläum des deutschen Verbandes und zum 30jährigen der Bundesliga. Noch klein, aber schon fein...

Roman Neumeyer, ehemaliger Sportdirektor des DEB, hatte mit dem Aufbau 1983 begonnen, Horst Eckert, der Öffentlichkeitsreferent, setzte ihn fort und vollendete ihn, sammelte in einer von der Firma Hoechst bereitgestellten Werkshalle 1000 historische Einzelstücke an. Im Kurhaus von Füssen fand das Museum, das transportabel ist und von Vereinen zu besonderen Anlässen geliehen werden kann, einen »festen Wohnsitz«.

Was gibt's alles zu sehen im Museum? Natürlich internationale Raritäten: ein Trikot von UdSSR-Superkeeper Tretjak, einen Stock von Vsevolod Bobrow, der in der russischen Eishockey- und der Fußball-Nationalmannschaft spielte, die Schlittschuhe, mit denen der deutsche Torwart Toni Kehle bei Olympia 1976, beim Gewinn der Bronzemedaille, spielte, den Pepita-Hut, den Trainer Xaver Unsinn damals beim Coachen trug, die Maske des tschechischen Ausnahmetormanns Vlado Dzurilla, eine Widmung von Superstar Wayne Gretzky – und einen Weltrekordstock. 1953 erzielte damit der Deutsche Erich Konecki in Southampton binnen 34 Sekunden drei Tore. Bemerkenswertes findet man in einer Ecke des Museums: An Puppen wird der Wandel der Ausrüstungen von 1920 bis 1988 aufgezeigt.

Den Deutschen Eishockey-Bund hat das Museum, dem nach kanadischem Vorbild eine »Hall of Fame«, ein Ehrenbereich mit Bildern der größten Spieler, angegliedert werden soll, keine Mark gekostet. Zusammen mit den Schirmherren Max Emanuel Prinz von Thurn und Taxis, Dr. Wolfgang Porsche und Ben Zamek (die Industrie ist also voll dabei) hat Horst Eckert 35000 Märker gesammelt.

Das Museum lebt von Spenden – nicht nur Geldspenden, sondern auch der Abgabe historischer Stücke wie alter Schlittschuhe, Stöcke, Nadeln, Eishokkey-Bücher. Mitglied im »Club Eishokkey-Museum« kann man auch werden. Mit fünfzig Mark per anno ist man dabei.

Günter Klein

Feldspieler 1920, Torwart 1988, dazwischen Bundestrainer Xaver Unsinn, der seine große Zeit als Spieler in den 50er Jahren hatte.

Doppelstar Joschi Golonka: Als Spieler beim SC Riessersee war er ein Großer, aber niemals Meister. Als Trainer holte er mit dem SCR und Kölner EC Titel – und schaute weit weniger grimmig drein . . .

Doppelstar Heinz Weisenbach. Auch er kletterte nach dem Ende seiner aktiven Zeit auf die andere Seite der Bande.

Doppelstar Hardy Nilsson:
Früher ging er gern
zur Sache, heute
predigt er seinen Cracks
eiserne Disziplin.

Doppelstar Otto Schneitberger. Als Spieler und Trainer Liebling des Düsseldorfer Publikums. Die ersehnte Meisterschaft der 80er Jahre konnte allerdings auch Coach Otto nicht sichern.

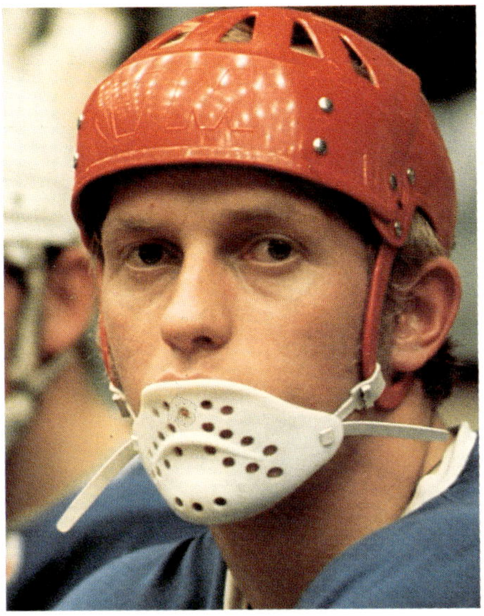

Stars noch ganz jung

Waren das Zeiten, als Hans Zach noch Maulkorb trug (oben links). Mit Unschuldsmiene Anfang der 70er Jahre: Klaus Auhuber (oben). Dieser junge Himmelsstürmer heißt Erich Kühnhackl, später der Superstar (oben rechts). Der Flaum von damals ist jetzt ab: Horst-Peter, genannt »Wacki«, Kretschmer (links). Was hat der sich verändert: So sah mal Rekordnationalspieler Udo Kießling aus (rechts).

Lange Jahre Riesserseer mit Leib und Seele: Ignaz Berndaner (links). 23 Jahre Bundesliga erlebte er in seiner Karriere: Alois Schloder – ein Bild vom Anfang (rechts).

Einer der treuesten Spieler der Bundesliga-Geschichte: Detlef Langemann. Zwischen 1963 und 79 spielte er fast ständig für Köln. Erst für den EK, danach für den EC.

Als 1981 der SC Riessersee letztmals Meister wurde, war ein Keeper aus der CSSR der große Star: Vladimir Dzurilla.

Ein Bad Tölzer war Berlins Eishockey-Idol. Einen Gegenspieler hat er soeben abgehängt, und der Blick geht schon wieder voraus. Typisch »Lenz« Funk.

Massiver Stockeinsatz – doch was half das schon gegen Erich Kühnhackl? Er war (und ist) der erfolgreichste Stürmer der Bundesliga-Geschichte.

Lexikon der Skandale

Ausländer-Schwemme: Bei Vereinsfunktionären beliebtes Mittel zur preisgünstigen Steigerung der Spielstärke ihrer Mannschaften. 1972 tauchten, obwohl die Regeln nur einen ausländischen Crack pro Mannschaft zuließen, schwedische und kanadische Spieler in rauhen Mengen auf. Denn: Junioren (also Cracks unter 20) waren von der Beschränkung ausgenommen. Was weidlich ausgenützt wurde. Ein außerordentlicher Verbandstag bereinigte diese Affäre.

Fall Hejtmanek: 1970/71 drohte die Runde zu platzen. Denn der frühere Tschechoslowake Rudi Hejtmanek wurde ab September als Deutscher geführt, galt als naturalisiert, bekam einen deutschen Personalausweis. EC Bad Tölz und Augsbuger EV rochen Betrug, der Spielgerichts-Vorsitzende, Dr. Fritz Birle aus Mannheim, sprach den Verdacht aus, die Stadt Landshut habe mit einer Falschbeurkundung nachgeholfen. Allerdings: Keiner, der lautstark maulte, hatte Beweise. Am Ende mußten sich die Ankläger entschuldigen. Und Hejtmanek durfte weiterspielen.

Gaddafi-Werbung: Weil der ECD Iserlohn im Herbst 1987 pleite war, erschloß der Vorsitzende Heinz Weifenbach eine neue Geldquelle. Gegen Entgelt, das von der »Bank of Arabia« überwiesen wurde, ließ er seine Mannschaft für das »Grüne Buch« von Libyens Revolutionsführer Gaddafi Werbung laufen. Doch »politische und religiöse Werbung« ist im Sport verboten. Iserlohn flog aus der ersten Liga.

Hiemer-Freigabe: Der Nationalverteidiger Uli Hiemer wechselte 1984 vom Kölner EC zum nordamerikanischen Profiklub New Jersey Devils. 1987 ging er in die Bundesliga zurück. Sein neuer Verein wurde die Düsseldorfer EG. Köln wähnte sich berechtigt, als letzter Klub Hiemers im Weltverband (die Profiliga NHL ist eigenständig) Ablöseforderungen erheben zu dürfen. Düsseldorf wollte den starken Abwehrmann umsonst – da Spieler, die mit einer ausländischen Transferkarte kommen, allenfalls eine Vermittlungsgebühr für den Agenten kosten. Man drohte sich gegenseitig, trat nur noch unter Protest an. Ehe man sich auf eine Zahlung – Höhe geheim – einigte.

Paßfälscher-Skandal: Der Tiefpunkt im deutschen Eishockey. In der Essener Bar »Schlüsselloch« konnten deutsche Reisepässe für kanadische Spieler erworben werden. Bis zu 75 Cracks in den beiden obersten Ligen standen unter dem Verdacht, mit getürkten deutschen Vorfahren sich eine Spielgenehmigung erschlichen zu haben. Kölner EC und Duisburger SC wurden schließlich Punkte abgezogen, das Play-Off-Viertelfinale mußte gleich zweimal ausgetragen werden. Chaos total.

Pleiten: Der Skandal, der sich ständig wiederholt. Vereine übernehmen sich, bis es den großen Knall tut. Manche verschwanden erst einmal in der Versenkung (Berlin, Krefeld), andere schafften es, unter neuem Namen vorerst schuldenfrei in der alten Liga weiterzuspielen. Aus dem EV wurde einst der SB Rosenheim. Aus dem EC Deilinghofen der ECD Iserlohn.

Schlägereien: Beim Eishockey fliegen die Fäuste – gut, das gehört dazu. Freilich kam's auch zu Fällen, die vor Gericht in die zweite Runde gingen. Der Landshuter Alois Schloder sah sich gleich zweimal vor den Kadi zitiert. Den Tölzer Eimannsberger hatte er mal mit einem Crosscheck um neun Zähne ärmer gemacht, einige Jahre später war er mit dem Rosenheimer Manfred Ahne aneinandergeraten. Schloder kam mit Prominentenanwalt Rolf Bossi. Ins Auge ging 1984 ein Stockschlag: Der Mannheimer Roy Roedger traf den Kölner Steve McNeil, dessen Sehkraft daraufhin um etliche Prozent schwand. Die Rivalen einigten sich schließlich außergerichtlich auf einen Schadenersatz.

Steuerhinterziehung: Wohl viele Vereinsbosse haben's getan – erwischt wurden indes nur die Schwenninger. Brutto für netto gezahlt – das war ein Fall fürs Gericht. Die Strafen waren hart: Freiheitsentzug, zum Glück auf Bewährung. Die betroffenen Funktionäre zeigten sich schuldbewußt: »Anders war Eishockey für uns nicht zu finanzieren.«

Unsinn-Rücktritt: Im Februar 1977 trat der Trainer des Berliner SC, Xaver Unsinn, von seinem Amt als Bundestrainer zurück. Denn seinem Klub waren die Punkte vom 5:2-Sieg gegen Köln aberkannt worden. Die Vorgeschichte: Der BSC hatte eine Sperre des Kölner Verteidigers Maurer erwirkt, da man von ihm noch 15000 Mark wegen eines geplatzten Transfers forderte. Nachträglich gingen die Punkte an Köln. Worüber Unsinn so erzürnt war, daß er die Konsequenzen zog. Auch einige Berliner Spieler boykottierten fortan das Nationalteam.

Wechselsperren: In 30 Jahren immer wieder angewandtes Mittel, um Spieler von einem Vereinswechsel abzuhalten. Denn wer vom alten Klub keine Freigabe bekam, durfte für den neuen 18 Monate lang nicht aufs Eis. Peter Rohde, der 1959 von Düsseldorf nach Krefeld zu den Preußen ging, war das erste Opfer, die Tölzer Reif und Schneitberger mußten 1964/65 aussetzen, ehe sie für die DEG rankonnten.

Weishaupt-Wechsel: Zu Beginn der Saison 1978/79 verließen Erich Weishaupt und Peter Scharf den Berliner SC in Richtung Mannheim und Rosenheim. Die Wechselformalitäten wurden allerdings nicht fristgerecht abgewickelt. Spätfolge: Punktabzüge für die neuen Vereine. Die jedoch gingen vors Amtsgericht, das die Tabelle wieder korrigierte. Und Weishaupt und Scharf waren wirklich frei.

Wanderung in den goldenen Westen

Die Uhren des bayerischen Eishokkeys, des einst so machtvollen, waren fürs erste abgelaufen. Hätte es noch eines deutlicheren Beweises bedurft – der Ausgang der Bundesliga-Saison 1974/75 müßte jedermann überzeugt haben. Die Düsseldorfer EG absolvierte diesmal die obligatorischen Ehrenrunden auf dem Eis, Titelverteidiger Berliner SC und der wiedererstarkte Krefelder EV landeten auf den Plätzen. Erst danach kam der EV Landshut, die auf Jahre stabilste Kraft des Südens, während der EV Füssen in eine Position jenseits von Gut und Böse abgesackt war. Auf diese knappe Formel gebracht: Die neue Macht lag an Rhein und Spree.

Möglich war die Gewichtsverlagerung vor allem durch eines geworden: Die massive Süd-Nord-Wanderung diverser Spitzenstars hatte sich fortgesetzt. Bluten mußte insbesondere der SC Riessersee, der finanziell nicht in der Lage war, seine Spitzenspieler zu halten. Neuer Arbeitgeber für Hans Zach, Martin Hinterstocker und Toni Hofherr wurde der Schlittschuh-Club in Berlin, der jüngere Hofherr-Bruder Franz ging zum Kölner EC, mit dem ein neuer Großeinkäufer, der eine halbe Million Mark investierte, auf dem Bundesliga-Markt aufgetaucht war.

Bei den Haien lief trotz weiterer interessanter Neuzugänge wie Rothkirch (Bad Tölz), Kuhl (Mannheim), Öystilä (Topverteidiger aus Finnland) sowie der Düsseldorfer Pohl und Weide noch nicht viel zusammen, wohl aber bei den beiden anderen potenten Investoren aus dem goldenen Westen.

Die DEG legte sich vor allem eine neue Topverteidigung zu, bestehend aus den beiden hart zupackenden Horst-Peter Kretschmer (Bad Tölz) und Schorsch Kink (vom abgestiegenen Augsburger EV). Dazu kam lediglich noch der Ex-Rosenheimer Gerd Baldauf (auf dem Umweg über Köln) – doch dies reichte, obwohl man sogar noch Kadow und Neupert an den Nachbarn Krefeld abgegeben hatte.

Diesmal sollte sich das Festhalten am Personalstamm des Vorjahres inklusive Trainer Chuck Holdaway lohnen. Der Kanadier war nämlich keineswegs ein unumstrittener Mann, als er seine zweite Spielzeit an der Brehmstraße in Angriff nahm.

Apropos Brehmstraße. Die Fans, gerne als »bestes Eishockey-Publikum der Welt« apostrophiert, durften sich einen erheblichen Anteil am dritten Titelerfolg der DEG gutschreiben: Mit einem Schnitt von 9700 Besuchern konnte am Stadion sehr oft das Schild »Ausverkauft« ausgehängt werden, und angetrieben und begeistert von dieser Kulisse gab die Holdaway-Truppe auf eigenem Eis nur einen einzigen Zähler ab (beim 6:6 gegen den Außenseiter Bad Nauheim). Paradestück der Düsseldorfer waren ohne Zweifel die beiden Sturmreihen mit Reif, Hejma und Vacatko sowie Köberle, Boos und Agar, und einen schwachen Punkt gab es im gesamten Team nicht.

Dies galt sicherlich auch für Meister Berlin, dem man angesichts markanter neuer Gesichter ohne weiteres eine Titelverteidigung zugetraut hatte. Vielleicht war aber beim Unsinn-Ensemble der Umstand, daß der Finne Laine den Abgang seines verteidigenden Landsmannes Marttinen nicht kompensieren konnte, ausschlaggebend für einen satten Rückstand von sage und schreibe neun Zählern. Nur knapp dahinter landete der Krefelder EV, der Abstiegskandidat vergangener Jahre. Die Seidenstädter hatten auf dem Transfermarkt zugelangt wie sonst nur noch die Kölner – und dabei viele große Lose gezogen. Wer hätte denn ahnen können, daß mit dem 1,93 Meter großen Linksaußen Dick Decloe (21) ein wahrer Edeldiamant an Land gezogen worden war.

Bei den ersten Testspielen wurde noch viel über den staksigen Laufstil des Holland-Kanadiers gelästert – in der Bundesliga brachte Decloe jedoch alle Kritiker schnell zum Verstummen: 61mal landete der von ihm in unnachahmlicher Art und Weise abgefeuerte Puck im Netz des Gegners – ein phantastischer Rekord. Alle Neuen schlugen beim KEV ein, ob nun Keeper Marek, Regisseur Slezak oder Außenstürmer Kaczmarek. In der Rheinlandhalle gingen die Wogen der Begeisterung hoch. Da sah es mit der Stimmung im Süden ganz anders aus, viel schlechter nämlich. Miese Zuschauerzahlen (sie bewegten sich in Kaufbeuren, beim Absteiger Tölz, in Füssen und Riessersee zwischen 1400 und 1700 pro Spiel) ließen einen weiteren Abwärtstrend befürchten.

Erhard Füsser

Ein Topverteidiger sollte her – da holte die Düsseldorfer EG ihn: Horst-Peter Kretschmer.

Das Meisterteam 1974/75

Torhüter: Rainer Makatsch, Manfred Fleischer.
Verteidiger: Horst-Peter Kretschmer, Georg Kink, Heiko Antons, Otto Schneitberger, Jürgen Schwer.
Stürmer: Sepp Reif, Peter Hejma, Vladimir Vacatko, Walter Köberle, Wolfgang Boos, George Agar, Walter Stadler, Russell Wiechnik, Gerd Ballauf, Jürgen Volland, Michael Muus, Hans Clouth.
Trainer: Chuck Holdaway.

Die Torjägerkrone für Dick Decloe: Der Sensations-Einkauf des Krefelder EV ließ sich von seinem Bruder Jack, der in Duisburg in der zweiten Liga spielte, ehren (oben).

Altmeister EV Füssen hatte mit der Spitze nichts zu tun – daran konnten auch Startorwart Toni Kehle und der neue Trainer Jozef Capla nichts ändern. Zu viele Abgänge waren zu verkraften.

Die Nationalmannschaft 1974/75

Die Folgen der Pleite von Laibach mußten 1975 getragen werden – leider zum großen Teil von den deutschen Fans: Die konnten sich in Düsseldorf und München eine A-Weltmeisterschaft ansehen, bei der die eigene Nationalmannschaft zum Zuschauen verurteilt war. Die Russen holten überlegen wie nie mit 20:0 Punkten den Titel, während der Bundesrepublik auch bei ihrem zweiten internationalen Auftritt nach Olympia 1972 im japanischen Sapporo beim B-Turnier kein Glück beschieden war.

Dabei galt Xaver Unsinn, der neue Mann an der Bande (in Personalunion mit seinem Job beim Berliner SC) keineswegs als ausgemachter Pechvogel. Doch das entscheidende Match ging mit Pauken und Trompeten verloren – ausgerechnet gegen die DDR versagten bei fast allen Akteuren die Nerven. Beim 0:5 traf selbst die sonstige Superformation mit den Landshutern Schloder und Kühnhackl sowie dem Nauheimer Philipp keinen Puck. Dennoch reichte es zum Aufstieg in die A-Gruppe.

Ein beinahe sensationelles Comeback feierte unter Unsinn der bereits 35 Jahre alte Ernst Köpf, des Trainers Schützling auch an der Spree.

Statistik 1974/75

Abschlußtabelle

1. Düsseldorfer EG	36	198:122	56:16
2. Berliner SC	36	169:98	49:23
3. Krefelder EV	36	192:149	47:25
4. EV Landshut	36	165:131	46:26
5. EV Füssen	36	167:152	37:35
6. VfL Bad Nauheim	36	167:154	34:38
7. Kölner EC	36	168:186	34:38
8. SC Riessersee	36	125:165	24:48
9. EC Bad Tölz	36	94:178	23:49
10. ESV Kaufbeuren	36	82:192	10:62

Die Torjäger

1. Dick Decloe (Krefelder EV)	61
2. Erich Kühnhackl (EV Landshut)	47
3. Peter Hejma (Düsseldorfer EG)	33
Alois Schloder (EV Landshut))	33
5. Lorenz Funk (Berliner SC)	32

Die Topskorer:

1. Dick Decloe (Krefelder EV)	61 + 15 = 76
2. Erich Kühnhackl (EV Landshut)	47 + 20 = 67
3. Peter Hejma (Düsseldorfer EG)	33 + 30 = 63
4. Alois Schloder (EV Landshut)	33 + 18 = 51
5. Lothar Kremershof (Krefelder EV)	28 + 20 = 48

Preußen mit Power, Bayern im Abstiegskrimi

Die Saison 1975/76 war sicherlich eine überdurchschnittliche, eine, an die man sich noch lange erinnern konnte. Warum? Nun, da passierten eine Reihe interessanter Dinge, die es verdienen, festgehalten zu werden. Die Bronzemedaille der Nationalmannschaft bei den Olympischen Spielen in Innsbruck, der dramatische Klassenerhalt der Unsinn-Schützlinge wenige Wochen später bei der A-Weltmeisterschaft in Kattowitz – all dies sollte noch lange auf die Bundesliga ausstrahlen, in der sich mit dem EC Bad Tölz nach spannenden 36 Spieltagen der erste der drei bayerischen Traditionsvereine verabschiedete, die die 50er und 60er Jahre des deutschen Eishockeys so souverän beherrscht hatten.

Drei Vereine aus dem tiefen Süden machten den Abstieg ganz unter sich aus – da wird es kaum jemanden verwundern, daß der Meister des Jahres 1976 aus Preußen stammte. Sogar aus der einstigen Metropole der Hohenzollern, denn der Berliner Schlittschuh-Club ließ sich seinen zweiten Nachkriegstitel (den 19. insgesamt) von niemandem ernstlich streitig machen. Sieht man einmal von Tibor Vozar ab, der in die Schweiz gegangen war, hatte es beim BSC keine nennenswerte Personal-Fluktuation gegeben. Besonders vorteilhaft machte sich der Tausch zwischen den Finnen Laine und Marttinen bemerkbar. Mit Jaako Marttinen, der ein Jahr bei den Eidgenossen gespielt gespielt hatte, kam wieder die nötige Stabilität in die Berliner Abwehr, die zudem mit Torhüter Erich Weishaupt (vom ESV Kaufbeuren) einen weiteren Glanzpunkt erhalten hatte.

Da konnte es das Team von BSC- und Bundestrainer Xaver Unsinn sogar verkraften, in 26 Spielen auf die Mitarbeit von Toni Hofherr zu verzichten: Der Stürmer fiel wegen eines Armbruchs lange (leider auch international) aus. Exzellent wie alles in dieser Saison bei den Berlinern auch die Heimbilanz: Nur die unterschätzten Füssener (mit dem Fußballergebnis von 1:0) und Absteiger Bad Tölz (3:3) vermochten Punkte aus der Halle an der Jafféstraße mit ins Bundesgebiet zu nehmen.

Im Sturm des Schlittschuh-Clubs stand ein Mann noch einmal (völlig überraschend) im Blickpunkt des Interesses: Ernst Köpf erlebte mit seinen 36 Jahren noch so etwas wie einen dritten Eishokkeyfrühling – und avancierte sogar zum Topskorer der Liga.

Erster Anwärter auf den Spitzenplatz in der Skorerliste wäre aber wohl Krefelds Torjäger Dick Decloe gewesen, doch der lange Oranje-Kanadier mußte bei 43 Treffern nach 31 Spielen Schluß machen: Matchstrafe. Hinter Köpf und Decloe plazierte sich mit Udo Kießling (20) sensationellerweise ein Verteidiger, und letztlich hatte es der Aufsteiger EV Rosenheim (Vater Gerhard hatte dort an der Bande das Sagen) nur dem enormen Einsatzwillen des jungen Nationalspielers zu verdanken, daß die Bundesligazugehörigkeit erhalten werden konnte.

Hitchcockmäßig ging es in diesem Abstiegskampf zu, knisternd bis zum letzten Spieltag. An diesem 14. Januar 1976 (so früh durfte eine Meisterschaft nie mehr enden, darüber waren sich alle einig) hatten die drei »Anwärter« auf die Bundesliga II allesamt Heimrecht, doch aufgrund des guten Torverhältnisses durfte sich der SC Riessersee sogar eine 7:11-Niederlage gegen die DEG leisten. Trainer Jozef Golonka, für Jiri Hanzl gekommen, hatte schon zuvor für die rettenden Schritte gesorgt. Den Tölzern nützte ihr 6:1 über Füssen nichts mehr, Rosenheim hatte mit einem 9:4 gegen Krefeld das Ufer schon erreicht.

Beim KEV spielte übrigens mit dem Schweden Stefan Karlsson ein ganz großer Star aus Skandinavien, doch mit nur 13 Törchen blieb der Center doch

Das Meisterteam 1975/76

Torhüter: Erich Weishaupt, Franz Funk.
Verteidiger: Hannu Koivunen, Sven-Erik Brannström, Stefan Metz, Jaakko Marttinen, Gerald Müll.
Stürmer: Martin Hinterstocker, Lorenz Funk, Ernst Köpf, Toni Hofherr, Hans Zach, Ferenc Vozar, Lutz Schirmer, Michael Wanner, Klaus Mangold, Karel Slanina.
Trainer: Xaver Unsinn.

Hoch die Sektkelche! So feierte der Berliner SC seinen insgesamt 19. Titel – den zweiten der Bundesliga-Epoche, den zweiten unter Xaver Unsinn. Der Meistermacher selbst ist mitten im Getümmel – mal ohne Pepitahut . . .

um einiges hinter den Erwartungen zurück. Nur Rang vier – in der Seidenstadt hatte man auf wesentlich mehr gehofft. Gleiches galt für den Kölner EC, bei dem neben dem Finnen Öystilä nun auch noch der Superverteidiger Kjell-Rune Milton aus Schweden stand. Ein negatives Punktverhältnis, dazu enttäuschende Zuschauerzahlen: dies alles sorgte für Zündstoff. So wurde Trainer Ondrej Bendik gegangen, eine Zeitlang war dann das Spielergespann Milton und Bredberg verantwortlich, bevor Ulrich Rudel die Saison zu Ende führte. Schließlich warf auch noch der entnervte Präsident die Brocken hin.
Wer noch von sich reden machte? Karl-Heinz Egger (Füssen) hatte ein gutes erstes Jahr bei der DEG, und bei Vizemeister Landshut ließ ein erst 17jähriger kleiner Mittelstürmer schon erkennen, wer der neue Stern sein wird: Gerd Truntschka. *Erhard Füsser*

Die Nationalmannschaft 1975/76

Seinen bis heute erhaltenen Ruf als ausgemachter Glückspilz verdankt Xaver Unsinn wohl vor allem einem Jahr in seiner langen Trainerkarriere: Mit dem Berliner SC war er 1976 im Januar Meister geworden, im Februar folgte der sensationalle Gewinn der olympischen Bronzemedaille und schließlich im April der beinahe mirakulöse Klassenerhalt bei der Weltmeisterschaft in Polen. In Kattowitz hätte das 1:1 im letzten Spiel gegen die polnischen Gastgeber für die Bundesrepublik den Abstieg bedeutet (übrigens gemeinsam mit der DDR). Da traf Rainer Philipp 21 Sekunden vor der Sirene doch noch – die Rettung!
Ähnlich dramatisch der Ablauf in Innsbruck, wo Ernst Köpf der Treffer zum erstaunlichen 4:1 über die USA gelang, doch erst hinterher stellte sich heraus (nach komplizierter Ergebnis-Arithmetik), daß genau dieses vierte Tor Olympia-Bronze beschert hatte.
Ein riesiger Erfolg für Deutschland, das sich erst noch gegen die Schweiz hatte qualifizieren müssen (und natürlich vom Fehlen der Schweden und Kanadier profitierte).

Statistik 1975/76

Abschlußtabelle

1. Berliner SC	36	180:93	55:17
2. EV Landshut	36	174:121	47:25
3. Düsseldorfer EG	36	185:151	44:28
4. Krefelder EV	36	185:147	40:32
5. EV Füssen	36	137:160	36:36
6. Kölner EC	36	143:144	34:38
7. VfL Bad Nauheim	36	128:166	29:43
8. EV Rosenheim	36	150:195	25:47
9. SC Riessersee	36	151:197	25:47
10. EC Bad Tölz	36	95:197	25:47

Die Torjäger

1. Dick Decloe (Krefelder EV)	43
2. Claes-Ove Fjällby (EV Landshut)	34
3. Ernst Köpf (Berliner SC)	33
4. Alois Schloder (EV Landshut))	31
Vladimir Vacatko (Düsseldorfer EG)	31

Die Topskorer

1. Ernst Köpf (Berliner SC)	33 + 25 = 58
2. Dick Decloe (Krefelder EV)	43 + 11 = 52
3. Udo Kießling (EV Rosenheim)	30 + 22 = 52
4. Alois Schloder (EV Landshut)	31 + 20 = 51
5. Vladimir Vacatko (Düsseldorf. EG)	31 + 18 = 49

»Wer ist der beste Spieler im ganzen Land?«

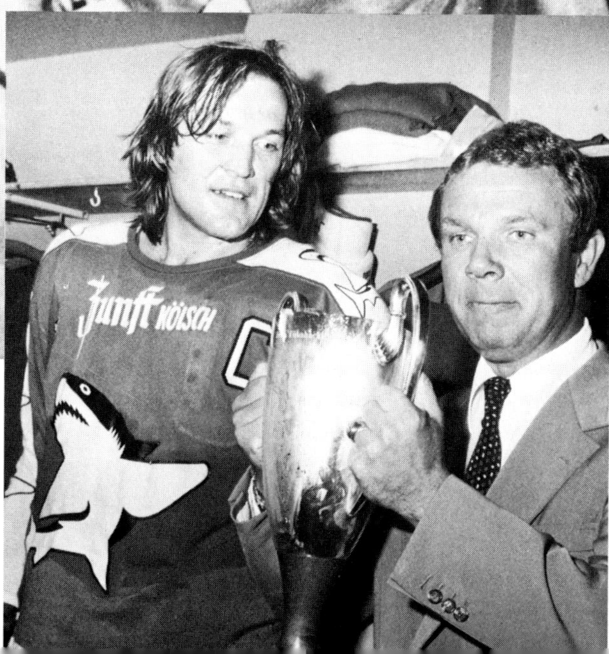

Erich Kühnhackl, Dr. Jochem Erlemann (mit Pokal) und der auf Schultern getragene Gerhard Kießling – drei Männer, die Kölns Eishockey 1977 an die Spitze brachten.

Von jetzt an sollten sich die Ereignisse im deutschen Eishockey, das in den Medien zuvor eher ein Mauerblümchendasein geführt hatte, überschlagen. Von einer neuen Ära dieses schnellen Mannschaftsspiels ist später viel gesprochen und geschrieben worden, wobei diese Entwicklung wirklich nur ganz am Rande mit dem nacholympischen Boom zu tun hatte. Das große Geld hielt Einzug, die wirtschaftlichen Aspekte verdrängten zusehends die sportlichen – und das Ganze war untrennbar verknüpft mit einem Namen: Dr. Jochem Erlemann. Man kennt ihn auch heute noch, den Spezialitäten-Doktor aus Köln, obwohl er schon lange kein Amt mehr in der Eishockeybranche bekleidet. 1976 indes machte Erlemann bundesweite Schlagzeilen als neuer Präsident des Kölner EC – und mit ihm Erich Kühnhackl.

Im Februar dieses Jahres sah Dr. Erlemann erstmals Eishockey live, ein loses Interesse für die rasante Sportart war erwacht. Zur gleichen Zeit begannen neben millionenschweren finanziellen Aktivitäten des Finanzkaufmanns (die kosteten ihn schließlich acht Jahre hinter Gittern) auch seine High-Life-Ambitionen. Was lag für den sportlichen Fast-Vierziger näher, als sich auf den verwaisten Chefsessel des angeschlagenen KEC zu setzen. Den Einstand feierte Erlemann auf Erlemann-Art. »Wer ist der beste Spieler im ganzen Land?« fragte er – und da mochte auch Gerhard Kießling, der mitsamt Sohn Udo schon Monate vorher bei den Haien angeheuert hatte, nicht bestreiten, daß dies eigentlich nur ein gewisser Kühnhackl sein könnte.
Der lange Erich war nach einigem Überlegen (»Das war für mich die Chance«) bereit, an den Rhein zu wechseln – der EV Landshut fand die Sache nicht so schön. Ein Mann mit einem Koffer voller Bargeld reiste nach Niederbayern, doch es wurde Oktober, bevor Kühnhackl für eine Ablöse von 650000 Mark für den KEC spielberechtigt war; selbst die Anwaltshonorare, die in dem spektakulären Hichack fällig wurden, dürften ein sechsstelliges Kaliber gehabt haben. Mit Kühnhackl und Kießling, dem US-Nationalspieler Craig Sarner sowie dem ohnehin schon vorhandenen Personal verfügte Köln über eine Truppe, die von Anfang an zu den Favoriten auf den Titel gezählt werden mußte. Und in der Tat, die zusammengekaufte Mannschaft erfüllte die Erwartungen, und nach dem 8:6 beim VfL Bad Nauheim konnte am 13. März 1977 endgültig ein neuer Name in die Ehrenliste der Deutschen Meister eingetragen werden.
Die Spieler störten sich wenig an dem kunterbunten Durcheinander in Köln, wo von Erlemann plötzlich 2,3 Millionen Mark Schulden festgestellt wurden. Die Fans wurden zur Kasse gebeten, doch heute weiß man: Ohne die Gelder des Mäzens (unfreiwillig von den Kunden des Abschreibungskünstlers, vermögenden deutschen Anlegern, aufgebracht) hätte das Unternehmen KEC lange vor dem Triumph Schiffbruch erlitten.
Vor dem Hintergrund des Kölner Spektakels gerieten verschiedene andere Vorgänge beinahe in die Anonymität. So trat im Februar 1977 Xaver Unsinn als Bundestrainer zurück – zu sehr hatte er sich über einen Abzug von zwei Punkten durch den DEB (der Berliner SC hatte 5:2 gegen Köln gewonnen, dabei aber den Einsatz des KEC-Verteidigers Maurer zu Unrecht verhindert) geärgert.
Der Titelverteidiger von der Spree landete in der für ihn enttäuschend verlaufenden Endrunde (zehn Spiele waren an die 36er Runde noch angehängt worden) abgeschlagen auf Rang

Die Nationalmannschaft 1976/77

Der neue Modus – für die deutsche Mannschaft endlich der Garantieschein zum dauernden Klassenerhalt? Fast scheint es so, denn die 1976 erstmals ausgespielte Variante, die der Bundesrepublik jeweils eine zweite Chance gegen die schwächeren Konkurrenten verschaffte, ließ 1977 in Wien kein großes Zittern aufkommen.
Rumänien war zum Elitehaufen gestoßen. Für das deutsche Team unter Hans Rampf – er war kurzfristig für den zurückgetretenen Xaver Unsinn vom DEB berufen worden – waren die unbedarften Puckjäger natürlich ein gefundenes Fressen.
Dennoch blieb nach den beiden Siegen (6:3 und 3:2) von den Tagen in der österreichischen Metropole ein zwiespältiger Eindruck in der Öffentlichkeit zurück. So wurden dem Bundestrainer auch seine Disziplinarprobleme mit Routiniers wie Alois Schloder angelastet, doch ohne die Angriffsreihe mit dem Landshuter Rechtsaußen sowie Kühnhackl und Philipp (sie schossen 11 der 23 Tore) hätte es ein böses Erwachen geben können.

Statistik 1976/77

Vorrunde

1. Kölner EC	36	219:100	53:19
2. Krefelder EV	36	177:133	50:22
3. Düsseldorfer EG	36	153:127	44:28
4. Berliner SC	36	156:126	42:30
5. VfL Bad Nauheim	36	143:135	40:32
6. EV Landshut	36	140:132	35:37
7. SC Riessersee	36	140:157	32:40
8. EV Füssen	36	102:160	26:46
9. EV Rosenheim	36	105:181	19:53
10. Augsburger EV	36	124:208	19:53

Meisterrunde

1. Kölner EC	46	272:132	67:25
2. Krefelder EV	46	225:176	59:33
3. EV Landshut	46	184:155	52:40
4. Düsseldorfer EG	46	194:185	51:41
5. Berliner SC	46	186:163	49:43
6. VfL Bad Nauheim	46	177:192	46:46

Abstiegsrunde

7. SC Riessersee	48	204:203	49:47
8. EV Füssen	48	140:214	34:62
9. EV Rosenheim	48	150:224	31:65
10. Augsburger EV	48	167:255	30:66

Die Torjäger

1. Dick Decloe (Krefelder EV)	57
2. Erich Kühnhackl (Kölner EC)	47
3. Claes-Ove Fjällby (EV Landshut)	43
4. Lorenz Funk (Berliner SC)	36
5. Craig Sarner (Kölner EC)	35

Die Topskorer

1. Dick Decloe (Krefelder EV)	57 + 18 = 75
2. Erich Kühnhackl (Kölner EC)	47 + 26 = 73
3. Peter Hejma (Krefelder EV)	29 + 38 = 67
4. Claes-Ove Fjällby (EV Landshut)	43 + 18 = 61
5. Craig Sarner (Kölner EC)	35 + 26 = 61
6. Gerd Truntschka (EV Landshut)	33 + 25 = 58
7. Hans Zach (Berliner SC)	26 + 28 = 54
8. Lorenz Funk (Berliner SC)	36 + 17 = 53
9. Lothar Kremershof (Krefeld. EV)	28 + 23 = 51
10. Marcus Kuhl (Kölner EC)	26 + 22 + 48

Anmerkung: Punkte aus der Vorrunde wurden in Auf- und Abstiegsrunden übernommen.

Drei junge Talente, die 1976/77 von sich reden machten: Ernst Höfner und Holger Meitinger aus Augsburg sowie der Landshuter Gerd Truntschka (von links nach rechts).

Wechsel auf dem Posten des Nationaltrainers: Xaver Unsinn (rechts) machte im Krach mit dem Deutschen Eishockey-Bund seine Stelle frei, Hans Rampf (links) wurde schnell zu seinem Nachfolger berufen.

fünf, während Otto Schneitberger ein ausgezeichnetes Trainerdebüt beim Krefelder EV gab: nämlich gleich mit der Vize-Meisterschaft. Otto war bei der DEG ausgemustert worden, hatte jedoch noch eine aktive Spielzeit beim KEV drangehängt. Jetzt tat es ihm der 32 Jahre alte Peter Hejma gleich – und mit dem Supertechniker aus Düsseldorf erhielt das Krefelder Ensemble das gewisse Etwas, zumal immer noch die Tormaschine Dick Decloe weiter produzierte. Er wurde mit 57 Treffern zum dritten Mal in Serie Torschützenkönig. Der EV Landshut (mit 17:3 Punkten bestes Team der Endrunde) verdankte den erstaunlichen dritten Platz in erster Linie dem Gespann Gerd Truntschka (58 Skorerpunkte) und Claes-Ove Fjällby (der Schwede schaffte sogar 61), wohingegen ein anderes Duo – trotz glänzender Leistungen – den Abstieg seiner Mannschaft nicht verhindern konnte. Ernst Höfner und Holger Meitinger hießen die beiden Supertalente des Augsburger EV, der eine unglückliche Saison erlebte und letztlich an der Schwäche seiner Torleute und Verteidiger scheiterte. Das Aus kam für den Neuling allerdings erst am 48. (und letzten) Spieltag in der Abstiegsrunde – und beim 1:3 in Rosenheim spielte auch noch Topreferee Jupp Kompalla Schicksal, als er beim Stande von 1:1 einem korrekten Treffer des AEV die Anerkennung versagte. In der Zukunft wurden die Augsburger aber noch oft arg gebeutelt.

Erhard Füsser

Titelverteidiger Berliner SC landete abgeschlagen auf Platz fünf – trotz eines Supertorwarts Erich Weishaupt.

Peter Hejma stürmte statt im Düsseldorfer nun im Krefelder Dreß – und der KEV erlebte mit der Vizemeisterschaft einen sensationellen Erfolg.

Riesserseer Schlägertruppe? Von wegen!

»Schlä-ger-trup-pe, Schlä-ger-trup-pe« – so klang's den Spielern des SC Riessersee überall entgegen. Doch in diesem Jahr konnten sie ganz frech kontern: »Mei-ster-trup-pe, Mei-ster-truppe!« Strafzeiten gab's etwas weniger als sonst für die Werdenfelser, dafür mehr Tore. Und Siege. Und Punkte. Ergebnis: Wahrhaft sensationell holte sich wieder eine Mannschaft aus Bayern die Deutsche Meisterschaft. In einem dramatischen Finale überdies: Lediglich der amtierende Titelträger, der Kölner EC, hätte den SCR noch stoppen und den Berliner SC, der zu Hause gegen Krefeld spielte und 4:2 gewann, zum Champion machen können. Doch die Haie blieben im herrlichen Garmisch-Partenkirchener Olympia-Eisstadion ohne eine Chance. Nach 43 Minuten führte der SC Riessersee vor 11000 Zuschauern bereits mit 8:1. Daß man Köln in den Schlußminuten noch auf 8:6 aufholen ließ, war allenfalls ein Formfehler.

Das Kuriose am Riesserseer Aufstieg: Ihn leitete Joschi Golonka, der frühere Spieler. Als er Anfang des Jahrzehnts für die Garmischer am Puck war, hätte das beinahe den Konkurs für den Traditionsklub bedeutet, denn der hatte alle Mühe, das Geld für den CSSR-Topstar aufzubringen. Dennoch engagierte der neue Abteilungsleiter Hansjörg Neuner noch einmal den impulsiven Jozef – diesmal als Trainer. Der Erfolg gab ihm recht: Golonka predigte Disziplin, formte die bodenständige Truppe mit den Nordamerikanern Murray Heatley und Bob Murray (er wurde für die deutsche Nationalmannschaft spielberechtigt) zu einer nahezu perfekt funktionierenden Einheit auf dem Eis. »Ein Platz in der Endrunde ist das Ziel«, hatte Golonka als Losung ausgegeben – und nicht im Traum daran gedacht, daß man die Favoriten Köln, Krefeld, Berlin, Landshut oder Düsseldorf ernsthaft würde gefährden können. Doch schon nach den 36 Spielen der Vorrunde lag Riessersee auf Platz zwei, nur einen Punkt hinter Köln.

Den Modus hatte man aus der vorhergegangenen Saison übernommen. Die Bundesliga teilte sich, nachdem viermal jeder gegen jeden gespielt hatte, in Meister- und Abstiegsrunde. Oben war's spannend – und da lief es auch gut: Der SC Riessersee konnte seinen angestrebten Zuschauerschnitt von 3300 um 100 Prozent übertreffen, lediglich die Düsseldorfer EG mit fast 7400 lag traditionell darüber. Berlin hatte weniger als 5000, Köln gerade über 4000. Eine heute unglaubliche Konstellation.

Doch unten sah's – was den Fan-Zuspruch anging – trist aus. Eine Mannschaft mußte absteigen. Und daß die des EC Deilinghofen dran glauben müßte, war bereits nach der Vorrunde klar, die die Sauerländer mit sieben Punkten Rückstand auf den Vorletzten, auf den EV Rosenheim, abschlossen. Folge: Bad Nauheim, Füssen und Rosenheim hatten mit dem Abstieg eigentlich gar nichts zu tun – für sie waren die zwölf Spiele eine lästige Pflichtübung. Vor wenigen Zuschauern. Ein Draufzahlgeschäft.

Deilinghofen war auf die Bundesliga nicht richtig vorbereitet gewesen. Der Zweitligist war nämlich Vize geworden, Meister der ESV Kaufbeuren. Doch die Allgäuer verzichteten auf den Aufstieg, sie wollten, weil's billiger ist, lieber zweitklassig bleiben. Der ECD wurde zum Nachrücker bestimmt. Das wiederum schmeckte dem Augsburger EV überhaupt nicht, der glaubte, sich als Letzter der Saison 1976/77 doch noch dem Abstieg entziehen zu können. Die Sache eskalierte: Der AEV war schon drauf und dran, die Ordentlichen Gerichte zu bemühen, ehe die Parteien zu einem Kompromiß fanden: Deilinghofen und Augsburg sollten in zwei Entscheidungsspielen vor der Saison ausmachen, wer wo antreten dürfte. Der AEV mußte zuerst auswärts ran, siegte 4:2. Das war's – oder? Nein! Denn die folgende Partie ging zu Hause peinlicherweise mit 2:8 verloren. Augsburg war dann für die zweite Liga natürlich wieder zu stark, siegte sich

Das Meisterteam 1977/78

Torhüter: Peter Wasl, Max Fink.
Verteidiger: Joachim Reil, Ignaz Berndaner, Bob Murray, Peter Gailer, Hans Konstanzer, Herbert Heinrich.
Stürmer: Murray Heatley, Martin Wild, Robert Heinrich, Franz Reindl, Bertolt Hartelt, Hans Diepold, Les Koch, Hubert Müller, Toni Pohl, Hans Scherer, Alfred Pfohmann, Hans Nominikat, Peter Koch, Ernst Velten.
Trainer: Jozef Golonka.

Hoch sollen sie leben! Trainer Joschi Golonka und Abteilungsleiter Hansjörg Neuner bei der Meisterfeier in luftiger Höhe.

Er führte den Riesserseer Paradesturm mit Robert Heinrich und Murray Heatley: Martin Wild.

Die Nationalmannschaft 1977/78

»Das war die stärkste deutsche Nationalmannschaft seit der WM 1952, seit dem Zeitpunkt, als wir international wieder dabei sind«, resümierte Bundestrainer Hans Rampf nach der Weltmeisterschaft 1978 in Prag. Zur vollsten Zufriedenheit hatte er allen Grund: Sein Team belegte vor USA, Finnland und Absteiger DDR Platz fünf, mußte sich lediglich den Großen (UdSSR, CSSR, Kanada, Schweden) geschlagen geben, stellte mit Erich Kühnhackl (8 Tore, 8 Assists) den Skorerkönig des Turniers. Und nicht zuletzt konnte sich Hans Rampf profilieren. Seine geschickteste Maßnahme: Gegen die starken Mannschaften ließ er vier Sturmreihen auflaufen – somit war Kraft gespart für die entscheidenden Duelle. Neben Erich Kühnhackl spielte Erich Weishaupt im Tor die dominierende Rolle. Krach gab's indes mit Alois Schloder. Der Landshuter fiel bei Hans Rampf in Ungnade, saß bisweilen auf der Reservebank – hinterher wurde der 206fache Nationalspieler nie mehr für die A-Auswahl berücksichtigt. Schloder: »Ich hatte in meiner Karriere 30 Trainer. Mit 29 bin ich ausgekommen.« Also mit einem nicht: Rampf...

dort fast zu Tode.
Neue Gesichter in der Liga? Stark im Kommen der Garmischer Martin Wild, der zusammen mit Murray Heatley und Robert Heinrich 130 Tore schoß. In Berlin, wo Gerhard Kießling von Xaver Unsinn den Trainerjob übernommen hatte, gefiel der Flügelflitzer Martin Hinterstocker, beim Kölner EC wurde Marcus Kuhl immer stärker. Recht schußfreudig zeigte sich auch ein junger Landshuter, der noch einer der wichtigsten Männer in der Bundesliga werden sollte, ein vielversprechendes Talent zeigte deutlich Flagge: Helmut Steiger. *Günter Klein*

Statistik 1977/78

Vorrunde			
1. Kölner EC	36	230:121	52:20
2. SC Riessersee	36	225:120	51:21
3. Krefelder EV	36	223:135	51:21
4. Berliner SC	36	182:133	50:22
5. EV Landshut	36	170:121	43:29
6. Düsseldorfer EG	36	164:162	32:40
7. VfL Bad Nauheim	36	147:182	32:40
8. EV Füssen	36	120:193	26:46
9. EV Rosenheim	36	123:232	15:57
10. EC Deilinghofen	36	111:300	8:64
Meisterrunde			
1. SC Riessersee	46	276:157	66:26
2. Berliner SC	46	216:158	65:27
3. Kölner EC	46	277:161	61:31
4. Krefelder EV	46	258:194	55:37
5. EV Landshut	46	207:164	52:40
6. Düsseldorfer EG	46	203:201	40:52
Abstiegsrunde			
7. VfL Bad Nauheim	48	219:233	46:50
8. EV Füssen	48	198:266	38:58
9. EV Rosenheim	48	177:289	29:67
10. EC Deilinghofen	48	172:380	16:80

Die Punkte aus der Vorrunde wurden in Meisterschafts- und Abstiegsrunde übernommen.

Die Torjäger

1. Dick Decloe (Krefelder EV)	67
2. Erich Kühnhackl (Kölner EC)	52
3. Murray Heatley (SC Riessersee)	50
4. Craig Sarner (Kölner EC)	49
5. Rainer Philipp (Bad Nauheim)	44

Die Topskorer

1. Erich Kühnhackl (EV Landshut)	52 + 43 = 95
2. Craig Sarner (Kölner EC)	49 + 42 = 91
3. Murray Heatley (SC Riessersee)	50 + 38 = 88
4. Dick Decloe (Krefelder EV)	67 + 19 = 86
5. Martin Wild (SC Riessersee)	43 + 43 = 86
6. Lothar Kremershof (Krefeld. EV)	42 + 38 = 80
7. Marcus Kuhl (Kölner EC)	40 + 36 = 76
8. Alois Schloder (EV Landshut)	27 + 32 = 59
9. Peter Hejma (Düsseldorfer EG)	28 + 29 = 57
10. Helmut Steiger (EV Landshut)	38 + 18 = 56

Das Gericht schrieb die Tabelle

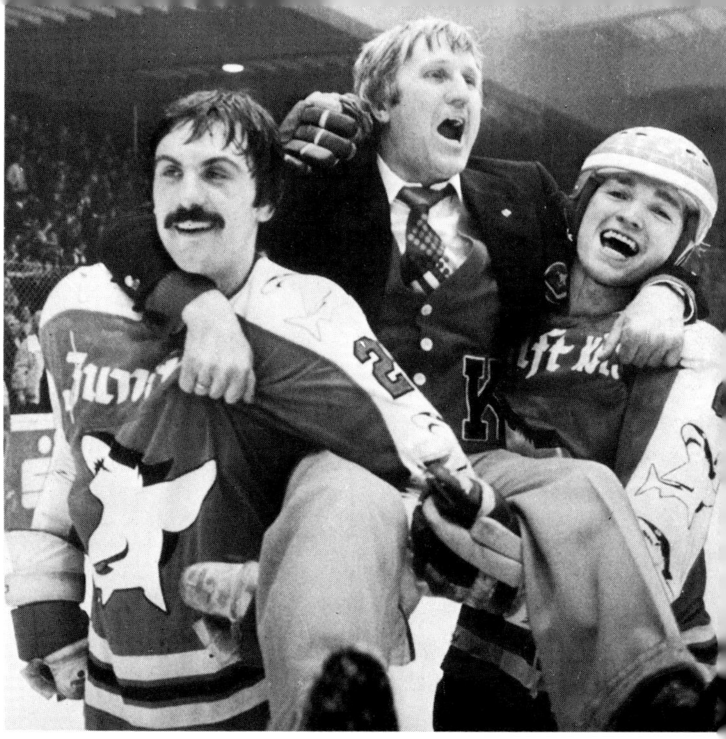

Deilinghofen abgestiegen? Nein, nein – dringeblieben! Die Bundesliga war per Verbandstagsbeschluß von zehn auf zwölf Klubs aufgestockt worden. So durfte neben Zweitliga-Meister Augsburger EV auch noch der Mannheimer ERC nach oben. Und weil der Vorjahres-Vierte Krefelder EV pleite gegangen war, war noch ein Plätzchen frei – das der ESV Kaufbeuren einnahm. Einen finanziellen Kollaps verzeichnete auch der EV Rosenheim – doch für das Eishockey in der oberbayerischen Metropole erwies sich das als absoluter Glücksfall. Die gesamte Abteilung wechselte zum Nachbarn SB DJK – was soviel heißt wie: Sportbund Deutsche Jugend-Kraft –, dem ein gewisser Josef März vorstand. Besitzer des Fleischgiganten »Marox«, mehrerer Brauereien (bis in Afrika), Spezl von Franz-Josef Strauß – und begeisterungsfähig für die neu aufgenommene Sparte Eishockey. Vier Jahre nach dem Übertritt vom EVR zum SBR hieß der Deutsche Meister dank Märzscher Millionen-Investitionen Rosenheim! Doch erst mal langsam, bleiben wir bei der Saison 1978/79.

Eine neue Ligastärke erforderte auch einen neuen Modus. Diesmal trug das gesamte Feld lediglich eine normale Runde aus – machte 22 Spiele. Danach wurde geteilt. Die sechs Guten in die Meister-, die sechs Schlechten in die Abstiegsrunde, wo sie dann exzessiv lang – sechsmal jeder gegen jeden – spielen mußten. Selten dämlich!

Mannheim war für einen Aufsteiger ungeheuer stark. Trainer Heinz Weisenbach war im Sommer ein spektakulärer Deal gelungen. Er hatte in Nordamerika Superspieler mit deutscher Abstammung und korrekten deutschen Papieren aufgetrieben: Harold Kreis, Roy Roedger, Manfred Wolf, der farbige Peter Ascherl und Dan Djakalovic. »Jetzt fehlt uns noch ein guter Torwart«, dachte der Coach und drängte die Vereinsführung, den besten im Lande zu verpflichten: Erich Weishaupt, die Nummer eins des Berliner SC und der Nationalmannschaft. Bis zum 31. August hätten sich abgebender und kaufender Klub einigen müssen – diese Frist wurde allerdings verpaßt. Gleichwohl setzte Mannheim Erich Weishaupt ein. Der baden-württembergische Eissportverband hatte den Keeper »von Amts wegen« freigegeben.

Doch nach den 22 Spielen der Vorrunde war der große Krach da! Dem MERC sollten die reichlich gewonnenen Punkte wieder weggenommen werden. Das hätte bedeutet: Verbannung in die Abstiegsrunde. Ähnlich sollte es auch dem SB Rosenheim ergehen, der unter gleichen Umständen mit dem Ex-Berliner Peter Scharf spielte. Das Verbandsgericht des DEB tagte. Urteil: Punktabzüge für Rosenheim und Mannheim. Die Geschädigten nahmen sich Staranwalt Rolf Bossi und zogen vor ein Ordentliches Gericht, das die DEB-Entscheidung rückgängig machte. Kein Punktabzug!

Zum Sportlichen! Diesmal gelang Köln die Revanche. Gerhard Kießling hatte die Trainerstelle vom Schweden Olle Oest übernommen. In der Meisterrunde schwammen sich die Haie frei – bis sie elf Punkte Vorsprung auf Titelverteidiger SC Riessersee hatten. Und 19 auf den Berliner SC, der dafür mit Craig Sarner und Martin Hinterstocker ein exzellentes Stürmerduo stellte. Hinterstockers 78 Tore bedeuteten einen neuen Rekord – in einer jedoch auch viel zu langen Saison!

Geprägt wurde diese Saison auch von

Das Meisterteam 1978/79

Torhüter: Rainer Makatsch, Klaus Verleih.
Verteidiger: Udo Kießling, Harald Krüll, Franz Hofherr, Georg Kink, Vic Stanfield, Christian Nikola.
Stürmer: Hans Rothkirch, Erich Kühnhackl, Dick Decloe, Marcus Kuhl, Hardy Nilsson, Henryk Jaworowski, Walter Stadler, Detlef Langemann, Peter Schiller, Miroslaw Sikora, Siegfried Hardt.
Trainer: Gerhard Kießling.

CSSR-Stars in Deutschland: Oldrich Machac (links) und Jiri Holik spielten für Rosenheim, Vladimir Dzurilla für den Augsburger EV.

Nochmals als Meistermacher gefeiert: Gerhard Kießling (Bild Mitte).

Bin ich im Recht? Diese Frage mußte der von Berlin nach Mannheim gewechselte Erich Weishaupt vom Amtsgericht klären lassen (Bild links).

einem Freigabestrom aus der CSSR. Oldrich Machac und Jiri Holik durften zum SB Rosenheim, Frantisek Pospisil zum EV Landshut, der Augsburger EV präsentierte Torhüter Vladimir Dzurilla. Doch alle diese Topleute mußten in der Abstiegsrunde spielen. Wobei es Dzurilla am schlimmsten erwischte. Weil ihn eine langwierige Rückenverletzung quälte, konnte er seinem Klub nur selten helfen. Dabei war sein Einstand am dritten Spieltag so glänzend gewesen. Dzurilla landete erst um 17 Uhr in München – stand in einer geliehenen Ausrüstung zweieinhalb Stunden später aber schon im AEV-Tor, wo er einen 8:5-Sieg gegen Deilinghofen rettete. »Mit ihm werden wir locker Sechster und kommen in die Meisterrunde«, sagte Trainer Jack Holmes. Nur: Es lief viel schlechter, Holmes war auch nicht mehr lange Trainer.
Die Augsburger waren nach dieser Saison geschafft. Sportlich und finanziell. Sie gingen in die Oberliga – also gleich zwei Klassen – zurück, verkauften ihre Talente Ernst Höfner und Miro Nentvich, den besten Debütanten der Bundesliga-Saison. Der Transfererlös wurde in einen außergerichtlichen Vergleich mit den Gläubigern gesteckt. Der älteste eissporttreibende Verein Deutschlands – gegründet 1878 – war im ersten Jahr nach dem großartigen Jubiläum bedeutungslos geworden. *Günter Klein*

Die Nationalmannschaft 1978/79

Die WM 1979 in Moskau stand für das deutsche Team unter denkbar schlechten Vorzeichen. Bundestrainer Hans Rampf und Alois Schloder hatten sich endgültig zerstritten, Schloder-Freund Erich Kühnhackl reiste in die USA, um mit den New York Rangers klarzukommen. Ein Bittgesuch der Mannschaft, doch noch einzuspringen, lehnte er ab: »Außerdem muß ich eine Knieverletzung auskurieren«. Zu allem Überdruß fielen nach einem Autounfall auch noch Ernst Höfner (Armverletzung) und Martin Wild (Wirbelbruch) aus. Die beiden waren ohne Wissen des Bundestrainers aus dem Vorbereitungsquartier verschwunden, was ihnen zusätzlichen Ärger einbrachte. Sogar der 32jährige Lorenz Funk mußte als Nothelfer nochmals mit ran.
Um so überraschender der sechste Platz für die DEB-Truppe. Absteiger Polen wurde deutlich mit 8:1 auf Distanz gehalten, gegen die UdSSR gab es ein überaus achtbares 2:3. Verteidiger Udo Kießling, der seinen Wechsel von Köln nach Düsseldorf schon angekündigt hatte, etablierte sich in der Weltklasse. Und auch Tormann Sigmund Suttner hatte einige überzeugende Auftritte auf internationaler Bühne.

Statistik 1978/79

Vorrunde

1.	Kölner EC	22	132:76	33:11
2.	Düsseldorfer EG	22	107:73	32:12
3.	SC Riessersee	22	140:98	28:16
4.	Mannheimer ERC	22	94:91	27:17
5.	Berliner SC	22	129:99	26:18
6.	VfL Bad Nauheim	22	102:94	24:20
7.	SB Rosenheim	22	99:90	23:21
8.	EV Landshut	22	95:90	21:23
9.	EV Füssen	22	84:113	16:28
10.	Augsburger EV	22	75:119	14:30
11.	EC Deilinghofen	22	71:116	13:31
12.	ESV Kaufbeuren	22	70:135	7:37

Meisterrunde

1.	Kölner EC	52	325:215	75:29
2.	SC Riessersee	52	313:248	64:40
3.	Berliner SC	52	287:261	56:48
4.	Düsseldorfer EG	52	248:238	55:49
5.	VfL Bad Nauheim	52	240:257	51:53
6.	Mannheimer ERC	52	218:243	49:55

Abstiegsrunde

7.	EV Landshut	52	263:173	71:33
8.	SB Rosenheim	52	248:212	61:43
9.	EC Deilinghofen	52	200:238	43:61
10.	EV Füssen	52	223:265	42:62
11.	ESV Kaufbeuren	52	178:285	32:72
12.	Augsburger EV	52	176:303	25:79

Die Punkte aus der Vorrunde wurden in Meisterschafts- und Abstiegsrunde übernommen.

Die Torjäger

1.	Martin Hinterstocker (Berliner SC)	78
2.	Holger Meitinger (SB Rosenheim)	66
3.	Erich Kühnhackl (Kölner EC)	59
4.	Claes-Ove Fjällby (EV Landshut)	58
5.	Dick Decloe (Kölner EC)	57

Die Topskorer

1.	Erich Kühnhackl (Kölner EC)	59 + 58 = 117
2.	Craig Sarner (Berliner SC)	52 + 64 = 116
3.	Gerd Truntschka (EV Landshut)	52 + 54 = 106
4.	Martin Hinterstocker (Berlin)	78 + 27 = 105
5.	Hardy Nilsson (Kölner EC)	21 + 81 = 102
6.	Claes-Ove Fjällby (EV Landshut)	58 + 39 = 97
7.	Marcus Kuhl (Kölner EC)	45 + 49 = 94
8.	Holger Meitinger (Rosenheim)	65 + 27 = 92
9.	Murray Heatley (SC Riessersee)	49 + 42 = 91
10.	Dick Decloe (Kölner EC)	57 + 33 = 90

Deutscher Meister mit kanadischem Touch

Eine prickelnde Sektdusche spendierte MERC-Keeper Erich Weishaupt seinem Trainer Heinz Weisenbach anläßlich der Meisterschaft des Mannheimer Klubs.

Der Kölner EC würde seinen 1979 errungenen Titel 1980 nicht verteidigen können – das war von vornherein klar. Denn zu vieles war gleich nach der Meisterfeier schiefgelaufen. Trainer Gerhard Kießling und Sohn Udo sowie Stürmerstar Dick Decloe (ein Jahr zuvor aus Krefeld gekommen) verkündeten ihren Wechsel zur investitionsfreudigen Düsseldorfer EG, der starke Hardy Nilsson ging nach Schweden zurück, Tormann Rainer Makatsch, inzwischen examinierter Jurist, schloß sich dem SB Rosenheim an, Marcus Kuhl landete in Mannheim. Und außerdem mußte man noch auf diese beiden verzichten: Dr. Jochen Erlemann und Erich Kühnhackl. Der allgewaltige Vorsitzende, für den der Boden aufgrund seiner Abschreibungsgeschäfte ständig heißer wurde, trat zurück. Und so gab es auch für den Erlemann-Intimus kein Halten mehr: Kühnhackl beschloß, den KEC zu verlassen. Nach Amerika hätte er gewollt, doch das scheiterte an Formalien im Vertrag – also begab sich der »Lange« wieder zum EV Landshut, dem Heimatverein. Der bekam zwar einen etablierten Superstar, mußte aber einen angehenden ziehen lassen: Gerd Truntschka. Das Tauschgeschäft hatte Dr. Erlemann

Das Meisterteam 1979/80

Torhüter: Erich Weishaupt, Joachim Casper.
Verteidiger: Harold Kreis, Werner Jahn, Brent Meeke, Bogoslaw Malinowski, Norbert Mundo.
Stürmer: Marcus Kuhl, Ron Andruff, Holger Meitinger, Peter Obresa, Manfred Wolf, Dany Djakalovic, Peter Ascherl, Elias Vorlicek, Klaus Mangold, Peter Adams, Jörg Etz, Roy Roedger.
Trainer: Heinz Weisenbach.

noch inszeniert. Ein weiterer KEC-Neuzugang war noch der Bad Nauheimer Rainer Philipp.
Köln am Ende – nein, der Niedergang wurde abgewendet. In dem Kaufmann Bernd Küppers, einst Spieler bei Preußen Krefeld, fand sich ein Mann, der die Geschäfte übernahm. Am Saisonende war der KEC Sechster. Der sportliche und wirtschaftliche Absturz war verhindert.
Düsseldorf ging als der klare Favorit an den Start – kein Wunder bei dieser prominenten Besetzung auf allen Positionen. Und doch machten wieder ganz andere Klubs die Musik. Nämlich der SC Riessersee und der Mannheimer ERC. Aus den 22 Spielen der Vorrunde holte der SCR gar neun Punkte mehr als die mit Nationalspielern gespickte DEG. Und auch vor Mannheim hatte die Truppe des Starttrainers aus der CSSR, Dr. Jano Starsi, respektable sechs Punkte Vorsprung.
Daß die Garmischer nicht überlegen Meister wurden, verhinderte eine seltsame Variation des Austragungsmodus. Nach der ersten Runde wurden die zwölf Mannschaften in drei Gruppen eingeteilt. Der Schlüssel: 1 mit 4, 7 und 10; 2 mit 5, 8 und 11... Augenfällig ungerecht. Nach 34 Spieltagen hatten die Bayern nur noch einen Zähler Vorsprung auf den MERC, drei auf die DEG. Von beiden Teams wurde der SCR in der abschließenden Auseinandersetzung der acht besten Klubs überholt. »Dieser Modus ist ein Wahnsinn«, klagte auch Berlins Trainer Olle Oest. Der Mann hatte recht...
Der Mannheimer ERC krönte im zweiten Jahr in der ersten Liga seinen Aufstieg nach Kometen-Art mit der Meisterschaft. Er hatte in Erich Weishaupt einen Super-Tormann, in Harold Kreis einen Verteidiger mit einer Irrsinns-Kondition, im Duo Roedger/Wolf ein schon damals eingespieltes »Zwillingspaar« – und Trainer Heinz Weisenbach stellte aus drei Neuzugängen einen Paradesturm zusammen. Marcus Kuhl aus Köln plus Holger Meitinger aus Rosenheim plus Ron Andruff aus New Haven – das ergab an die 300 Skorerpunkte. Nach absolviertem Meisterstück träumte der Vorsitzende Helmut Müller von weiteren Großtaten: »Die Mannschaft bleibt zusammen. Wir wollen unseren Titel verteidigen.« Doch der Trainer ging: Heinz Weisenbach wollte in Köln den Neuaufbau gestalten.
Einen Aufschwung erlebte der EV Landshut: Erich Kühnhackl war dafür der Garant. Er brach alle Rekorde. 83 Tore – das hatte noch keiner vor ihm geschafft. 155 Skorerpunkte – auch das bislang unerreicht. Fast genauso effektiv war CSSR-Star Jiri Kochta, der mit dem Erich ein Traumduo bildete. Lohn für die vielen schönen Spiele des EVL: Der Zuschauerschnitt konnte von 1720 auf 3770 gesteigert werden.
Natürlich noch wenig verglichen mit den 8540 der DEG und den 7580 des MERC. Der übrigens einen üblen Seitenhieb aus Landshut abbekam. Daß Mannheim Deutscher Meister geworden sei, so ließ Alois Schloder, der EVL-Kapitän, verlauten, sei »eine Schande für unser Eishockey«. Die Anspielung galt den sechs Deutschkanadiern (Kreis, Roedger, Wolf, Ascherl, Djakalovic, Vorlicek). Doch gerade die waren »sauber«, einige andere deutschkanadische Akteure, die in Duisburg und Köln schon im Umlauf waren, jedoch nicht. Wenig später sollte es die gesamte Eishockey-Nation wissen – und ein Sport in seine tiefste Identitätskrise stürzen. *Günter Klein*

Die Nationalmannschaft 1979/80

Ein Glück, daß es 1980 keine WM gab – wer weiß, ob Deutschland den Abstieg hätte verhindern können. Denn die A-Nation blamierte sich beim Olympiaturnier in Lake Placid ganz schlimm. Nach dem 4:6 gegen Rumänien zum Auftakt war ein guter Platz schon dahin. Es folgten ein 2:5 gegen Schweden, 3:11 gegen die CSSR und 2:4 gegen die USA, den sensationellen Olympiasieger. Allein Norwegen wurde bezwungen – mit 10:4. Alles in allem war's ein Rückfall in vergessen geglaubte Zeiten.
In der Mannschaft fehlten Persönlichkeiten wie Erich Kühnhackl (durfte auf Verbandsanweisung entgegen der Absicht des Bundestrainers nicht eingesetzt werden) und Erich Weishaupt. Der Torhüter trat aus beruflichen – er absolvierte eine Ausbildung zum Zahntechniker mit anschließendem Besuch der Meisterschule – und persönlichen Gründen kürzer. Nach Platz fünf in der sechs Teams starken Gruppe (Gesamt-Rang zehn – nur vor Japan und Norwegen, hinter Rumänien und Polen) wurde Kritik an Trainer Hans Rampf laut. Doch der sollte sich noch im Amt halten.

Statistik 1979/80

Vorrunde

1. SC Riessersee	22	130:48	38:6
2. Mannheimer ERC	22	135:90	32:12
3. Düsseldorfer EG	22	142:84	29:15
4. EV Landshut	22	144:102	26:18
5. Berliner SC	22	123:100	25:19
6. Kölner EC	22	116:95	24:20
7. EV Füssen	22	90:115	20:24
8. VfL Bad Nauheim	22	96:136	18:26
9. Duisburger SC	22	102:122	17:27
10. ECD Iserlohn	22	78:137	14:30
11. ERC Freiburg	22	65:126	11:33
12. SB Rosenheim	22	63:129	10:34

Zwischenrunde

Gruppe 1:

1. SC Riessersee	34	198:88	55:13
2. EV Landshut	34	218:143	46:22
3. EV Füssen	34	132:171	29:39
4. ECD Iserlohn	34	110:125	16:52

Gruppe 2:

1. Mannheimer ERC	34	219:131	54:14
2. Berliner SC	34	200:149	41:27
3. VfL Bad Nauheim r	34	145:211	25:43
4. ERC Freiburg	34	107:213	14:54

Gruppe 3:

1. Düsseldorfer EG	34	223:125	52:16
2. Kölner EC	34	175:162	32:36
3. Duisburger SC	34	163:188	26:42
4. SB Rosenheim	34	114:208	18:50

Die Punkte aus der Vorrunde wurden in die Zwischenrunde übernommen.

Meisterrunde

1. Mannheimer ERC	48	306:200	74:22
2. Düsseldorfer EG	48	286:180	71:25
3. SC Riessersee	48	264:141	69:27
4. EV Landshut	48	299:213	60:36
5. Berliner SC	48	269:229	52:44
6. Kölner EC	48	253:257	42:54
7. Duisburger SC	48	228:259	40:58
8. EV Füssen	48	206:254	39:57

Abstiegsrunde

9. VfL Bad Nauheim	12	63:37	16:8
10. SB Rosenheim	12	49:39	16:8
11. ECD Iserlohn	12	46:50	12:12
12. ERC Freiburg	12	30:62	4:20

Die Punkte aus Vor- und Zwischenrunde wurden nur in die Meisterrunde übernommen.

Die Torjäger

1. Erich Kühnhackl (EV Landshut)	83
2. Jiri Kochta (EV Landshut)	63
3. Ken Krentz (Duisburger SC)	58
4. Murray Heatley (SC Riessersee)	51
Martin Hinterstocker (Berliner SC)	51

Die Topskorer

1. Erich Kühnhackl (EV Landshut)	83 + 72 = 155
2. Jiri Kochta (EV Landshut)	63 + 81 = 144
3. Marcus Kuhl (Mannheim. ERC)	39 + 59 = 98
4. Ken Krentz (Duisburger SC)	58 + 35 = 93
5. Timo Sutinen (Berliner SC)	23 + 68 = 91
6. Ron Andruff (Mannheim. ERC)	44 + 40 = 84
7. Udo Kießling (Düsseldorfer EG)	39 + 44 = 83
8. Gerd Truntschka (Kölner EC)	38 + 45 = 83
9. Lothar Kremershof (Düsseldorf)	23 + 57 = 80
10. Ernst Höfner (SC Riessersee)	31 + 46 = 77

Wieder auf Höhenflug begab sich der EV Landshut: Stürmer Günter Stauner beherrschte das Segeln schon ganz gut, Verteidiger-Recke Klaus Auhuber traf auf ein Hindernis in Gestalt eines Tores.

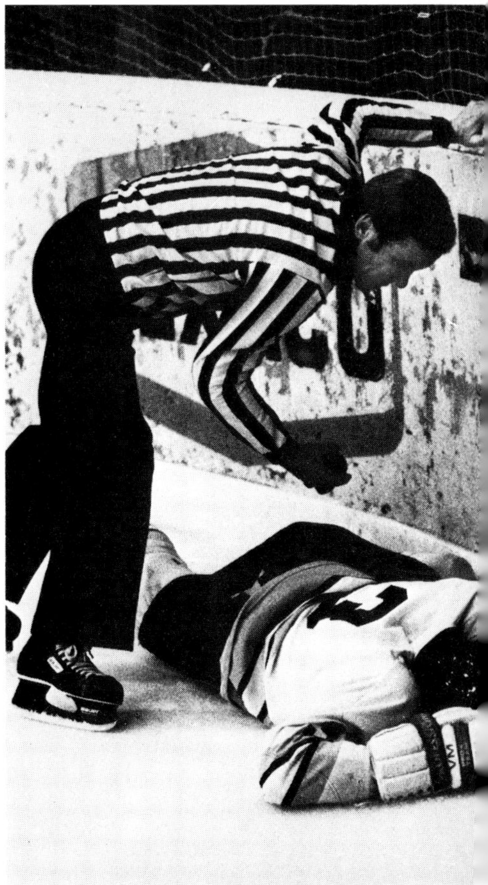

Für die Schiedsrichter ergaben sich 1979/80 neue Probleme: Wütende Fans überhäuften die Eisflächen mit Unrat, und die Spielweise wurde zunehmend brutaler.

Schiedsrichter Franz Baader ging vor dem Kölner Matthias Maurer in die Knie – da war er einer der wenigen, die die Leistungen der Haie in dieser Saison bemerkenswert fanden . . .

Zu den Aufsteigern der Saison zählte Deilinghofens Keeper Sigmund Suttner, der auch bei Bundestrainer Hans Rampf hoch im Kurs stand (unten).

Ein neuer Superstar in der Bundesliga war 1979 der Tschechoslowake Jiri Kochta, der für den EV Landshut fast so toll wie Erich Kühnhackl wirbelte.

Der schlimmste Skandal: Paßfälscher am Werk!

Am 5. Mai erhielt der Deutsche Eishockey-Bund vom Generalkonsulat in Edmonton einen Hinweis: In der Bundesrepublik würden sich Eishockeyspieler kanadischer Nationalität mit gefälschten deutschen Reisepässen aufhalten. Auf dem Verbandstag im Juni 1980 gab der DEB das an seine Vereine weiter – versehen mit einer Warnung: Hütet euch davor, diese Leute zu nehmen: Doch tätig werden konnte der Verband erst nach Anlauf der Wechselfrist, und kurz vor Saisonbeginn griff er mit einer groß angelegten Kontrollaktion ein. Das war der Beginn des größten Eishockeyskandals. Es folgte ein wildes Ermitteln und Sperren – in erster und zweiter Liga standen insgesamt 75 Spieler unter dem Verdacht, nicht »sauber« zu sein.
Zu kaufen gab's – wie die Staatsanwaltschaft später ermittelte – die getürkten Papiere in der Essener Bar »Schlüsselloch«. 8000 Mark kostete der Paß. Bester Kunde war der Duisburger Manager Fritz Hesselmann, in dessen Truppe gleich sieben Mann zur Disposition standen – mit denen der Klub in der Vorsaison souverän die Klasse erhalten hatte. Andy Stoesz, Gerald Hangsleben, Ralph und Ken Krentz, Brad Cox, Charlie Burggraf und Kevin Knibbs hießen sie. In Köln ging es um Mike Ford, Chuck Arnason und Kevin Nagel. Berlin kam wegen Stephen Ford ins Gerede, bei der Düsseldorfer EG ging es um Ralph Krueger, dessen Eltern zum Zeitpunkt seiner Geburt keine Deutschen mehr waren, von den Zweitligisten steckte der EHC Essen am tiefsten im Sumpf. Bis zum 1. November räumte der DEB den betroffenen Spielern die Chance ein, Einbürgerungsurkunden vorzulegen – danach wurde gesperrt.
In Duisburg war es mit der Herrlichkeit natürlich vorbei. Doch die Konkurrenz half dem Verein, der nur noch über eine Rumpftruppe verfügte, indem er ihm Ersatzspieler zur Verfügung stellte und dem DSC fürs Antreten 5000 Mark von den Einnahmen abtrat. Der Spielbetrieb ging weiter – bis nach 44 Spieltagen die Runde abgeschlossen war. Die Play-Offs begannen – die Liga hatte das als neuen Modus eingeführt –, das Viertelfinale wurde ausgetragen, der Kölner EC freute sich aufs Halbfinale gegen Düsseldorf – da kam der Schock. Das Schiedsgericht des DEB zog den Haien nachträglich 22 Punkte ab (Duisburg wurde ebenso gerupft), die Play-Off-Runde wurde ausgesetzt – bis sich die Vereine einigten: Das Viertelfinale sollte nochmals begonnen werden. Ab da wurde die Saison dann wirklich durchgezogen.
Aber auch ansonsten gab's noch so manchen Krach. Da war die Kontroverse mit dem Fernsehen. Das brachte kein Eishockey mehr, weil es Trikotwerbung nicht auf dem Bildschirm haben wollte. Landshuts engagierter Präsident Rudolf Gandorfer, der auch dem Bundesliga-Ausschuß vorsaß, konterte: »Als Honorar sollen wir zwölf Vereine 150000 Mark kriegen – alle miteinander. Und dann die Werbung überkleben, die im Saisonetat eine sechsstellige Summe ausmacht. Nein!« Auch Landshut war schließlich noch vom Abzug zweier Punkte betroffen. Die Spielerpässe der Ausländer Jiri Kochta und David Chalk hatten keinen Verlängerungsstempel. Nationalverteidiger Horst-Peter Kretschmer wollte von der Düsseldorfer EG zum Aufsteiger EHC 70 München wechseln, die DEG ließ ihn nicht, es setzte ein wüstes Gerangel. »Wacki« mußte bleiben.
Klar, das Sportliche war fast nur Nebensache. Schade, denn mit dem SC Riessersee wurde eine sympathische

Das Meisterteam 1980/81

Torhüter: Vladimir Dzurilla, Max Fink.
Verteidiger: Ignaz Berndaner, Joachim Reil, Hans Konstanzer, Peter Gailer, Gerhard Schaaf.
Stürmer: Franz Reindl, Ernst Höfner, Hans Diepold, Toni Hofherr, Doug Gibson, Robert Heinrich, Ferdinand Strodl, Hubert Müller, Franco de Nobili, Hansjörg Neuner, Bernhard Benz.
Trainer: Dr. Jano Starsi.

Trost am Ende einer verkorksten Saison: Mit dem SC Riessersee bekam die Bundesliga einen integren Klub zum Meister. Joachim »Butzi« Reil bei der Titelfeier nach dem 7:4-Sieg gegen Düsseldorf.

Die Nationalmannschaft 1980/81

Acht Tore schoß Holger Meitinger, zwölf Vorlagen gab er – ein Deutscher wurde Skorerkönig der WM in Schweden. Neun Tore (plus fünf Assists) markierte Ernst Höfner – an ihn ging die Torjägerkrone. Und dennoch: Zufrieden konnte der DEB mit dieser WM nicht sein.

In der Abstiegsrunde reichte es nur zum dritten Platz. Holland (mit Dick Decloe!) wurde 9:2 und 12:6 vom Eis geschossen, gegen die USA gab es Sieg (6:4) und Niederlage (6:10), gegen Finnland ein 4:4-Remis und eine 3:6-Abfuhr. Erich Kühnhackl stand zwar wieder im Team (und enttäuschte), doch nach wie vor fehlten Erich Weishaupt und Udo Kießling, der sich schon ein Jahr zuvor in den Schmollwinkel begeben hatte. Die Entdeckung aus deutscher Sicht war Karl Friesen, der deutsch-kanadische Torhüter des SB Rosenheim.

Hans Rampfs Position war ins Wanken geraten. Gerhard Kießling und Ladislav Olejnik wurden als Nachfolger gehandelt – doch das Rennen machte Xaver Unsinn, der sein Schweizer Engagement beim SC Bern beendet hatte. Mit Hinblick auf die WM '83 in Dortmund, Düsseldorf und München wurde der »Xare« verpflichtet. Und damit begann eine gute Zeit für das DEB-Team.

Mannschaft ohne Affären Meister. Und das Finale mit der Düsseldorfer EG ließ an Dramatik nichts zu wünschen übrig. Der SCR gewann zu Hause 4:1, verlor an der Brehmstraße 2:4. Drittes, entscheidendes Spiel vor 10500 Zuschauern im Olympia-Eisstadion. Bis zur 60. Minute führen die Riesserseer 5:3, der überragende DEG-Crack Udo Kießling verkürzt auf 5:4. Doch der Gastgeber trifft noch zweimal in den Schlußsekunden.

»Kühlschrank«-Eishockey spiele der SCR – diesen Vorwurf mußte sich Trainer Dr. Jano Starsi bisweilen anhören. Es störte ihn nicht. Er leistete wertvollste Arbeit. Sieben Cracks des Meisterteams waren zwischen 19 und 21. Riesenjubel beim SC Riessersee – doch fortan ging's auch beim sauberen Meister von 1981 bergab. *Günter Klein*

Statistik 1980/81

Vorrunde – nach den Urteilen des Sportgerichts:

1. SC Riessersee	44	212:123	68:20
2. Düsseldorfer EG	44	258:167	61:27
3. Mannheimer ERC	44	258:160	55:33
4. Berliner SC	44	202:170	52:36
5. EV Landshut	44	211:244	51:37
6. SB Rosenheim	44	187:145	50:38
7. ESV Kaufbeuren	44	190:234	42:46
8. EV Füssen	44	196:210	40:48
9. VfL Bad Nauheim	44	171:199	39:49
10. Kölner EC	44	151:181	36:52
11. EHC 70 München	44	155:205	30:58
12. Duisburger SC	44	65:328	2:86

Ohne Sportgerichtsurteile wäre das die Reihenfolge gewesen: 1. Riessersee 67:21 Punkte, 2. Köln 58:30, 3. Düsseldorf 56:32, 4. Mannheim 53:35, 5. Rosenheim 46:42, 6. Berlin 46:42, 7. Landshut 45:43, 8. Kaufbeuren 40:48, 9. Füssen 36:52, 10. Bad Nauheim 35:53, 11. München 27:61, 12. Duisburg 19:69.

Play-Offs (erstgenannter Verein startet mit Heimrecht):

Viertelfinale: SC Riessersee – EV Füssen 6:4, 3:1, Düsseldorfer EG – ESV Kaufbeuren 14:4, 7:5, Mannheimer ERC – SB Rosenheim 3:2, 2:4, 3:2, Berliner SC – EV Landshut 4:3, 2:7, 4:0.

Halbfinale: SC Riessersee – Berliner SC 5:3, 3:4, 4:2, Düsseldorfer EG – Mannheimer ERC 5:0, 2:6, 5:4.

Finale: SC Riessersee – Düsseldorfer EG 4:2, 1:4, 7:4.

Um Platz 3: Mannheimer ERC – Berliner SC 3:2 n. V., 4:1.

Abstiegsrunde

1. Kölner EC	50	198:198	46:54
2. VfL Bad Nauheim	50	195:233	42:58
3. EHC 70 München	50	180:235	36:64
4. Duisburger SC	50	84:362	7:93

Die Punkte aus der Vorrunde wurden in die Abstiegsrunde übernommen.

Die Topskorer

1. Dick Decloe (Düsseldorfer EG)	59 + 52 = 111
2. Holger Meitinger (Mannheim)	45 + 63 = 108
3. Roland Eriksson (Düsseldorf)	37 + 70 = 107
4. Ralph Krueger (Düsseldorf)	52 + 51 = 103
5. Franz Reindl (SC Riessersee)	56 + 45 = 101
6. Ron Andruff (Mannheimer ERC)	47 + 50 = 97
7. Jiri Kochta (SC Riessersee)	38 + 59 = 97
8. Ernst Höfner (SC Riessersee)	37 + 57 = 94
9. Marcus Kuhl (Mannheimer ERC)	46 + 47 = 93
10. Erich Kühnhackl (EV Landshut)	44 + 48 = 92

Anmerkung: Mit Einführung der Play-Offs wurden die Torjägerlisten endgültig in den Hintergrund gedrängt und durch die Skorerwertung (Tore plus Vorlagen zu Toren) ersetzt, die einen besseren Eindruck von der Stärke und dem Wert eines Spielers gibt.

Play-Offs machten es möglich: Von fünf auf eins

Die Play-Offs waren als belebendes Element schon für die vorangegangene Saison eingeführt worden – doch da ging dieser völlig neue Modus im allgemeinen Skandal-Wirrwarr unter. So kam das aus Nordamerika importierte System eigentlich erst 1981/82 richtig zum Tragen. Der durchschlagende Erfolg gelang dabei dem Sportbund Rosenheim. Das Team von Dr. Pavel Wohl war nach den 44 Spielen der Vorrunde nur Fünfter, mit ausgeglichenem Punkte- und gerade noch positivem Torekonto, 15 Zähler hinter Spitzenreiter EV Landshut. Kurios, aber in den Play-Offs möglich: Nach sieben weiteren Partien war Rosenheim erstmals Deutscher Meister. Eine Sensation – die sogar den Präsidenten des Klubs, den Fleischfabrikanten Josef März, überraschte. Bei der Feier verwechselte er in seiner Rede ständig Peter Scharf mit Hans Zach und umgekehrt...

Neu war auch das in den Play-Offs: Der »Sudden Death«, der plötzliche Tod. Stand ein Spiel nach 60 Minuten unentschieden, wurde es eben verlängert – bis zum ersten Tor. Das entschied. Ganz schön spannend. Im Viertelfinale ging's gleich mal Spitz auf Knopf. Überraschend hatte Rosenheim in Garmisch-Partenkirchen 4:3 gewonnen, im Rückspiel fielen nur zwei Tore: Eines für den SBR, eines für den SCR. Verlängerung – und in der 8. Minute die Entscheidung: Der aus Düsseldorf gekommene »Wacki« Kretschmer erzielte das 2:1 – Rosenheim war im Halbfinale. Der größte Erfolg der noch jungen Vereinsgeschichte.

13:31 Punkte – das war Rosenheims Auswärtsbilanz während der normalen Meisterschaftsrunde gewesen – doch nun räumten die Oberbayern bevorzugt auf fremdem Eis auf. Landshut bekam's nach Meister Riessersee zu spüren und konnte zweimal aus seinem Heimrecht kein Kapital schlagen: 0:5 und 3:4 – das war bitter, da nutzte der 6:3-Erfolg in Rosenheim nichts mehr.

Großer Favorit auf Titelehren war der Kölner EC gewesen, der nach seiner paßfälschungsbedingten Verbannung in die Abstiegsrunde im Jahr zuvor heißer denn je auf glorreiche Siege war. Trainer Heinz Weisenbach bekam die Spieler, die er wollte: WM-Skorerkönig Holger Meitinger, die Füssener Jörg und Uli Hiemer sowie Walter Köberle, der sich in Düsseldorf mit Gerhard Kießling, seinem Coach, zerstritten hatte. Mit Platz zwei nach der Vorrunde lag der KEC noch im Soll, doch im Play-Off-Halbfinale blieb er an Mannheim hängen. Die Endspiele waren dann eine klare Sache für Underdog Rosenheim.

Der neue Meister war vor allem in der Abwehr stark: Karl Friesen im Tor sowie die Verteidiger Oldrich Machac (295 Länderspiele für die CSSR), Jamie Masters, Horst-Peter Kretschmer, Peter Scharf – allererste Sahne. Im Angriff wurde Hans Zach, im Vorjahr noch lange verletzt, zum großen Antreiber. Das Erfolgsgeheimnis gab Dr. Pavel Wohl, der Trainer, preis: »Wir sind der einzige Verein in der Bundesliga, wo die Spieler ihr Geld pünktlich kriegen. Da wird keiner nervös.«

Der Held des SB Rosenheim: Karl Friesen. Auch die Nachbarn waren stolz auf ihn – und zeigten es.

Das Meisterteam 1981/82

Torhüter: Karl Friesen, Karl Huber.
Verteidiger: Oldrich Machac, Peter Scharf, Jamie Masters, Horst-Peter Kretschmer, Paul Sommer, Anton Maidl, Anton Doll.
Stürmer: Markus Berwanger, Hans Zach, Gerd Baldauf, Wolfgang Hellwig, Jürgen Lechl, Ernst Adlmaier, Christian Kokoschka, Miroslav Slezak, Hans Meister, Peter Stankovic, Franz Kummer, Walter Kirchmaier, Vladimir Vacatko.
Trainer: Dr. Jano Starsi.

Das liebe, liebe Geld – es war häufig in dieser Saison ein Thema. Blickpunkte Berlin und Bad Nauheim: In beiden Städten ging die alte Herrlichkeit langsam zu Ende. Die »Roten Teufel« aus Hessen waren sportlich so schwach wie nie zuvor. Sie stellten mit Bill Lochaed zwar den Torschützenkönig, belegten aber trotzdem nur Platz elf – der den automatischen Abstieg nach sich zog. Der VfL ging in Konkurs. In Berlin hatte sich die Eishockey-Abteilung vom Schlittschuh-Club ausgegliedert (das war nämlich in erster Linie ein Tennisverein), scheiterte aber an der 750000-Mark-Schuldenlast der Vorschaltgesellschaft. Noch eine Pleite. Exitus in zwei Fällen.

Zu den positiven Erscheinungen des Spieljahres gehörten Neuling Schwenninger ERC, der sich mit seinen starken Ausländern Brian Young und Kirk Bowman über die Relegationsrunde in der Eliteklasse halten konnte, und der ESV Kaufbeuren. Von wegen graues Mäuschen: Die Allgäuer setzten auf tschechische Spielkunst und holten von Tesla Pardubitz die Routiniers Vladimir Martinec und Bohuslav Stastny, dazu Florian Strida als Trainer. Es folgten schöne Jahre mit diesem Trio. Nur einen Schock hatten die Kaufbeurer zu verkraften 1981/82. Das Stadiondach stürzte ein. Doch zum Glück nicht während eines Spiels. Womit Katastrophen der Bundesliga in diesem Jahr erspart blieben.

Günter Klein

Jawohl, die Haie kämpften – aber es reichte nur bis zum Halbfinale für den Topfavoriten.

Schock für den ESV Kaufbeuren: Das Stadiondach stürzte ein.

Die Nationalmannschaft 1981/82

Das DEB-Team wieder unter der Leitung von Xaver Unsinn – das bedeutete zunächst mal, daß wirklich die Besten spielten. Karl Friesen wollte aus persönlichen Gründen auf die WM in Helsinki verzichten, ließ sich dann aber vom Bundestrainer weichreden. Und Udo Kießling kehrte, nachdem sich seine Amerika-Pläne erledigt hatten, in die Truppe zurück – zwei Jahre war er abstinent gewesen.

Die WM '82 sollte für das Turnier '83 im eigenen Lande die große Generalprobe sein. Mit Rang sechs wurde ein zufriedenstellendes Ergebnis erreicht. Zwischendurch war sogar die Endrunde nahe: Gegen die CSSR gab's gleich zum Auftakt einen sensationellen 4:2-Sieg, die Italiener wurden mit 5:2 in die Schranken gewiesen. Knapp die Niederlage gegen Finnland – ein 3:4. Deutlich wurde es gegen die kanadischen Profis (1:7) und die UdSSR (0:7), im Schlüsselspiel gegen die Schweden setzte es ein 1:3. Enttäuschend jedoch war das abschließende 5:5 im Duell mit den USA – es war der einzige Punktgewinn des Absteigers.

Stärkste Spieler waren Karl Friesen und Marcus Kuhl.

Statistik 1981/82

Vorrunde

1.	EV Landshut	44	264:143	69:19
2.	Kölner EC	44	248:134	67:21
3.	Mannheimer ERC	44	220:121	62:26
4.	SC Riessersee	44	180:137	50:38
5.	SB Rosenheim	44	173:165	44:44
6.	ESV Kaufbeurenr	44	190:225	40:48
7.	Berliner SC	44	142:176	40:48
8.	Düsseldorfer EG	44	197:198	37:51
9.	Schwenninger ERC	44	170:222	35:53
10.	EV Füssen	44	174:222	35:53
11.	VfL Bad Nauheim	44	176:257	28:60
12.	ERC Freiburg	44	149:283	21:67

Play-Offs (erstgenannter Verein startet mit Heimrecht):

Viertelfinale: EV Landshut – Düsseldorfer EG 6:2, 5:2, Kölner EC – Berliner SC 12:5, 5:0, Mannheimer ERC – ESV Kaufbeuren 6:3, 4:7, 3:1, SC Riessersee – SB Rosenheim 3:4, 1:2 n. V.

Halbfinale: EV Landshut – SB Rosenheim 0:5, 6:3, 3:4, Kölner EC – Mannheimer ERC 6:3, 2:4, 1:3.

Finale: Mannheimer ERC – SB Rosenheim 2:6, 0:4.

Um Platz 3: EV Landshut – Kölner EC 4:7, 8:6, 2:7.

Die Topskorer

1.	Erich Kühnhackl (EV Landshut)	46 + 68 = 114
2.	Gerd Truntschka (Kölner EC)	44 + 64 = 108
3.	Dick Decloe (Düsseldorfer EG)	52 + 51 = 103
4.	Franz Reindl (SC Riessersee)	49 + 53 = 102
5.	Ernst Höfner (SC Riessersee)	35 + 64 = 99
6.	Bill Lochead (VfL Bad Nauheim)	64 + 33 = 97
7.	Marcus Kuhl (Mannheim)	34 + 63 = 97
8.	Bob Laycock (EV Landshut)	34 + 55 = 89
9.	Helmut Steiger (EV Landshut)	54 + 34 = 88
10.	Dieter Hegen (ESV Kaufbeuren)	45 + 36 = 81

Landshuts billiger Titel, Düsseldorfs kostspielige Flops und Füssens teurer Tod

Jedem Meister seinen Superlativ! Der des EV Landshut: Er war der billigste Champion der Neuzeit, jener Ära, wo Eishockey um des Geldverdienens willen gespielt wurde.

Billig, weil selbstgestrickt. Der EVL 1982/83 – das waren 20 gebürtige Landshuter, Erich Kühnhackl, der, in der CSSR zur Welt gekommen, allerdings schon im Juniorenalter zum Verein gehörte, und die kanadischen Laycock-Brüder Bob und Robin. Und die vertraten genausogut das niederbayerische Element, denn zuvor waren sie beim Zweitligisten TSV Straubing engagiert gewesen. Der Gesamtetat des Eislaufvereins damals: 1,75 Millionen – Ende der 80er Jahre wird man damit nicht mal mehr eine mittelmäßige Zweitligatruppe auf die Beine stellen können.

Auf dem Trainerposten wurde freilich nicht gespart, den besetzte ein Weltklassemann. Ein in Landshut zudem überaus beliebter: Karel Gut, einer dieser cleveren erfahrenen Eishockey-Wissenschaftler aus der CSSR.

Von 1967 bis 1970 war er schon dagewesen und hatte sich mit dem Titel verabschiedet. Und so geschah's auch diesmal: Seine zweite Drei-Jahres-Phase beim EVL schloß er wiederum mit der Meisterschaft ab. Die Wiederholung eines Coups nach 13 Jahren – einfach toll! Aber was noch sensationeller war: Auch drei der 83er-Meister, nämlich Erich Kühnhackl, Alois Schloder, der mittlerweile zum Verteidiger umgeschult worden war, und Klaus Auhuber waren bereits 1970 dabei!

Die Doppelrunde hatte der EVL in der Vorsaison auch schon für sich entschieden – doch als der große Favorit ging er nicht ins neue Spieljahr. Da sahen die Experten schon eher den Kölner EC und die Düsseldorfer EG als kommenden Meister. Die Kölner Haie, weil sie die besten Einzelspieler und mit Mike Ford, Rick Amann und Bill Nyrop gleich drei ausländische Verteidiger hatten und zudem mit Heinz Weisenbach und Karol Havasi aus Preßburg zwei Trainer, die noch mehr aus dem 22-Mann-Kader holen sollten. Die DEG stand auf den Tipzetteln, weil es ihr trotz zwei Millionen Mark Schulden gelungen war, bei den Transfers kräftig hinzulangen: Uli Egen, Jürgen Lechl, die Hinterstockers kamen, Didi Hegen, als größtes deutsches Stürmertalent gehandelt, wurde im letzten Moment von seinem Heimatverein ESV Kaufbeuren unter Androhung einer 18monatigen Sperre zurückgepfiffen. Unterschrieben hatte er schon bei der DEG.

Beide, KEC wie DEG, scheiterten an sich selbst. In Düsseldorf bekam der neue Trainer, Jaromir Frycer aus der CSSR, bald Schwierigkeiten mit den Herren Stars – er ging im Oktober, die DEG rutschte als Achter eben noch in die Play-Offs und blieb dort auf diesem schwachen Rang. Frycer-Nachfolger wurde Heinz Weisenbach aus Köln (ausgerechnet), bei den Haien übernahm Karol Havasi alleinverantwortlich die Geschäfte. Nach dem Aus im Halbfinale wollte er nicht länger KEC-Coach sein. Auf Nimmerwiedersehen!

Das Meisterteam 1982/83

Tor: Bernd Englbrecht, Franz Spornraft.

Abwehr: Thomas Gandorfer, Bernd Wagner, Franz Steer, Bernhard Seyller, Klaus Auhuber, Peter Weigl, Christoph Schödl, Wolfgang Oswald, Alois Schloder.

Angriff: Klaus Gotsch, Gerald Riedl, Erich Kühnhackl, Bob Laycock, Robin Laycock, Michael Betz, Bernd Truntschka, Hans-Georg Eder, Joe Wasserek, Ewald Steiger, Helmut Steiger, Fred Weiss.

Trainer: Karel Gut.

Während Landshut die Saison beherrschte, ging's mit dem anderen bayerischen Traditionsverein, dem EV Füssen, endgültig den Bach runter. Die Verpflichtung von Vater und Sohn Kießling war – vor allem finanziell – ein Fehlschlag, der EVF ging in Konkurs und mußte in der zweiten Liga neu anfangen. Der SC Riessersee wagte – zwangsläufig – den Umbruch: Torwart-Star Vlado Dzurilla hatte aufgehört, Ernst Höfner war zum Meister Rosenheim gewechselt, Verteidiger Gailer, auch ein wichtiger Mann, beim Kölner EC untergekommen. Die Werdenfelser reagierten mit der Verpflichtung von Joschi Golonka, dem altbekannten Schleifer, als Trainer und von Lorenz Funk, dem Rekordnationalspieler. Alles umsonst – mehr als der siebte Platz war nicht drin.

Landshut leistete sich jeweils einen kleinen Aussetzer: Im Halbfinale ging – ohne Helmut Steiger – das erste Auswärtsspiel in Köln mit 3:13 verloren. Das sah nach Wende zugunsten Kölns aus, des Vereins, vor dem Karel Gut sowieso die größte Achtung hatte: »Der Besetzung nach müßten die Meister werden.« Der EVL gewann dann aber planmäßig sein zweites Heimspiel 6:2 und schließlich auch am Rhein 6:3. Ähnlich lief's in den Endspielen gegen den Mannheimer ERC. Landshut hatte das erste Heimrecht, gewann 2:1, fuhr nach Baden und ging dort unter – 2:8. Das Ende? Wieder nicht! Der EVL gewann zu Hause 6:4 und in Mannheim 5:4, wobei Michael Betz, der anschließend vom SB Rosenheim abgeworben wurde, das entscheidende Tor schoß.

Doch warum zweimal der Einbruch im zweiten Spiel? Karel Gut erklärte das so: »Wir wollten etwas ausprobieren, und das konnten wir, weil wir ja immer schon einen Sieg hatten. Und beim zweiten Auswärtsspiel haben wir dann gewußt, wie der Gegner zu packen ist.« Wirklich, ein Fuchs, der Gut.

Fuchsiger als MERC-Coach Ladislav Olejnik, der freilich auch große Arbeit leistete. Immerhin hatte der Klub Leute wie Kuhl und Ascherl nach Köln und Murray nach Düsseldorf verkauft. »Bei uns ist sehr viel eingespart worden«, sagte Olejnik mit Bitterkeit. Womöglich sogar die Deutsche Meisterschaft...

Günter Klein

Startrainer Gerhard Kießling in Füssen: Nichts ging! (oben)

Die Champions: EVL-Keeper Bernd Englbrecht und Stürmerstar Helmut Steiger.

Die Nationalmannschaft 1982/83

Welch eine Saison für die Nationalmannschaft: Erstmals, kurz vor Weihnachten, beim Iswestija-Cup in Moskau, und dann noch die Weltmeisterschaft im eigenen Lande.

Die Premiere beim berühmten Turnier in der UdSSR: Insgesamt zufriedenstellend. Im letzten Spiel von vieren gab's gegen Finnland einen 10:2-Sieg.

Die WM in Dortmund und München verschaffte dem Eishockey einen neuen Popularitätsschub. Höhepunkte waren die Duelle mit der DDR, die Xaver Unsinns Truppe 4:3 und 7:3 gewann. Hochdramatisch die sechste Partie der Vorrunde gegen die CSSR, die 3:3 endete. Hätte die deutsche Mannschaft nur eine Chance (von sehr, sehr vielen) noch genutzt – sie wäre in die Endrunde der besten Vier eingezogen. So blieb nur die Abstiegsrunde, in der sich das DEB-Team nur einen Ausrutscher leistete: das 2:4 gegen Finnland. Mit 11:9 Punkten sprang letztlich ein guter fünfter Rang heraus.

Bemerkenswert: Von den 22 Spielern, die 1983 im Kader standen, waren noch zehn bei Olympia in Calgary dabei. Erst zwei Cracks – Tormann Erich Weishaupt und Stürmer Franz Reindl – haben ihre Karriere bislang beendet.

Statistik 1982/83

Vorrunde

1.	EV Landshut	36	196:121	56:16
2.	Mannheimer ERC	36	185:101	55:17
3.	SB Rosenheim	36	161:103	49:23
4.	Kölner EC	36	200:138	46:26
5.	Schwenninger ERC	36	148:133	37:35
6.	ESV Kaufbeuren	36	148:155	36:36
7.	SC Riessersee	36	132:155	28:44
8.	Düsseldorfer EG	36	102:185	21:51
9.	ECD Iserlohn	36	112:178	20:52
10.	EV Füssen	36	97:212	12:60

Play-Offs (erstgenannter Verein startet mit Heimrecht).

Viertelfinale: Landshut – Düsseldorf 10:6, 4:3. Mannheim – Riessersee 4:3, 1:6, 7:3. Rosenheim Kaufbeuren 7:5, 4:5, 6:1. Köln – Schwenningen 7:2, 1:3, 5:1.

Halbfinale: Landshut – Köln 5:2, 3:13, 6:2, 6:3. Mannheim – Rosenheim 5:3, 1:6, 2:1, 5:4.

Finale: Landshut – Mannheim 2:1,. 2:8, 6:4, 5:4.

Um Platz drei: Rosenheim – Köln 6:5, 7:5.

Die Topskorer:

1.	Erich Kühnhackl (EVL)	39 + 54 = 93
2.	Manfred Wolf (MERC)	44 + 48 = 92
3.	Ernst Höfner (SBR)	29 + 60 = 89
4.	Robin Laycock (EVL)	36 + 47 = 83
5.	Bob Laycock (EVL)	32 + 50 = 82
6.	Helmut Steiger (EVL)	45 + 35 = 80
7.	Rick Bourbonnais (SBR)	38 + 39 = 77
8.	Bill Lochead (MERC)	48 + 28 = 76
9.	Vladimir Martinec (ESVK)	37 + 36 = 73
10.	Gordie Clark (SCR)	44 + 26 = 70

Straftraining für satte Hunde wirkte Wunder

Oh, oh, oh – das roch nach mehr als nur nach Krise. Das roch nach Krach, nach Eskalation, nach dem Ende einer Beziehung. Oder mehrerer. Klar war eigentlich: Irgendwas würde nach diesem 15. November 1983 passieren. Entweder, daß sich der Kölner EC und sein neuer Trainer Jozef Golonka wieder trennen würden, oder daß einige Spieler gehen müßten. Also was? Die – zu diesem Zeitpunkt völlig überraschende – Konsequenz: Alle blieben – und der Kölner EC wurde Deutscher Meister, weil er sich zusammenraufte und kaum mehr ein Spiel verlor.

Doch zuvor, vor diesem 15. November: Da schienen die Haie mal wieder an sich selbst zu scheitern, da suchte auch Joschi Golonka erfolglos nach der Methode, aus einem Haufen exzellenter Eishockeyspieler was Gescheites zu machen – eine echte Mannschaft. Mit sieben Punkten Rückstand auf die Tabellenspitze leistete sich die desolate KEC-Truppe am 22. Spieltag eine besondere Ungeheuerlichkeit: Sie verlor beim Schlußlicht SC Riessersee mit 1:4. Golonka kündigte noch am Sonntag abend nach dem Spiel die harte Welle an: »Die liefen in der Gegend herum, als wären sie bei ›Holiday on Ice‹. Das sind satte Hunde, die beißen nicht. Wir werden sowohl personell als auch finanziell die Konsequenzen ziehen.«

Gesagt – und getan! Zwei Tage später bei der Partie in Iserlohn fehlten fünf Haie-Cracks: Kapitän Toni Forster, Torjäger Miro Sikora, die Nationalspieler Marcus Kuhl und Holger Meitinger sowie der Kanadier Rob Tudor – lauter Prominenz. Sie absolvierten in der vereinseigenen Eishalle in Troisdorf ein Extra- oder Straftraining, derweil der Rest des Haie-Schwarms in Iserlohn arg gescheucht wurde. Ergebnis: 1:5, deklassiert. Oh, oh, oh …

Doch siehe da: Am 24. Spieltag wurde mit der kompletten Mannschaft Rehabilitation geleistet. 5:1 gegen Rosenheim, ein zweifacher Torschütze Peter Schiller, der einen beim Warmlaufen erlittenen Nasenbeinbruch einfach so wegsteckte, und ein Joschi Golonka, der sich auf die Bank stellte, um seinen Spielern zu applaudieren – das waren Szenen einer Partie, in der des Trainers Leitsatz endlich befolgt wurde: »Das hier ist ein Mannschaftssport.«

Titelverteidiger EV Landshut kam wieder ins Finale. In der 44 Spiele umfassenden Vorrunde war es für die Niederbayern mit ihrem neuen tschechoslowakischen Trainer Jaroslav Pitner nicht so gut gelaufen. Platz vier – mit allerdings nur vier Punkten Rückstand auf Mannheim. In der Zwischenrunde, in der der EVL auf Mannheim, Schwenningen und Düsseldorf traf (ein Play-Off-Modell, das nach der Saison wieder zugunsten eines Viertelfinales abgeschafft wurde), gab's dann den ersten Platz und den Einzug ins Halbfinale. Wo der Superstreß begann …

Gegner Kaufbeuren, in der anderen Gruppe so stark wie Köln, gewann gleich mal 7:2 – in Landshut. Und setzte im eigenen Stadion noch einen drauf: 5:1. Ein dritter Sieg hätte den ESVK in die Endspiele gebracht, die Köln gegen den Mannheimer ERC recht problemlos erreichte. Doch der EVL wehrte sich: Das 10:2 war eine Erlösung, das 8:2 im Allgäu der zweite Streich. Der entscheidende dritte: ein glückliches 3:0 gegen einen ESVK ohne CSSR-Star Bohuslav Stastny. Wieder mit dabei war in den Play-Offs Landshuts Publikumsliebling Bob Laycock, der vor der Saison nach Kanada zurückgegangen war.

Und nochmals Streß: Mitten in dieser Fünfer-Serie mußte Landshut noch seine lästigen Europacup-Pflichten wahrnehmen und zum Viertelfinale nach Stockholm reisen, wo es natürlich nichts zu holen gab. Djurgarden Stockholm gewann leicht 5:1, der EVL schonte sich.

Ein Wunder, daß die Landshuter in den Finals doch noch recht frisch aussahen. Sie gewannen das zweite und dritte Spiel und waren wieder nahe am Titel dran. Doch statt des absoluten Triumphes in eigener Halle setzte es eine Niederlage, ein 3:4. Das hieß: Doch noch einmal rauf nach Köln fahren. Eine Superchance für die Haie – die diese natürlich nutzten: 5:0, Meister!

Des Vizes Pech: Erich Kühnhackl zog sich nach fünf Minuten eine Knieverletzung zu und schleppte sich – ohne Effektivität zu erreichen – durch. »Polen-Pfeil« Henrik Pytel, in seinem ersten Jahr gleich der Top-Torjäger, blieb ebenso wirkungslos.

Enttäuschend das Abschneiden der DEG. Was hatte man sich nicht alles von ihr erwartet – bei dieser Besetzung: Heinz Weisenbach als Trainer wollte fast schon eine Titelgarantie abgeben, mit Peter John Lee kam ein NHL-Profi, mit Victor Nechaew der erste Russe in die Bundesliga (Profierfahrung in Nordamerika hatte der einstige Stürmer von Spartak Moskau auch schon gesammelt).

Und das Ergebnis aller Bemühungen: Zuschauerschwund (ja, auch an der Brehmstraße kam das vor), zwei Millionen Mark Schulden, Ungewißheit, ob's überhaupt weitergeht, Gehaltskürzungen um 50 Prozent. Der Trainer hieß denn auch bald nicht mehr Heinz Weisenbach, sondern Otto Schneitberger. Einen Punkt Vorsprung hatte die DEG letztendlich vor dem Neuten ECD Iserlohn, der in die Abstiegsrunde mußte. Sogar Neuling ERC Freiburg hängte die Düsseldorfer ab.

Freilich: Nach diesem Jahr war die schlimmste Phase der DEG überstanden. Sie wurde fortan von den Sponsoren neu entdeckt und erlebte bessere – wenngleich meisterlose – Zeiten …

Günter Klein

Das Meisterteam 1983/84

Tor: Helmut de Raaf, Peter Zankl.
Abwehr: Toni Forster, Udo Kießling, Uwe Krupp, Richard Trojan, Peter Gailer, Werner Kühn, Uli Hiemer.
Angriff: Rainer Philipp, Drew Callander, Miro Sikora, Christoph Augsten, Jörg Lautwein, Marcus Kuhl, Holger Meitinger, Gerd Truntschka, Jörg Parschill, Peter Schiller, Guido Lenzen, Rob Tudor.
Trainer: Jozef Golonka.

Moment des Triumphs: Landshut ist besiegt, Köln Meister.

Die Nationalmannschaft 1983/84

Mit Platz fünf bei der 83er-WM hatte sich die Nationalmannschaft für den Canada Cup im September 1984 qualifiziert – und da wollte sie zuvor natürlich noch ein wenig üben. So flog sie vor Weihnachten 1983 schon mal rüber ins Mutterland des Eishockeys, um gegen die kanadische Olympia-Auswahl anzutreten. 1:4, 5:5 und 2:2 waren die achtbaren Ergebnisse.«

Erneut stark präsentierte sich das DEB-Team bei den Olympischen Spielen in Sarajevo. Es bezwang in seiner Vorrundengruppe pflichtgemäß Jugoslawien 8:1, Polen 8:5 und Italien 9:4. Gegen die UdSSR verlor man 1:6, Schweden trotzte man ein 1:1-Remis ab. Leider zu wenig – die Skandinavier hatten bei gleichem Punktestand von 7:3 Zählern und unentschiedem direktem Vergleich das bessere Torverhältnis und zogen in die Medaillenrunde der besten vier Mannschaften ein. Deutschland spielte um Platz fünf – mit schönem Erfolg: 7:4 siegten Unsinns Schützlinge über Finnland.

Statistik 1983/84

Vorrunde

1. Mannheimer ERC	36	180:103	50:22
2. Kölner EC	36	155:116	48:24
3. SB Rosenheim	36	142:118	47:25
4. EV Landshut	36	165:116	46:26
5. Schwenninger ERC	36	127:109	36:36
6. ESV Kaufbeuren	36	143:165	32:40
7. ERC Freiburg	36	110:154	32:40
8. Düsseldorfer EG	36	102:157	25:47
9. ECD Iserlohn	36	114:134	24:48
10. SC Riessersee	36	103:169	20:52

Zwischenrunde

Gruppe A

1. EV Landshut	6	35:19	8:4
2. Mannheimer ERC	6	41:28	7:5
3. Schwenninger ERC	6	24:30	5:7
4. Düsseldorfer EG	6	22:45	4:8

Gruppe B

1. Kölner EC	6	38:25	8:4
2. ESV Kaufbeuren	6	29:25	8:4
3. SB Rosenheim	6	18:25	5:7
4. ERC Freiburg	6	17:27	3:9

Play-Offs (erstgenannter Verein startete mit Heimrecht).
Halbfinale: Landshut – Kaufbeuren 2:7, 1:5, 10:2, 8:2, 3:0. Köln – Mannheim 7:3, 3:2 nach Verlängerung, 4:0.
Finale: Köln – Landshut 5:4, 4:6, 2:3, 4:3, 5:0.
Um Platz drei: Kaufbeuren – Mannheim 2:4, 4:6.

Die Topskorer

1. Erich Kühnhackl (EVL)	39 + 63 = 102
2. Gerd Truntschka (KEC)	26 + 61 = 87
3. Helmut Steiger (EVL)	53 + 27 = 80
4. Manfred Wolf (MERC)	36 + 44 = 80
5. Henryk Pytel (EVL)	52 + 24 = 76
6. Dieter Hegen (ESVK)	46 + 27 = 73
7. Roy Roedger (MERC)	29 + 44 = 73
8. Doug Berry (MERC)	26 + 47 = 73
9. Martti Jarkko (ECD)	26 + 41 = 67
10. Ernst Höfner (SBR)	25 + 42 = 67

Bild links:
Ein Mann im Abseits: Miro Sikora, Kölns Torjäger, war bei seinem Trainer Jozef Golonka lange nicht gut gelitten.

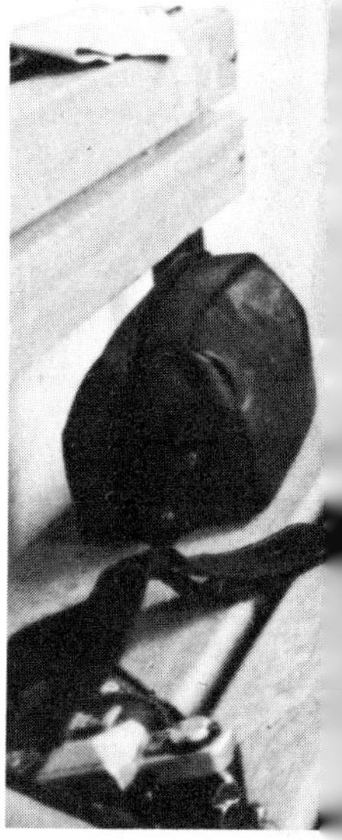

Bild rechts:
Es dauerte einige Zeit, bis Jozef Golonkas Unterricht in Köln fruchtete.

Das Lächeln war nur für den Fotografen. Ein Bänderriß im Knie, zugezogen im letzten Finalspiel gegen Köln, machte Landshuts Star Erich Kühnhackl noch lange zu schaffen.

Bild rechts:
Blumen, viel Lob, aber eben keinen Titel gab's für Henryk Pytel, den „Polen-Pfeil" des EV Landshut. Nur Vizemeister – traurig, traurig . . .

KEC

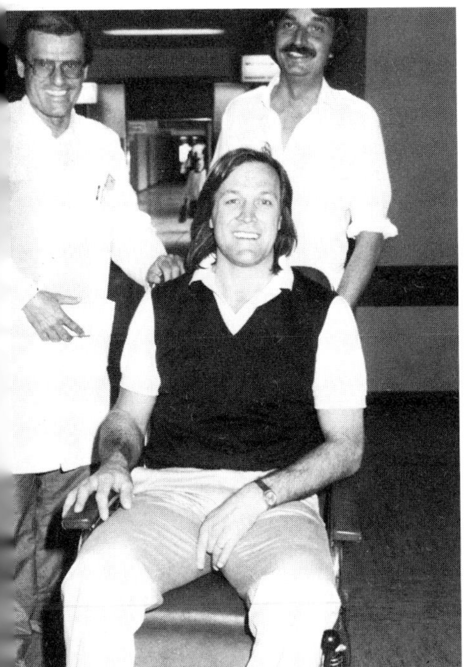

JOFA
18

Friesens Krönung im Jahr des Rosenheimer Jugendstils

Drei Namen: Manfred Ahne – Markus Berwanger – Axel Kammerer. Sie bildeten den besten dritten Sturm, den die Bundesliga je hatte. Rosenheimer Jugendstil war der Renner der Saison. »Die fahren dich weg, du hast keine Chance«, sagte Heinz Zerres, Trainer der schwächsten Mannschaft des Jahres, des EHC Essen-West.

Ein Name: Karl Friesen. Der Tormann der Rosenheimer hatte ein Superjahr, wurde für alle gegnerischen Stürmer zum Problem. Und sein Coach, Dr. Pavel Wohl, schwärmte: »Karl ist einmalig. In fünf Jahren habe ich kein schwaches Spiel von ihm gesehen. Er ist noch besser als Tretjak.« Wladislaw Tretjak, der Russe, gilt als das Nonplusultra. Er war der perfekte Goalie. Kann man perfekter als perfekt sein?

Ein Name: Ernst Höfner. Er war voll da, als er gebraucht wurde. Und am dringendsten war das im dritten Final-Spiel der Fall. 1:1 stand es nach den 60 Minuten zwischen Rosenheim und Mannheim. Das bedeutete: Die Entscheidung müßte in der Verlängerung fallen. Wer das erste Tor schießt, der hat gewonnen. Der »Sudden Death« – der plötzliche Tod – traf den MERC. Torschütze: Ernst Höfner. Er machte den SBR zum neuen Meister. Verdientermaßen, denn ab dem 10. Spieltag regierte das Dr.-Wohl-Team die Bundesliga und gab in den Play-Offs kein Spiel ab.

Zwei Namen: Roy Roedger und Steve McNeil. Roedger, damals noch beim Mannheimer ERC, traf mit dem Stock den Kölner McNeil, der in vollem Lauf war, mitten ins rechte Auge. Das Bild, im Fernsehen reichlich oft gezeigt, war gräßlich: Viel Rot, dunkles Rot, wo sonst sich die Konturen der Pupille

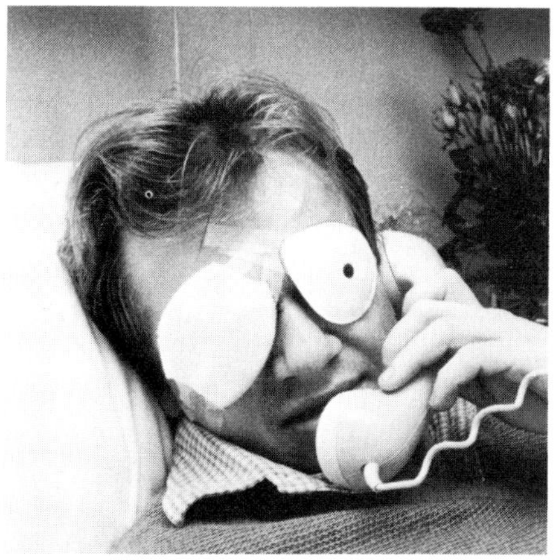

Das Meisterteam 1984/85

Tor: Karl Friesen, Karl Huber.
Abwehr: Rainer Blum, Peter Scharf, Anton Maidl, Roman Rybin, See Klaus, Jamie Masters, Horst Peter Kretschmer.
Angriff: Raimond Hilger, Ralf Schlosser, Franz Reindl, Robin Laycock, Manfred Ahne, Jochen Mörz, Markus Berwanger, Axel Kammerer, Georg Franz, Franz-Xaver Ibelherr, Michael Betz, Ernst Höfner.
Trainer: Dr. Pavel Wohl.

abzeichnen, viel Blut. Und auch die Folgen erschienen zunächst sehr schlimm: McNeil drohte zu erblinden, mußte mit Augenklappen im Krankenbett liegen. Zum Glück blieb's bei einer Reduzierung der Sehkraft (um allerdings mehr als die Hälfte), Steve McNeil wurde nicht Invalide und konnte seinem Beruf weiterhin nachgehen. Gut ein Jahr später endete der Streit mit einem außergerichtlichen Vergleich, Roedger zahlte Schmerzensgeld. Ein Foul war's gewesen, keine Frage, doch Verletzungsabsicht lag nicht darin. Jedenfalls konnte das nicht bewiesen werden, nicht einmal mit Fernsehbildern.

Fünf Namen: Manfred Ahne, Franz Reindl (Rosenheim), Bernd Englbrecht, Alois Schloder, Erich Kühnhackl (Landshut). Diese fünf waren Hauptbeteiligte einer denkwürdigen Massenschlägerei. Auslöser: Manfred Ahne mit einem Stockschlag gegen Alois Schloder, auf den Hals plaziert. Der Landshuter zahlte mit gleicher Münze zurück. Englbrecht knöpfte sich Reindl vor, Kühnhackl boxte. Die wüsten Eskalationen mit unsachlichen Vorwürfen (die Landshuter über Ahnes Hieb: „Mordversuch!") blieben nicht folgenlos. Die DEB-Gerichte griffen durch, es gab Sperren und Geldstrafen.

Ein Name: Dr. Herbert Plum. Der Mannschaftsarzt des Kölner EC ging angesichts der neuen Härtewellen an die Öffentlichkeit, behauptete: »In der Bundesliga wird gedopt.« Und er nannte auch Vereine, bei deren Spielern er »übergroße Pupillen und ausdruckslose Gesichter« gesehen haben wollte: Düsseldorf, Mannheim, Landshut, Schwenningen. Beweise? Die hatte der Mann nicht, und wohl oder übel mußte er seine Vorwürfe zurückziehen. Der Deutsche Eishockey-Bund führte die Dopingprobe ein – bis heute ohne einen positiven Befund.

Eine Saison mit viel Wirbel also – nicht anders war es nach dem Sommertheater 1984 zu erwarten.

Fall eins: der ERC Schwenningen. Dort wurde das Finanzamt mit einer Forderung in Millionenhöhe vorstellig. Die Klubführung hatte »vergessen«, Steuern abzuführen, hatte die Spieler brutto für netto bezahlt. Entweder, weil die Funktionäre ganz schön verträumt waren oder ganz schön wief. Doch mit Selbstdisziplin fand der Schwarzwald-Verein aus der Krise. Die Mannschaft erklärte sich mit einem kleineren Gehalt einverstanden, legte sportlich aber zu, die Zuschauer kamen, Ruhe kehrte ein.

»Exitus« lautete hingegen die Diagnose in Freiburg. Sudden Death aus finanziellen Gründen. Trotz der Begeisterung für den ERC, trotz sportlichen Erfolgs, trotz imposanter Besucherzahlen – der Klub ging kaputt, weil sein Boß, der Immobilien-König Bernd Klein, mies gewirtschaftet hatte. Es folgten der Konkurs und ein Jahr Eishockeypause, ehe ein Nachfolgeklub, der EHC, wieder einstieg. In die zweite Liga, aus der er in seiner dritten Saison 1987/88 schließlich entschwand. Nach oben. Auf ein Neues. Vor allem: auf ein Besseres...

Das Dumme am Fall Freiburgs war damals, daß dies im Sommer passierte, zur Zeit des Verbandstages in Dortmund. Schnell mußte also ein zehnter Klub für die Bundesliga her – es traf den EHC Essen-West. Der hatte sich in seiner ganzen Personalpolitik natürlich längst auf die Zweitklassigkeit eingerichtet, und entsprechend erging es ihm dann in der ersten Liga. Schlimmstes Debakel war ein 0:21 in Mannheim.

Paradoxes geschah am 13. Spieltag am Essener Westbahnhof. Beim Spiel wiederum gegen den MERC wurde in der zweiten Drittelpause die druckfrische Ausgabe der »Westdeutschen Allgemeinen Zeitung« verkauft – und darin stand, daß auch das 13. Auftreten des EHC mit einer Niederlage endete. Peinlich, daß es, als diese Zeilen gelesen wurden, 2:2 stand... *Günter Klein*

Die Rosenheimer bei der Titelfeier: Hochoffiziell beim bayerischen Ministerpräsidenten.

Bange Tage im Krankenhaus: Könnte Steve McNeils Augenlicht gerettet werden?

Einer der Aufsteiger des Jahres: Rosenheims Georg Franz schaffte den Sprung in die Nationalmannschaft.

Die Nationalmannschaft 1984/85

1984/85 – für die Nationalmannschaft war das die absolute Streßsaison. Canada-Cup im September, Iswestija-Cup im Dezember, dazu die Weltmeisterschaft in Prag. Auf alles wollte man schließlich noch gut vorbereitet sein, so daß unterm Strich 28 Länderspiele standen. Gigantisch, solch ein Programm.

Beim Canada-Cup erreichte das DEB-Team einen Achtungserfolg: 4:4 gegen die CSSR. In Moskau, wo um die Trophäe der Regierungszeitung »Iswestija« gespielt wurde, setzte es leider Hiebe. Bilanz: 0:8 Punkte, letzter Platz.

Auch das WM-Resultat sah so toll nicht aus: Nur Siebter! Doch diesmal hatte Xaver Unsinns Team unter schwierigen Bedingungen anzutreten, die einen größeren Erfolg eigentlich von vornherein ausschlossen: Neun Neulinge standen im Kader. »Ich muß den Umbruch jetzt wagen«, war Unsinns Devise. Hauptgegner DDR bereitete keine Probleme, 6:0- und 4:1-Siege zeigten das recht deutlich. Gegen die Finnen gab's nach dem 3:3-Remis sogar noch einen 5:4-Sieg. Abschied nahm Erich Kühnhackl.

Statistik 1984/85

Vorrunde

1.	SB Rosenheim	36	211:109	53:19
2.	Kölner EC	36	194: 99	51:21
3.	Mannheimer ERC	36	199:126	46:26
4.	EV Landshut	36	165:137	41:31
5.	ESV Kaufbeuren	36	164:173	39:33
6.	Schwenninger ERC	36	124:133	37:35
7.	Düsseldorfer EG	36	159:142	37:35
8.	ECD Iserlohn	36	133:168	28:44
9.	SC Riessersee	36	107:200	20:52
10.	EHC Essen-West	36	97:266	8:64

Play-Offs (erstgenannter Verein startete mit Heimrecht).

Viertelfinale: Rosenheim – Iserlohn 6:2, 6:5 nach Verlängerung, 10:5. Köln – Düsseldorf 4:1, 0:2, 5:4 nach Verlängerung, 4:0. Mannheim – Schwenningen 9:1, 3:2, 3:2. Landshut – Kaufbeuren 4:3, 1:4, 5:8, 2:4.

Halbfinale: Rosenheim – Kaufbeuren 8:1, 3:2, 4:1. Köln – Mannheim 3:4, 3:5, 3:7.

Finale: Rosenheim – Mannheim 4:3, 7:2, 2:1 nach Verlängerung.

Um Platz drei: Kaufbeuren – Köln 2:4, 2:10.

Die Topskorer

1.	Ernst Höfner (SBR)	33 + 56 = 89
2.	Ross Yates (MERC)	40 + 47 = 87
3.	Chris Valentine (DEG)	38 + 45 = 83
4.	Manfred Wolf (MERC)	37 + 41 = 78
5.	Franz Reindl (SBR)	33 + 45 = 78
6.	Paul Messier MERC)	37 + 39 = 76
7.	Erich Kühnhackl (EVL)	32 + 42 = 74
8.	Marcus Kuhl (KEC)	30 + 43 = 73
9.	Horst Heckelsmüller (ESVK)	30 + 42 = 72
10.	Gerd Truntschka (KEC)	28 + 43 = 71

Olejniks Irrtum, Udos Kabinenpredigt und Schwimmvereins Untergang

Die Gegner im Finale: Hardy Nilsson (links) triumphierte mit dem Kölner EC über Otto Schneitbergers Düsseldorfer. Beide Coaches waren für TV-Reporter Herbert Watterott natürlich begehrte Interviewpartner.

Umfragen zu Beginn der Saison 1985/86 fielen aus wie die im Fußball. Wer wird Meister? Da lachten die Kicker und sagten »Na wer wohl? Die Bayern!« Und da taten auch alle Eishokkey-Spieler, Trainer und Funktionäre so, als bräuchte man nicht lange zu diskutieren. »Meister? Rosenheim natürlich.«

Warum Rosenheim? Die hatten doch auch Leute verloren. Trainer Dr. Pavel Wohl, 1982 und 85 Meistermacher, war in die CSSR zurückgekehrt, gegangen waren zudem die Kanadier Masters und Laycock, Nationalverteidiger Sepp Klaus. Und Karl Friesen! Der deutsch-kanadische Wundertorwart wagte das Abenteuer National-Hockey-League. Namhafte Abgänge – doch ganz starke Neuerwerbungen sollten das locker ausgleichen. Die Ausländerstellen wurden mit den Tschechoslowaken Jiri Kralik und Vincent Lukac besetzt. Deren Empfehlung: Beide waren sie soeben mit der CSSR Weltmeister geworden, Kralik hatten die Journalisten dabei zum besten Keeper des Turniers von Prag gewählt – weit vor Friesen. Lukac galt als perfekter Torjäger – begehrt in ganz Europa. Dann kam

Das Meisterteam 1985/86

Tor: Helmut de Raaf, Thomas Bornträger.
Abwehr: Udo Kießling, Justyn Denisiuk, Richard Trojan, Brian Young, Werner Kühn, Uwe Krupp.
Angriff: Marc Otten, Doug Berry, Miro Sikora, Christoph Augsten, Boguslaw Maj, Gordon Blumenschein, Holger Meitinger, Gerd Truntschka, René Ledock, Peter Schiller, Steve McNeil, Helmut Steiger.
Trainer: Hardy Nilsson.

noch Miroslav Maly – der hatte schon in der NHL gespielt. Und Andreas Niederberger, der zwölfte deutsche Nationalspieler im SBR-Team. Für den Trainerposten holte der Verein den besten Mann, der zu haben war: Ladislav Olejnik vom Mannheimer ERC. Die Vorbereitungsphase lief – und die Rosenheimer siegten und siegten, über zwanzig Mal. Der Höhepunkt: ein 5:4-Erfolg gegen den Weltmeister, gegen die CSSR-Nationalmannschaft. Also, wer wird Meister? Rosenheim, Rosenheim!

Pustekuchen! Meister wurde der Kölner EC. Rosenheim erreichte Platz drei der Vorrunde und scheiterte im Play-Off-Halbfinale glatt an der Düsseldorfer EG. Und da war Ladislav Olejnik schon nicht mehr Trainer. Am 30. Januar 1986 wurde die Trennung vollzogen, Assistent Gerhard Baldauf zum ersten Mann befördert. Hintergrund für Olejniks Scheitern: Er war zu hart – und sein Vorgänger Dr. Pavel Wohl wegen seiner weichen Welle bei den Spielern beliebt.

Zum neuen Champion: Den hatte man nicht unbedingt auf der Favoritenrechnung. Köln verpflichtete einen ehemaligen Spieler, den Schweden Hardy Nilsson, als Trainer – und da wollte man doch erst mal warten, ob das gutginge.

Es klappte phantastisch! Der autoritäre Typ wurde sofort akzeptiert, seine Maxime klaglos übernommen: Daß die drei wichtigsten Dinge im Leben des Eishockeyspielers Disziplin, Disziplin und nochmals Disziplin seien. »Donnerwetter«, wunderte sich da auch Hannes Eberle von der Bundesbahn, seit Jahren Organisator der Kölner Fahrten ins Bayerische, »diese Jungs sind brav geworden. Die sitzen mucksmäuschenstill im Bus und im Zug. Zu trinken kriegen sie Mineralwasser, Alkohol gibt's keinen. Wenn ich da an die Zeiten von Joschi Golonka denke. Als der Trainer war, haben die Kölner ständig gerauft.« In Bus und Bahn – und auch auf dem Eis.

Für Nilsson begann die Vorbereitung auf das nächste Spiel direkt nach dem gerade absolvierten. Er versammelte seine Stars zum Auslaufen. »Das ist wichtig, damit tun wir etwas gegen die Übersäuerung unserer Muskeln.« Die Stars des Haie-Teams übernahmen das mit in die Nationalmannschaft. Dort ist seitdem ebenfalls Joggen nach dem Match angesagt. Vernünftig.

Nilsson feierte einen exzellenten Einstand, er holte gleich den Titel. Finalgegner war der rheinische Rivale, die Düsseldorfer EG. 6:5 gewann der KEC das erste Spiel daheim. Er mußte dann an die Brehmstraße und schien dort unterzugehen. 5:1 führte die DEG nach zwei Dritteln. Da passierte Ungeheuerliches: Kölns Kapitän Udo Kießling hielt in der Kabine eine Rede, oder besser: Er schrie, tobte, wütete, machte so seine Berufskollegen zu Kämpfern für eine gemeinsame Sache, zu einer Einheit. Die Haie gingen hinaus aufs Eis und gewannen noch 6:5. Das dritte Spiel ging dann mit 6:1 klar an sie.

Ein ganz schweres Jahr hatte der Mannheimer ERC zu überstehen. Was am Abgang des Star-Duos Roedger/Wolf (für 350000 Mark im Paket nach Düsseldorf) und vor allem an der falschen Trainerwahl lag. Als Ladislav Olejnik nach Rosenheim ging, wurde der ehemalige Spieler Wilbert Duszenko verpflichtet. Doch der machte es nicht lange, MERC-Boß Helmut Müller bestellte Jugendtrainer Doug Kacharvich zum Nachfolger. Kacharvich – der Name ist längst vergessen. In der nächsten Saison arbeitete der Kanadier beim Zweitligisten ERC Sonthofen – ein paar Wochen, bis zur Entlassung. Mannheim wurde schwacher Siebter, noch einen Platz hinter dem ESV Kaufbeuren, der den Abgang der CSSR-Troika aus Trainer Florian Strida, Vladimir Martinec und Bohuslav Stastny nicht verkraftet hatte. Der neue Trainer, Dr. Richard Pergl, war okay, doch die neuen tschechischen Spieler, Vladimir Veith und Frantisek »Turbo« Cernik machten nur in den Kneipen Kaufbeurens Karriere.

Äußerst glanzlos verlief auch das Ein-Jahres-Gastspiel des Schwimm-Vereins Bayreuth. Der Aufsteiger fiel nur dadurch auf, daß er übermäßig viele Trainer beschäftigte. Tibor Vozar, Klaus Weber, Mike Daski, auch ein Gremium aus Spielern durfte mal – am Roten Main war öfter Trainer-Markt. Wer hat noch nicht, wer will noch mal?

Ergebnis der Wechselspielchen: Null! Bayreuth stieg wieder ab! *Günter Klein*

Die Nationalmannschaft 1985/86

Moskau erlebte die Weltmeisterschaft 1986 – und eine schwache deutsche Mannschaft, die nur Aufsteiger Polen durch einen 4:1-Sieg und ein 5:5-Remis hinter sich ließ. Gründe für den Leistungsabfall: Xaver Unsinn konnte nicht mit dem besten Team antreten. Im Jahr eins nach Erich Kühnhackl fehlten die verletzten Torhüter Schlikkenrieder und Hoppe, Harold Kreis blieb in Mannheim, um seine Frau und das eben geborene Kind zu betreuen, Torhüter-Star Karl Friesen war in Nordamerika unabkömmlich.

Da mußte sogar Erich Weishaupt reaktiviert werden, der Keeper, der eigentlich schon 1983 die internationale Karriere abgeschlossen hatte. Seine Nominierung lohnte sich: Er lieferte gegen die CSSR ein exzellentes Match, das DEB-Team gewann 4:3 (allerdings blieben auch die Polen gegen den Weltmeister des Vorjahres 2:1-Sieger). Ein starkes Debüt gab der Kölner Verteidiger-Riese Uwe Krupp. Sein Pech: Im dritten Spiel brach er sich das Bein. Sein Glück: Die Talentspäher aus der NHL hatten genug von ihm gesehen, um ihm ein schönes Angebot zu machen. Uwe Krupp wechselte nach der WM zu den Buffalo Sabres.

Statistik 1985/86

Vorrunde

1.	Kölner EC	36	198: 88	56:16
2.	Düsseldorfer EG	36	216:141	51:21
3.	SB Rosenheim	36	158:100	44:28
4.	ECD Iserlohn	36	170:138	44:28
5.	EV Landshut	36	142:149	35:37
6.	ESV Kaufbeuren	36	162:183	34:38
7.	Mannheimer ERC	36	137:159	33:39
8.	Schwenninger ERC	36	135:181	30:42
9.	SC Riessersee	36	126:197	21:51
10.	SC Bayreuth	36	115:223	12:60

Play-Offs (erstgenannter Verein startete mit Heimrecht).

Viertelfinale: Köln – Schwenningen 4:3, 6:2, 8:0. Düsseldorf – Mannheim 9:3, 6:3, 6:4. Rosenheim – Kaufbeuren 8:2, 0:2, 10:5, 6:2. Iserlohn – Landshut 2:0, 7:4, 4:2.

Halbfinale: Köln – Iserlohn 6:2, 0:2, 7:2, 5:0. Düsseldorf – Rosenheim 4:3, 5:2, 10:5.

Finale: Köln – Düsseldorf 6:5, 6:5, 6:1.

Um Platz drei: Iserlohn – Rosenheim 4:6, 4:8.

Die Topskorer

1.	Chris Valentine (DEG)	36 + 67 = 103
2.	Peter Lee (DEG)	47 + 49 = 96
3.	Miro Sikora (KEC)	57 + 31 = 88
4.	Gerd Truntschka (KEC)	16 + 69 = 85
5.	Matti Hagman (EVL)	26 + 51 = 77
6.	Helmut Steiger (KEC)	28 + 48 = 76
7.	Ernst Höfner (SBR)	22 + 50 = 72
8.	Martti Jarkko (ECD)	21 + 48 = 69
9.	Libor Havlicek (SCR)	25 + 43 = 68
10.	Paul Messier (MERC)	32 + 35 = 67

»La Ola« im Allgäu, einer zuviel in Rosenheim und der »Lange« wieder in Landshut

Nach Familienleben stand Erich Kühnhackl der Sinn – und deshalb kehrte er vom schweizerischen Olten zurück nach Landshut. Dem EVL blieb dank des »Langen« die Abstiegsrunde erspart.

Das Meisterteam 1986/87

Tor: Helmut de Raaf, Thomas Bornträger.

Abwehr: Udo Kießling, Justyn Denisiuk, Brian Young, Tom Thornbury, Andreas Pokorny, Werner Kühn, Uwe Krupp.

Angriff: Marc Otten, Doug Berry, Miro Sikora, Boguslaw Maj, Holger Meitinger, Gerd Truntschka, Thomas Gröger, René Ledock, Dieter Hegen, Udo Schmid, Helmut Steiger.

Trainer: Hardy Nilsson.

Einmal wöchentlich lag Mexiko im Allgäu, wurde die Eishalle am Berliner Platz in Kaufbeuren zum Aztekenstadion. Dank »La Ola«. Dank der »Welle«. Die hatten sich die Kaufbeurer bei der Fußball-Weltmeisterschaft in Mexiko abgeguckt: Ein Block springt auf, wirft die Arme nach oben, setzt sich und gibt den Impuls an die Nachbarn weiter. Clever, clever: Die Show heizte zusätzlich noch ein Discjockey an – eine Idee der Kaufbeurer Mannschaft.

So wurde der ESVK denn zur Sensation der Saison 1986/87. Nicht daß er etwa den Titel geholt hätte. Nein, der ging erneut an den Kölner EC mit seinem coolen Trainer Hardy Nilsson. Mannheim war der Finalgegner – ein chancenloser. Die Haie brauchten nur das Minimum von drei Spielen, in denen sie zu einem Torverhältnis von 20:4 kamen. Unfaßbar – auch für den MERC, dessen Coach Ladislav Olejnik zum sechsten Mal in seiner Laufbahn Vizemeister wurde.

Doch, wie gesagt: Für die Überraschungen sorgte der ESV Kaufbeuren. Der Allgäuer Traditionsklub verzeichnete über 80000 Zuschauer, ein mehrmals ausverkauftes Stadion und besetzte in der ersten Saisonhälfte auch ab und an die Tabellenspitze. Und das nach den Abgängen von Didi Hegen, von Klaus und Harald Birk. Phantastisch, dieser ESVK! Sogar der SB Rosenheim schaute neidisch hinüber ins Allgäu.

Rosenheim – da ging praktisch gar nichts. Nicht mal, als im Dezember Karl Friesen, das Torwart-Idol, mit dem der Sportbund zweimal Meister geworden war, aus Nordamerika heimkehrte. In der Halbfinalserie war Mannheim einfach stärker, die Bayern konnten nicht einmal ihren Heimvorteil nutzen.

Immerhin wurde dank Karl Friesen ein

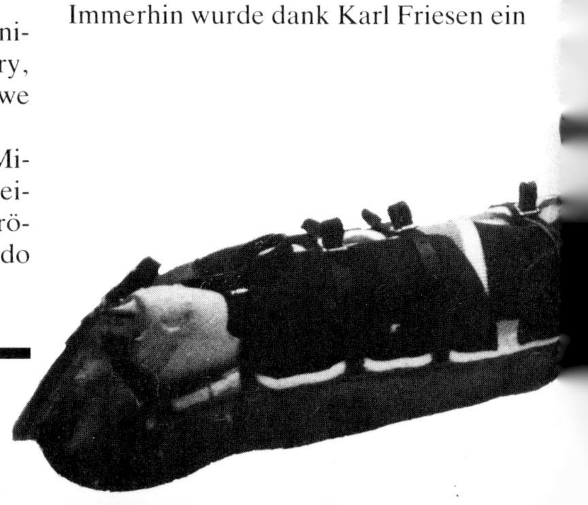

Rosenheimer Problem gelöst. Der Verein hatte einen Ausländer zuviel. Ron Fischer, der im Jahr darauf deutscher Nationalspieler wurde, galt 1986/87 noch als transferkartenpflichtiger Spieler – er hatte seinen Stammplatz sicher. Zwischen den tschechoslowakischen Weltmeistern, Torhüter Jiri Kralik und Torjäger Vincent Lukac, ging's folglich hin und her, je nach Taktik und Gegner. Trainer Petr Brdicka war reichlich überfordert mit dieser vor allem menschlich sehr schwierigen Situation. Karl Friesens Comeback machte nur den armen Jiri Kralik überflüssig. Er kehrte in die CSSR zurück – ein sehr leiser Abgang.

Karl Friesen war also wieder da – und noch einer kam heim: Erich Kühnhackl, der »Lange«. Im schweizerischen Olten war er nie glücklich geworden, die Familie war ihm abgegangen. Obwohl auch der Kölner EC und die Düsseldorfer EG sich für ihn interessierten, machte der EV Landshut das Rennen um Kühnhackl. Ein Glück – denn so blieb dem EVL die Abstiegsrunde erspart. Ein Zwischenspurt mit Erich – Platz acht war gesichert.

Neu in der Bundesliga war Eintracht Frankfurt, Ende der 60er Jahre schon für zwei Saisonen Mitglied der Eliteklasse. Damals noch im Radstadion unter freiem Himmel, nun im hochmodernen Eispalast mit 6000 Plätzen. Andere Voraussetzungen: Die Eintracht konnte investieren, verpflichtete aus Kaufbeuren die talentierten Birk-Brüder Klaus und Harald (was ein wüstes Transfer-Gerangel mit den Allgäuer Funktionären zur Folge hatte) und aus Düsseldorf die Abwehrroutiniers Mucha und Mokros. Frankfurt war ein relativ guter Aufsteiger – für einen Play-Off-Platz aber noch ein bißchen zu schwach. Platz neun und Klassenerhalt über die Relegation.

Verabschieden mußte sich der SC Riessersee, der von 36 Spielen nur fünf gewann und in der Abstiegsrunde sogar von den Zweitligisten vorgeführt wurde. Günther Zehntner, der Geschäftsführer: »Irgendwann mußte es so kommen. Ein Verein von der Struktur des SCR kann sich in Zeiten wie diesen nicht auf Dauer oben halten.«

Der Altmeister verschwand in der II. Liga, seinen Platz nahm der Berliner SC Preussen ein. Und das war der Beginn einer neuen Ära im deutschen Eishockey. Denn jetzt kam die Großstadtliga! *Günter Klein*

Die Nationalmannschaft 1986/87

Weltmeisterschaft 1987 in Wien – sie ist vor allem mit diesem einen Namen verbunden: Miro Sikora. Der gebürtige Pole, 1977 in die Bundesrepublik gekommen, hatte kurz vor dem Turnier vom Weltverband IIHF die Spielgenehmigung für die deutsche Nationalmannschaft erhalten. Miro war happy. Doch nicht lange: Die Finnen protestierten gegen Sikora – und ihrer Klage wurde stattgegeben. Denn der Kölner hatte tatsächlich schon einmal bei einem internationalen Turnier der IIHF gespielt, und zwar für sein früheres Land, und zwar bei der Junioren-WM 1976 in der CSSR.

Die Punkte wurden Xaver Unsinns Team letztlich belassen, der Schwung, der sie in Wien auszeichnete, jedoch genommen. Wie gut drauf die Deutschen waren, zeigt dieses historische Resultat: 5:3 gegen Kanada.

Und noch ein tolles Resultat aus der Vorbereitung: Erstmals wurde – am 28. März 1987 war's – eine russische Auswahl bezwungen: 5:2 in Kaufbeuren. Zwar ging's nur gegen eine Art B-Nationalmannschaft – doch immerhin, auch die will erst geschlagen sein...

Kaufbeuren als Überraschungsteam des Jahres – dank eines exzellenten Torhüters Gerhard Hegen und eines umsichtigen Trainers Dr. Richard Pergl.

Statistik 1986/87

Vorrunde

1.	SB Rosenheim	36	158:118	49:23
2.	Kölner EC	36	164:101	48:24
3.	Düsseldorfer EG	36	192:123	48:24
4.	Mannheimer ERC	36	158:97	43:29
5.	ESV Kaufbeuren	36	128:143	41:31
6.	ECD Iserlohn	36	158:156	37:35
7.	Schwenninger ERC	36	122:152	35:37
8.	EV Landshut	36	144:177	28:44
9.	Eintr. Frankfurt	36	107:169	20:52
10.	SC Riessersee	36	100:195	11:61

Play-Offs (erstgenannter Verein startete mit Heimrecht).
Viertelfinale: Rosenheim – Landshut 3:1, 2:4, 8:2, 8:2. Köln – Schwenningen 8:3, 4:3 nach Verlängerung, 9:0. Düsseldorf – Iserlohn 4:3, 8:7 nach Verlängerung, 9:5. Mannheim – Kaufbeuren 4:0, 5:4, 4:5 nach Verlängerung, 5:1.
Halbfinale: Rosenheim – Mannheim 2:3 nach Verlängerung, 1:3, 3:4. Köln – Düsseldorf 8:1, 9:1, 7:3.
Finale: Köln – Mannheim 5:0, 6:2, 9:2.
Um Platz drei: Düsseldorf – Rosenheim 5:5, 7:5.

Die Topskorer:

1.	Chris Valentine (DEG)	28 + 50 = 78
2.	Peter Lee (DEG)	40 + 35 = 75
3.	Paul Messier (MERC)	42 + 29 = 71
4.	Pavel Richter (ESVK)	29 + 42 = 71
5.	Jaroslav Pouzar (ECD)	32 + 38 = 70
6.	Ernst Höfner (SBR)	26 + 43 = 69
7.	Doug Berry (KEC)	19 + 50 = 69
8.	Gerd Truntschka (KEC)	16 + 49 = 65
9.	Manfred Wolf (DEG)	29 + 35 = 64
10.	Helmut Steiger (KEC)	28 + 34 = 62

Als Gerd Truntschka am Tegernsee Tarzan im Dschungel spielte . . .

Der Trainer des Jahres war Pavel Volek, Landshuts Arbeiter an der Bande.

Das Meisterteam 1987/88

Tor: Helmut de Raaf, Marcus Beeck.
Abwehr: Tom Thornbury, Udo Kießling, Andreas Pokorny, Peter Romberg, Werner Kühn, Robert Sterflinger.
Angriff: Thomas Brandl, Roger Nicholas, Doug Berry, Miro Sikora, Holger Meitinger, Gerd Truntschka, Thomas Gröger, Dieter Hegen, Ernst Köpf, Udo Schmid, Helmut Steiger.
Trainer: Hardy Nilsson.

Mineralwasser ist das Lieblingsgetränk von Hardy Nilsson. Oder, etwas genauer definiert: das Getränk, das er für seine Spieler als das liebste vorgesehen hat. Am 6. April 1988 gestattete er auch Prozentiges: Bier, Sekt, Champagner, Schnäpse – bis zum Abwinken.

Gerd Truntschka ist ein Dressman-Typ, ein Mann für Anzug und Krawatte oder einen schicken Pulli. Am 6. April 1988 (sofern man die Morgenstunden des 7. noch dazurechnen mag) hat er eine ganz andere Nummer geboten: Tarzan im Dschungel. Oben ohne kletterte Gerd Truntschka im Rustikalgebälk der Kölner Unterkunft am Tegernsee.

Überschäumende Freude, mit der der Kölner EC seine dritte Meisterschaft in Folge feierte. »Unser schönster Titel«, sagte Gerd Truntschka, »denn es war der am härtesten erkämpfte.« Und Hardy Nilsson gestand: »O ja, heuer war es eng.«

Eng – eine Untertreibung! Der Kölner Hattrick war fünf Tage vor dem Triumph eigentlich schon gar kein Thema mehr. Da hatte nämlich der SB Rosenheim beim Stand von 1:1 Siegen in der dritten Finalpartie eine traumhafte Vorstellung aufs Eis gelegt: 6:0! Die Rheinländer wirkten da nur wie müde Kringeldreher, Trainer Nilsson gestand hinterher die Peinlichkeit der Abfuhr, der deutlichsten unter seiner Regie, voll ein: »Meine Jungs müssen sich schämen.« Das sagte er, und noch was dazu: »Das ist aber ganz gut so.«

Und es war gut. Die in Köln folgende vierte Begegnung gewannen die Haie mit 5:2, im entscheidenden Spiel in Rosenheim siegten sie – trotz SBR-Führung durch Wuchtbrumme Ron Fischer – klar 4:1. Spiel, Satz und Meisterschaft!

Somit war die Saison in geordneten Bahnen zu Ende gegangen – wonach es nicht immer ausgesehen hatte. Vielmehr drohte mal wieder die Justiz massiv mitzumischen und die Bundesliga-Runde über den Haufen zu werfen. Schuld daran: der Fall Iserlohn.

An Gerüchten hatte man ja schon manches aus dem Sauerland gehört: Der Verein hätte Steuerschulden in Millionenhöhe, die Spieler würden schwarz bezahlt. Und tatsächlich war bei einigen schon die Steuerfahndung aufgetaucht, hatte gepfändet...

Im Sommer 1987 wurde die Affäre konkreter. Der Wirtschaftlichkeits-Ausschuß des DEB, der prüft, ob ein Verein sich seinen Spielbetrieb überhaupt leisten kann, verweigerte dem ECD Iserlohn mehrmals die Lizenz. Und ließ sich erst zwei Wochen vor dem Punktspielauftakt von den anderen neun Bundesliga-Klubs weichklopfen. Die forderten den Verband auf: Laßt die Iserlohner spielen, wir verzichten auf Schadenersatzforderungen, falls sie vorzeitig aussteigen.

Die Befürchtung war: Dem ECD geht die Puste aus, die Oberfinanzdirektion Münster läßt nicht mit sich spielen und stellt den fälligen Konkursantrag. Genau so kam's – doch das war nur der Prolog zu einem noch viel größeren Spektakel. Zu Weifenbachs Welttheater.

Heinz Weifenbach, der (ge)wichtige ECD-Boß, verkündete: »Was habt ihr denn, was macht ihr denn in Panik? Ich habe einen Sponsor, der dem ECD Iserlohn langfristig zehn Millionen Mark zukommen läßt.«

Mark? Arabische Dollars! Gestellt von der »Weltorganisation zur Verbreitung des Grünen Buches«, dem Ideologie-Programm von Lybiens Staatschef Gaddafi. Weifenbachs Blitzaktion: Am Freitag, dem 4. Dezember, lief sein Team im Heimspiel gegen den SB Rosenheim mit Trikotwerbung fürs »Grüne Buch« aufs Eis. Was natürlich ein sofortiges Verbot des DEB nach sich zog. Sonntags in Frankfurt kam der ECD im normalen Gewand.

Doch das war schon der letzte Iserlohner Auftritt. Vor dem kommenden Wochenende, dem letzten vor der Weihnachtspause, meldete Konkursverwalter Dr. Andres den maroden Klub vom Spielbetrieb ab. Und begann, was seine Pflicht ist, die Konkursmasse zu mehren, Spieler zu verkaufen. Weifenbach polterte derweil weiter. Zuerst verfrachtete er 25 Journalisten in einen Jet zu Gaddafi in die Wüste. Eine gigantische PR-Aktion im Zelt des großen Herrschers. Wimpelübergabe, Händeschütteln, Fotoklicken, Kamera läuft – sogar »tagesthemen« und »heute-Journal« waren dabei. Dann die Verhandlung vor dem Schiedsgericht des Deutschen Eishockey-Bundes –

Die Nationalmannschaft 1987/88

Olympische Spiele für die Nationalmannschaft – und ein ganz schweres Programm. UdSSR, CSSR und USA als Gruppengegner – einen mußte Xaver Unsinns Team aus dem Weg räumen, um in die Medaillenrunde zu kommen. Und was tat sie? Sie schlug gleich zwei, die CSSR 2:1 (mit dem Mannheimer Peter Schiller als Mann des Tages) und die Amerikaner 4:1. Dann jedoch gab's bittere Schlappen: 0:8 gegen das in einem vorolympischen Test noch sicher besiegte Finnland, 1:8 gegen Gastgeber Kanada – Medaille ade, Platz fünf war dennoch ein prima Ergebnis.

Als Vorbereitung spielte die Nationalmannschaft im Dezember 1987 beim Iswestija-Cup in Moskau, wo Udo Kießling mit seinem 226. Spiel Rekordinternationaler wurde, und beim Deutschland-Cup in Stuttgart, einer Premierenveranstaltung. »Allesamt sehr wichtige Partien«, charakterisierte Xaver Unsinn das Vorgeplänkel, das manch klare Abfuhr brachte, »ohne diese Spiele könnten wir in Calgary nicht einmal gegen Österreich und Norwegen gewinnen.«

Statistik 1987/88

Vorrunde

1. SB Rosenheim	32	118:76	47:17
2. Kölner EC	32	167:98	42:22
3. Mannheimer ERC	32	127:100	41:23
4. EV Landshut	32	129:129	36:28
5. Düsseldorfer EG	32	146:128	35:29
6. ESV Kaufbeuren	32	126:149	28:36
7. Frankfurt	32	135:149	28:36
8. Schwenninger ERC	32	100:145	22:42
9. Preussen Berlin	32	90:164	9:55

Die Spiele mit dem ECD Iserlohn wurden annulliert. Iserlohn hatte nach 26 Runden 110:135 Tore, 20:32 Punkte und lag auf Platz 8.

Play-Offs (erstgenannter Verein startet mit Heimrecht).

Viertelfinale: Rosenheim – Schwenningen 3:0, 4:5 nach Verlängerung und Penaltyschießen, 4:5, 3:1, 4:0. Köln – Frankfurt 7:2, 5:4, 9:4. Mannheim – Kaufbeuren 3:2 nach Verlängerung, 3:0, 4:2. Landshut – Düsseldorf 4:2, 2:5, 4:5, 1:9.

Halbfinale: Rosenheim – Düsseldorf 3:1, 2:4, 7:2, 3:1. Köln – Mannheim 3:2, 4:2, 6:2.

Finale: Rosenheim – Köln 2:1, 2:5, 6:0, 2:4, 1:4.

Um Platz drei: Düsseldorf – Mannheim 3:3, 9:10.

Die Topskorer:

1. Chris Valentine (DEG)	34 + 50 = 84
2. Gerd Truntschka (KEC)	26 + 53 = 79
3. Miro Sikora (KEC)	33 + 41 = 74
4. Peter Lee (DEG)	35 + 36 = 71
5. Dieter Hegen (KEC)	30 + 40 = 70
6. Ernst Höfner (SBR)	20 + 48 = 68
7. Paul Messier (MERC)	25 + 38 = 63
8. Tony Currie (SERC)	19 + 44 = 63
9. Doug Berry (KEC)	22 + 40 = 62
10. Tom O'Regan (EVL)	31 + 30 = 61

und ein Schock für den DEB. Das eigene Gericht befand, daß der ECD Iserlohn so tot wie gesagt nun doch nicht wäre und bei Erfüllung gewisser Auflagen als ECD Sauerland wieder ins Geschehen eingreifen dürfe, und zwar in die Aufstiegsrunde zur ersten Liga.
Entsetzen bei Bundestrainer Xaver Unsinn: »Der Weifenbach schafft das. Und wenn er mit den Junioren antritt, der kriegt eine Mannschaft zusammen.«
Entsetzen bei den Bundesligisten. Mannheims Präsident Lothar Mark: »Diese Willkürakte des DEB dürfen wir uns nicht länger bieten lassen.« Man propagiert eine eigene Profiliga, Bozen und Innsbruck melden Interesse an. Das deutsche Eishockey vor der Spaltung.
Einige Tage später war die Sache freilich nicht mehr so heiß. Man wußte, daß Weifenbach es nicht schaffen würde. Ende.
Betroffen von Iserlohns Aus war am härtesten der Mannheimer ERC. Alle gegen den ECD ausgetragenen Spiele wurden aus der Tabelle gestrichen, die Badener verloren sechs bereits redlich gewonnene Punkte. Futsch somit die Tabellenführung, die sich die Mannschaft von Trainer Ladislav Olejnik in einem tollen Siegeszug gesichert hatte. Im Play-Off-Halbfinale schied sie gegen Köln aus – ohne zu einem zweiten Heimspiel zu kommen. Das tat weh, vor allem finanziell.
Abgebaut – auch auf den EV Landshut traf das zu. Die Niederbayern waren das Team der ersten Wochen. Die Erfolgsgaranten: Der neue Trainer Dr. Pavel Volek, ein Arbeiter an der Bande, Erich Kühnhackl, mit 37 Jahren immer noch der Häuptling, der seine Stürmerkollegen Jiri Poner und Chri-

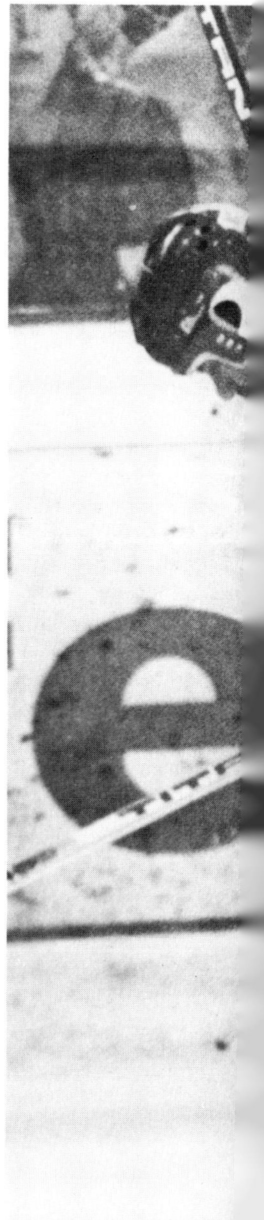

Mike Bruce, Iserlohns Kapitän, mit der später verbotenen Trikotwerbung. Der ECD und Gaddafi – ein Coup, den Zigarren-Fan Heinz Weifenbach, Präsident des sauerländischen Klubs, gelandet hatte.

Trink, Udo, trink! Nach dem Titel-Hattrick war Alkohol für die Kölner Spieler nicht mehr tabu . . .

Tanzeinlage: Franz Reindl (Rosenheim) bittet Gerd Truntschka (Köln) . . . (Großes Bild)

stian Brittig so clever führte, daß die zunächst alle Gegner abschossen. Daniel Naud war eine Zeitlang der stärkste Verteidiger der Bundesliga, Bernd Truntschka setzte Familientradition fort und avancierte zum Nationalspieler. Doch ab Dezember war beim EVL der Schwung dahin. Trotzdem: Platz vier bleibt als ein Riesenerfolg.

In den Play-Offs geht's erst richtig los – der Schwenninger ERC hat das begriffen. Mit Weltstar Vaclav Nedomansky als Nachfolger des gefeuerten Amerikaners Billy Flynn hatten die Schwarzwälder die Trainerstelle optimal besetzt. Folge: Zum exakt richtigen Zeitpunkt spielte die Mannschaft über ihren Verhältnissen. Das war im Viertelfinale. »Rosenheim? Da haben wir doch immer gut ausgesehen. Wir liegen denen nicht. Also auf!« predigte SERC-Kapitän George Fritz Respektlosigkeit. Und immerhin: Man zwang den späteren Vizemeister, über die volle Wettkampfdauer von fünf Runden zu gehen. Dramatischer Höhepunkt: das erste Spiel in Schwenningen. Unentschieden nach 60 Minuten, Unentschieden nach 2 mal 10 Minuten Verlängerung – Entscheidung im Penaltyschießen zugunsten der Nedomansky-Mannschaft. Nach dreieinhalb Stunden. So sollen Play-Offs sein.

Vielleicht hat der Viertelfinal-Streß Rosenheim die Kraft geraubt, die es im letzten Finale gegen Köln gebraucht hätte.

Vielleicht ist der Kölner EC aber auch unschlagbar in dem Moment, wo »Alles oder nichts« gespielt wird.

So oder so: Auf alle Fälle steht dem Deutschen Meister Nummer 26, 28, 29 und 30 dieser Titel zu: der EV Füssen der 80er Jahre. *Günter Klein*

Landshut, Landshut über allen

Die ewige Tabelle
aus 30 Jahren Bundesliga
Erstellt von Willibald Fischl

	Spieljahre	Spiele	Tore	Punkte	Punkte je Spiel
1. EV Landshut	25	926	4241:3423	1108:744	1,20
2. Düsseldorfer EG	24	926	4275:3608	1061:791	1,15
3. SC Riessersee	28	983	4207:3792	1021:945	1,04
4. EV Füssen	25	836	3939:3128	1006:666	1,20
5. Kölner EC	18	698	3528:2594	846:550	1,21
6. Mannheimer ERC	23	772	3355:2945	828:716	1,07
7. EC Bad Tölz	18	498	2090:1586	593:403	1,19
8. SB Rosenheim	10	468	2026:1609	566:370	1,21
9. ESV Kaufbeuren	20	679	2485:3335	550:808	0,81
10. VfL Bad Nauheim	18	644	2522:3170	530:758	0,82
11. Berliner SC	11	454	2030:1766	517:391	1,14
12. Krefelder EV	20	550	2294:2494	503:597	0,91
13. ECD Iserlohn	8	357	1358:1786	275:439	0,77
14. ERC Schwenningen	8	298	1084:1266	266:330	0,89
15. Augsburger EV	8	310	1127:1527	235:385	0,76
16. Preußen Krefeld	10	196	678:995	133:259	0,68
17. EV Rosenheim	4	172	579:924	97:247	0,56
18. Eintracht Frankfurt	4	121	450:632	84:158	0,69
19. ERC Freiburg	3	136	429:768	76:196	0,56
20. Duisburger SC	2	98	312:621	47:149	0,48
21. Berliner SC Preussen	1	50	197:212	42:58	0,84
22. Eintracht Dortmund	4	88	229:466	42:134	0,31
23. EHC 70 München	1	50	180:235	36:64	0,72
24. SV Bayreuth	1	54	200:298	31:77	0,57
25. EHC Essen-West	1	54	193:337	28:80	0,52
26. FC Bayern München	2	18	52:96	8:28	0,44
27. EG Weßling/Starnberg	1	14	34:117	2:26	0,14
28. SG Oberstdorf/Sonth.	1	8	11:61	0:16	0,00

Schützenkönige

TORE TORE TORE TORE TORE TORE

1958/59:	Horst Schuldes	SC Riessersee	25
1959/60:	Lorenz Fries	SC Riessersee	19
1960/61:	Ernst Trautwein	EV Füssen	34
1961/62:	Sepp Reif	EC Bad Tölz	29
1962/63:	Georg Scholz	EV Füssen	27
1963/64:	Peter Rohde	Mannheimer ERC	21
1964/65:	Rudi Pittrich	EC Bad Tölz	23
1965/66:	Horst Philipp	VfL Bad Nauheim	26
	Manfred Hübner	ESV Kaufbeuren	26
	Siegfried Schubert	EV Füssen	26
1966/67:	Horst Ludwig	Krefelder EV	29
1967/68:	Lorenz Funk	EC Bad Tölz	33
1968/69:	Ernst Köpf	Augsburger EV	31
1969/70:	Bernd Kuhn	EV Füssen	43
1970/71:	Bernd Kuhn	EV Füssen	42
1971/72:	Bernd Kuhn	EV Füssen	29
	Horst Philipp	VfL Bad Nauheim	29
	Alois Schloder	EV Landshut	29
1972/73:	Bernd Kuhn	EV Füssen	44
1973/74:	Erich Kühnhackl	EV Landshut	50
1974/75:	Dick Decloe	Krefelder EV	61
1975/76:	Dick Decloe	Krefelder EV	43
1976/77:	Dick Decloe	Krefelder EV	52
1977/78:	Dick Decloe	Krefelder EV	67
1978/79:	Mart. Hinterstocker	Berliner SC	78
1979/80:	Erich Kühnhackl	EV Landshut	83
1980/81:	Dieter Hegen	ESV Kaufbeuren	54
1981/82:	Bill Lochead	VfL Bad Nauheim	64
1982/83:	Gordie Clark	SC Riessersee	40
1983/84:	Helmut Steiger	EV Landshut	53
1984/85:	Ross Yates	Mannheimer ERC	40
1985/86:	Miro Sikora	Kölner EC	55
1986/87:	Paul Messier	Mannheimer ERC	42
1987/88:	Peter John Lee	Düsseldorfer EG	35

Superlative

Viele, viele Tore . . . !

EC Bad Tölz – ESV Kaufbeuren	28:0	Saison 1959/60
Düsseldorfer EG – Berliner SC	12:10	Saison 1978/79
EC Deilinghofen – Kölner EC	5:16	Saison 1977/78
EV Füssen – Düsseldorfer EG	20:1	Saison 1958/59
VfL Bad Nauheim – Mannheimer ERC	5:16	Saison 1981/82
Mannheimer ERC – EHC Essen-West	21:0	Saison 1984/85
SC Riessersee – SB Rosenheim	15:6	Saison 1984/85
EV Füssen – VfL Bad Nauheim	20:0	Saison 1960/61
Augsburger EV – Düsseldorfer EG	14:6	Saison 1972/73
Kölner EC – Mannheimer ERC	12:8	Saison 1978/79
Düsseldorfer EG – VfL Bad Nauheim	16:4	Saison 1979/80
Berliner SC – EV Füssen	14:6	Saison 1979/80
Kölner EC – Berliner SC	11:9	Saison 1979/80
Duisburger SC – Berliner SC	4:16	Saison 1980/81

Das 12:10 zwischen Düsseldorf und Berlin ist das einzige doppelt zweistellige Ergebnis geblieben.

Was für Siege . . . !

EC Bad Tölz – ESV Kaufbeuren	28:0	Saison 1959/60
Mannheimer ERC – EHC Essen-West	21:0	Saison 1984/85
EV Füssen – VfL Bad Nauheim	20:0	Saison 1960/61
EV Füssen – Düsseldorfer EG	20:1	Saison 1958/59
SC Riessersee – Krefelder EV	17:2	Saison 1960/61

Nanu, gar keine Tore . . . ?

Nur drei der mehr als 5000 Bundesligatreffen blieben torlos. Dabei gab es beim Aufeinandertreffen der Kontrahenten Mannheimer ERC und Düsseldorfer EG gleich zweimal Nulldiät.

SC Riessersee – EC Bad Tölz	0:0	Saison 1959/60
Mannheimer ERC – Düsseldorfer EG	0:0	Saison 1966/67
Düsseldorfer EG – Mannheimer ERC	0:0	Saison 1987/88

Tore, Tore – für jeden . . .

EC Bad Tölz – VfL Bad Nauheim	8:8	Saison 1969/70
EC Deilinghofen – ESV Kaufbeuren	8:8	Saison 1978/79
Duisburger SC – EV Rosenheim	8:8	Saison 1979/80
EV Füssen – Mannheimer ERC	8:8	Saison 1979/80
Berliner SC – ESV Kaufbeuren	8:8	Saison 1981/82
EV Füssen – ESV Kaufbeuren	8:8	Saison 1981/82
ESV Kaufbeuren – EV Füssen	8:8	Saison 1981/82
Düsseldorfer EG – SB Rosenheim	8:8	Saison 1984/85

Der Rat der 20

Zu einer Geschichte der Bundesliga gehört auch Kult um Vereine und Personen. Warum sollten wir uns da ausschließen? Also bildeten wir einen »Rat der 20 Weisen« – und der sollte uns sagen, wer denn die bedeutendsten Spieler, Trainer und Vereine in den 30 Jahren waren.
Wer kam in den Rat der 20? Es mußten Leute sein, die als Spieler oder Trainer das Geschehen mitgeprägt oder miterlebt hatten. Oder Leute, die lange die Szene beobachteten – wie etwa Schiedsrichter und Reporter. Ein noch aktiver .Eishockeyspieler sollte nicht dabeisein – wir wollten, daß bei der Wahl jeder frei von Zwängen (»Den muß ich nennen«) bleibt.
Spieler, Trainer, Vereine – in diesen Rubriken baten wir den »Rat der 20« um je fünf Nennungen. Fünf Punkte für den Ersten, einen für den Fünften.

Xaver Unsinn

»Mister Eishockey«, Starspieler, Meistermacher, Bundestrainer

Spieler
1. Erich Kühnhackl
2. Udo Kießling
3. Leonhard Waitl
4. Paul Ambros
5. Gerd Truntschka

Trainer
1. Gerhard Kießling
2. Pavel Wohl
3. Markus Egen
4. Hardy Nilsson
5. Karel Gut

Vereine
1. EV Füssen
2. EC Bad Tölz
3. Kölner EC
4. EV Landshut
5. Düsseldorfer EG

Gerhard Kießling

Von 1958 bis 1969 und von 1971 bis 1974 Nationaltrainer, dreimal Meister

Spieler
1. Toni Kehle
2. Paul Ambros
3. Udo Kießling
4. Erich Kühnhackl
5. Gerd Truntschka

Trainer
1. Markus Egen
2. Vladimir Bouzek
3. Xaver Unsinn
4. Hardy Nilsson
5. Ladislav Olejnik

Vereine
1. EV Füssen
2. Kölner EC
3. EC Bad Tölz
4. Berliner SC
5. SC Riessersee

Hans Rampf

Nationaltrainer der Senioren und Junioren, zweifacher Meistermacher

Spieler
1. Gerd Truntschka
2. Udo Kießling
3. Ernst Höfner
4. Erich Kühnhackl
5. Karl Friesen

Trainer
1. Markus Egen
2. Xaver Unsinn
3. Hardy Nilsson
4. Pavel Wohl
5. Vladimir Bouzek

Vereine
1. EV Füssen
2. Kölner EC
3. EC Bad Tölz
4. SC Riessersee
5. Düsseldorfer EG

Peter Hejma

Einstiger CSSR-Import mit Weltklasseformat, Assistent von Xaver Unsinn

Spieler
1. Gerd Truntschka
2. Udo Kießling
3. Erich Kühnhackl
4. Dick Decloe
5. Vladimir Vacatko

Trainer
1. Ladislav Olejnik
2. Hardy Nilsson
3. Pavel Wohl
4. Pavel Volek
5. Markus Egen

Vereine
1. EV Füssen
2. Kölner EC
3. SB Rosenheim
4. EV Landshut
5. Düsseldorfer EG

Markus Egen

Genialer Spieler und nach Titeln erfolgreichster deutscher Trainer

Spieler
1. Erich Kühnhackl
2. Udo Kießling
3. Gerd Truntschka
4. Alois Schloder
5. Lorenz Funk

Trainer
1. Ladislav Olejnik
2. Hardy Nilsson
3. Xaver Unsinn
4. Hans Rampf
5. Jano Starsi

Vereine
1. EV Füssen
2. Kölner EC
3. SC Riessersee
4. EV Landshut
5. Düsseldorfer EG

Gewählt werden durften da natürlich auch Cracks und Coaches, die noch voll »in Betrieb« sind.
Fünf – manchem war das zuwenig. Paul Ambros hätte gerne je fünf Torleute, Verteidiger und Stürmer gewählt, Gerhard Kießling wären Zehn-Jahres-Abschnitte als Kriterien lieber gewesen, »weil das Spiel Eishockey sich doch sehr geändert hat«. Xaver Unsinn hätte gerne noch Toni Kehle, Karl Friesen und Helmut Steiger untergebracht, Witschi Edelmann schrieb als Sechsten und Siebten noch Paul Ambros und Rainer Philipp auf den Stimmzettel, Otto Schneitberger hätte am liebsten noch Toni Kehle und Paul Ambros mit Punkten beschenkt, ebenso Hans Zach den Erich Kühnhackl.
Leonhard Waitl nannte nur zwei Trainer – mit Ed Reigle den Bundestrainer Mitte der sechziger Jahre, der in der Liga gar nicht in Erscheinung getreten war. Begründung Waitls: »Der hat in wenigen Trainingseinheiten viel mehr vermittelt als die Bundesliga-Trainer.« Eine extreme Meinung – aber geäußert von einem wichtigen Mann.
Festzuhalten bleibt: Bei dieser Suche nach den Besten hat es nur Sieger gegeben, keine Verlierer. Jeder, der genannt wurde, ist ein Klassemann gewesen.

Günter Klein

Lorenz Funk

25 Länderspiele,
ange Rekordhalter,
Berliner
ntegrationsfigur

Spieler
1. Erich Kühnhackl
2. Alois Schloder
3. Gerd Truntschka
4. Udo Kießling
5. Ernst Höfner

Trainer
1. Pavel Wohl
2. Karel Gut
3. Gerhard Kießling
4. Markus Egen
5. Xaver Unsinn

Vereine
1. EV Füssen
2. Kölner EC
3. Berliner SC
4. EC Bad Tölz
5. EV Landshut

Rainer Philipp

199facher Nationalspieler, Bronzemedaillist 1976, Dauerbrenner

Spieler
1. Udo Kießling
2. Alois Schloder
3. Erich Kühnhackl
4. Paul Ambros
5. Gerd Truntschka

Trainer
1. Gerhard Kießling
2. Ladislav Olejnik
3. Markus Egen
4. Xaver Unsinn
5. Hans Rampf

Vereine
1. EV Füssen
2. EC Bad Tölz
3. Kölner EC
4. SC Riessersee
5. Düsseldorfer EG

Sepp Reif

82 Länderspiele, Meister mit Bad Tölz und Düsseldorf, später Trainer

Spieler
1. Erich Kühnhackl
2. Gerd Truntschka
3. Ernst Trautwein
4. Markus Egen
5. Leonhard Waitl

Trainer
1. Markus Egen
2. Hans Rampf
3. Xaver Unsinn
4. Karel Gut
5. Hardy Nilsson

Vereine
1. EV Füssen
2. Kölner EC
3. Düsseldorfer EG
4. EC Bad Tölz
5. SC Riessersee

Otto Schneitberger

119facher Nationalspieler, als Aktiver und Trainer Held der DEG

Spieler
1. Gerd Truntschka
2. Udo Kießling
3. Peter Hejma
4. Alois Schloder
5. Erich Kühnhackl

Trainer
1. Markus Egen
2. Hardy Nilsson
3. Ladislav Olejnik
4. Hans Rampf
5. Xaver Unsinn

Vereine
1. Kölner EC
2. EV Füssen
3. Düsseldorfer EG
4. SB Rosenheim
5. RC Riessersee

Erich Weishaupt

107 Länderspiele, Weltklassetorwart, gehörte zum Bronzeteam 1976

Spieler
1. Erich Kühnhackl
2. Alois Schloder
3. Udo Kießling
4. Toni Kehle
5. Paul Ambros

Trainer
1. Karel Gut
2. Xaver Unsinn
3. Heinz Weisenbach
4. Gerhard Kießling
5. Mike Daski

Vereine
1. Mannheimer ERC
2. Berliner SC
3. EV Landshut
4. EV Füssen
5. Kölner EC

Die Superstars der Spieler

	Stimmen
1. Erich Kühnhackl	60
2. Udo Kießling	57
3. Alois Schloder	43
4. Gerd Truntschka	39
5. Paul Ambros	22
6. Ernst Trautwein	18
7. Toni Kehle	15
8. Lorenz Funk	11
9. Leonhard Waitl + Ernst Höfner	10
11. Sepp Reif + Peter Hejma	3
Otto Schneitberger	3
14. Markus Egen + Dick Decloe	2
16. Karl Friesen + Vladimir Vacatko	1

Die Superstars der Trainer

	Stimmen
1. Xaver Unsinn	46
2. Markus Egen	44
3. Hardy Nilsson	33
4. Karel Gut	29
5. Ladislav Olejnik	28
6. Pavel Wohl	25
7. Gerhard Kießling	24
8. Vladimir Bouzek	20
9. Hans Rampf	17
10. Mike Daski + Jano Starsi	9
12. Ed Reigle	5
13. Heinz Weisenbach	3
14. Pavel Volek	2

Die bedeutendsten Vereine

	Stimmen
1. EV Füssen	92
2. Kölner EC	63
3. EC Bad Tölz	40
4. Düsseldorfer EG	24
5. SC Riessersee	23
6. EV Landshut	17
7. Berliner SC	16
8. SB Rosenheim	14
9. Mannheimer ERC	9
10. Preußen Krefeld	2

Toni Kehle

Der Nationaltorwart mit den meisten Berufungen (115), Bronze 1976

Spieler
1. Lorenz Funk
2. Alois Schloder
3. Udo Kießling
4. Ernst Trautwein
5. Gerd Truntschka

Trainer
1. Xaver Unsinn
2. Gerhard Kießling
3. Vladimir Bouzek
4. Hans Rampf
5. Markus Egen

Vereine
1. EV Füssen
2. SC Riessersee
3. EC Bad Tölz
4. Kölner EC
5. Düsseldorfer EG

Ernst Trautwein

111 Länderspiele, 1969/70 deutscher Bundestrainer, coachte einige Klubs

Spieler
1. Udo Kießling
2. Paul Ambros
3. Erich Kühnhackl
4. Gerd Truntschka
5. Alois Schloder

Trainer
1. Karel Gut
2. Ladislav Olejnik
3. Markus Egen
4. Hardy Nilsson
5. Xaver Unsinn

Vereine
1. EV Füssen
2. Kölner EC
3. EV Landshut
4. SB Rosenheim
5. EC Bad Tölz

Leonhard Waitl

Mit 127 Einsätzen zwischenzeitlich Rekordhalter, Allrounder

Spieler
1. Ernst Trautwein
2. Paul Ambros
3. Alois Schloder
4. Lorenz Funk
5. Toni Kehle

Trainer
1. Ed Reigle
2. Dr. Jano Starsi

Weitere Trainer wurden von Leonhard Waitl nicht genannt.

Vereine
1. EV Füssen
2. EC Bad Tölz
3. SC Riessersee
4. Mannheimer ERC
5. Preußen Krefeld

Paul Ambros

89facher Nationalverteidiger und Füssener Eishockey-Original

Spieler
1. Alois Schloder
2. Erich Kühnhackl
3. Ernst Trautwein
4. Lorenz Funk
5. Gerd Truntschka

Trainer
1. Xaver Unsinn
2. Dr. Jano Starsi
3. Hardy Nilsson
4. Ladislav Olejnik
5. Vladimir Bouzek

Vereine
1. EV Füssen
2. Kölner EC
3. Düsseldorfer EG
4. SC Riessersee
5. EC Bad Tölz

Ernst Köpf

154facher Nationalspieler, Bronzemedaillist 1976, Dauerbrenner

Spieler
1. Erich Kühnhackl
2. Alois Schloder
3. Udo Kießling
4. Ernst Höfner
5. Gerd Truntschka

Trainer
1. Xaver Unsinn
2. Vladimir Bouzek
3. Mike Daski
4. Pavel Wohl
5. Markus Egen

Vereine
1. EV Füssen
2. Kölner EC
3. Berliner SC
4. SB Rosenheim
5. EC Bad Tölz

Das All-Star-Team aus 30 Jahren Bundesliga

Toni Kehle

Udo Kießling Paul Ambros

Alois Schloder Erich Kühnhackl Gerd Truntschka

Das B-Team

Karl Friesen

Leonhard Waitl Otto Schneitberger

Ernst Höfner Lorenz Funk Ernst Trautwein

Trainer: Xaver Unsinn

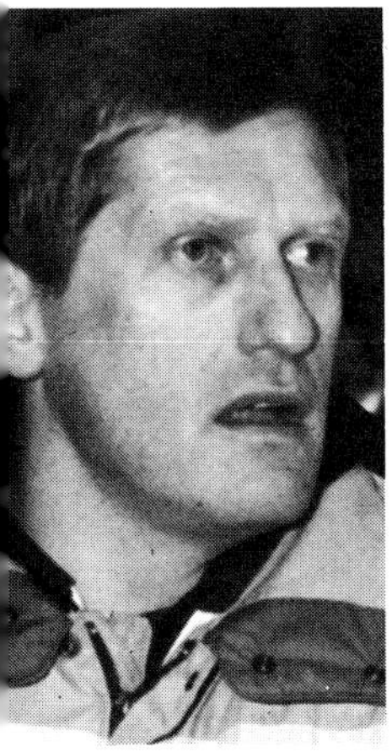

ans Zach

facher
ıtionalspieler,
ster Eishockey-
ıplom-Trainer

ieler

Leonhard Waitl
Ernst Höfner
Gerd Truntschka
Udo Kießling
Alois Schloder

ainer

Pavel Wohl
Vladimir Bouzek
Hans Rampf
Mike Daski
Xaver Unsinn

ereine

SB Rosenheim
Düsseldorfer EG
Kölner EC
EV Füssen
EC Bad Tölz

Klaus Auhuber

104 facher Nationalspieler, Dauerbrenner der Bundesliga-Geschichte

Spieler

1. Erich Kühnhackl
2. Udo Kießling
3. Toni Kehle
4. Alois Schloder
5. Leonhard Waitl

Trainer

1. Karel Gut
2. Xaver Unsinn
3. Hans Rampf
4. Mike Daski
5. Ladislav Olejnik

Vereine

1. EC Bad Tölz
2. EV Füssen
3. EV Landshut
4. Kölner EC
5. Berliner SC

Wilhelm Edelmann

Nationalkeeper, Meister mit Tölz, über 20 Jahre Schiedsrichter

Spieler

1. Ernst Trautwein
2. Alois Schloder
3. Sepp Reif
4. Erich Kühnhackl
5. Gerd Truntschka

Trainer

1. Markus Egen
2. Gerhard Kießling
3. Ladislav Olejnik
4. Xaver Unsinn
5. Mike Daski

Vereine

1. EV Füssen
2. SC Riessersee
3. EC Bad Tölz
4. Kölner EC
5. Preußen Krefeld

Jupp Kompalla

Verteidiger von Preußen Krefeld, Star unter den DEB-Schiedsrichtern

Spieler

1. Paul Ambros
2. Toni Kehle
3. Alois Schloder
4. Udo Kießling
5. Erich Kühnhackl

Trainer

1. Karel Gut
2. Hardy Nilsson
3. Pavel Wohl
4. Xaver Unsinn
5. Gerhard Kießling

Vereine

1. EV Füssen
2. Kölner EC
3. Berliner SC
4. Mannheimer ERC
5. Düsseldorfer EG

Eddie Körper

Seit 21 Jahren Eishockey-Experte beim Westdeutschen Rundfunk

Spieler

1. Udo Kießling
2. Erich Kühnhackl
3. Otto Schneitberger
4. Gerd Truntschka
5. Lorenz Funk

Trainer

1. Markus Egen
2. Hardy Nilsson
3. Vladimir Bouzek
4. Karel Gut
5. Pavel Wohl

Vereine

1. EV Füssen
2. Düsseldorfer EG
3. EC Bad Tölz
4. Kölner EC
5. EV Landshut

Der lange Lulatsch kann's nicht lassen

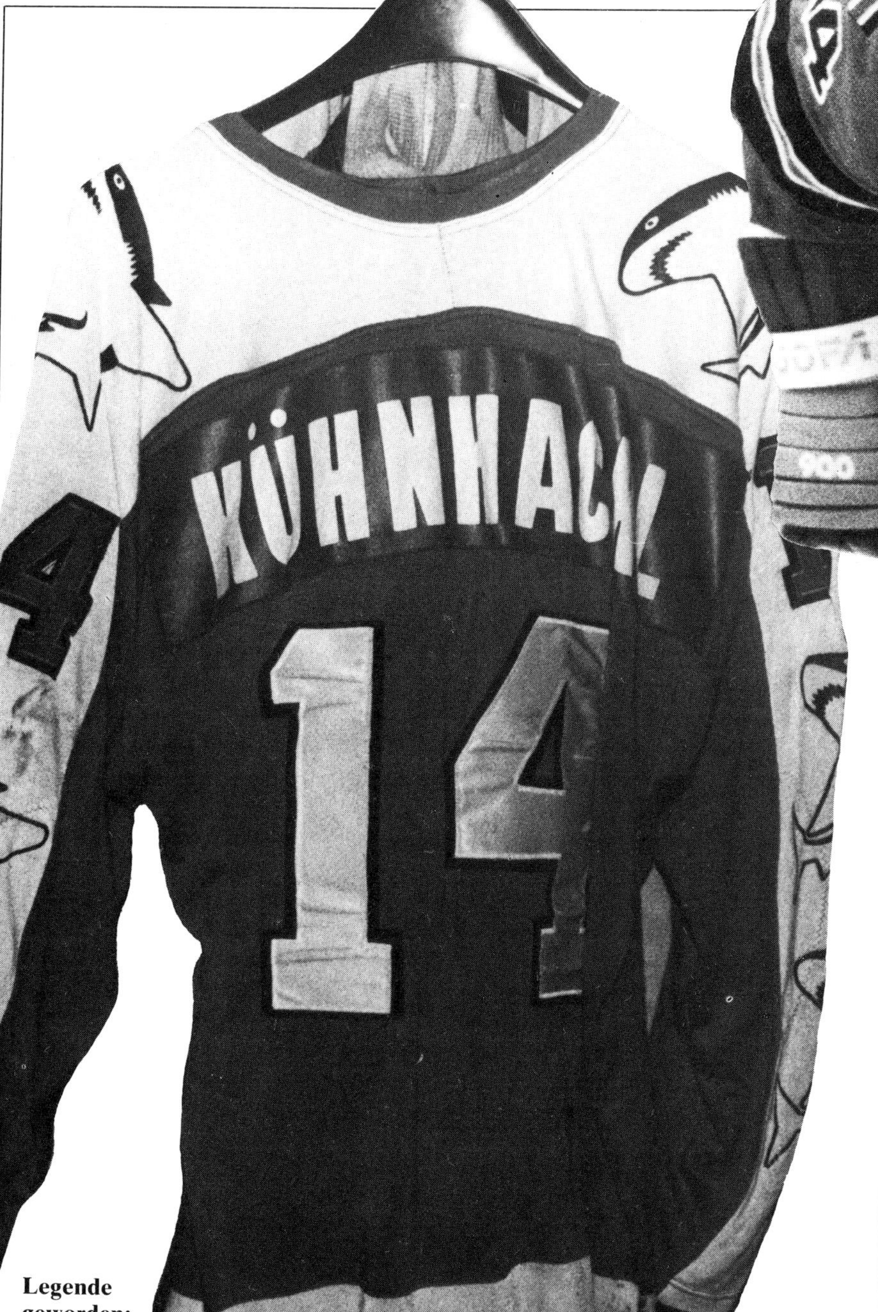

Legende geworden: das Trikot mit der Nummer 14 – hier in der Kabine der Kölner Haie.

Nimmt man's ganz genau, dann ist Deutschlands bekanntester Eishockeyspieler eigentlich gar kein Deutscher. Denn geboren wurde er in der Tschechoslowakei, in Citice, und erst 1968, als der Erich knapp 18 Jahre alt war, siedelte die Familie nach Landshut über, wo der Junior sich der Juniorenmannschaft des EVL anschloß.

»Ein Tscheche schießt die Deutschen zur Bronzemedaille«, lästerte eine amerikanische Zeitung 1976 in Anspielung auf die Abstammung Kühnhackls, der beim deutschen Sensationserfolg in Innsbruck – Leidtragender waren die USA – zweitbester Skorer des Olympiaturniers wurde. Kühnhackl kein Deutscher? Unfug! Es kann ja bekanntlich vorkommen, daß Deutsche auch in anderen Ländern zur Welt kommen. Und gesprochen hat der Erich stets Bayrisch: »Grüaß di!«

Und noch einmal könnte man es mit

Eine Zwischenstation in der Karriere des Erich Kühnhackl: das 500. Bundesliga-Tor. Mittlerweile ist er schon über der 700er-Marke.

dem Erich sehr streng nehmen. War nicht er der große Preistreiber in der Bundesliga? Der Mann, der eine Inflation in den Ablösesummen auslöste? 1976 wollte Kölns Eishockey-Boß Dr. Erlemann das Landhuter Denkmal unbedingt haben – und das ließ er sich was kosten. Der damalige KEC-Geschäftsführer Peter Schultes flog – wie er in launigen Runden zu erzählen pflegt – seinerzeit mit zwei Koffern ins Bayernland. 400000 in dem einen – für Kühnhackl. 650000 im anderen – für die Landshuter. Spätestens ab da war Eishockey absoluter Profisport.
Doch Kühnhackl dafür verantwortlich machen? Das wäre ungerecht. Er war gut, wirkungsvoll, spektakulär – warum sollte er nicht nehmen, was ihm geboten wurde? Doch Geld war ihm sicherlich nicht das Wichtigste. Als sein eineinhalbjähriges Gastspiel in Olten – Saisongage 200000 Fränkli – im Dezember 1986 zu Ende ging, schlug er die tollen Angebote aus Köln und Düsseldorf aus und entschied sich, wieder in Landshut zu spielen. Und warum? »Weil es die Familie wollte.«
Landshut, Köln, Landshut, Olten, Landshut – das war die Karriere des Erich Kühnhackl. 701 Bundesliga-Tore, Olympia-Bronze 1976, WM-Skorerkönig 1978, 211 Länderspiele (ohne eine Pause anfangs der 80er-Jahre nach Knatsch mit dem Verband wären's etliche mehr gewesen) – die Zahlen sagen viel. Nicht alles – denn was noch angefügt werden muß: Seine Art zu spielen hat ihn populär gemacht: Der lange Lulatsch mit dem kurzen Stock (kürzer als erlaubt, wie mal eine Messung bei einer WM ergab), das wehende Haar unterm Helm, der mächtige linke Arm, mit dem er Gegners Verteidiger fast beiläufig zur Seite schob, sein kindhafter Jubel – das war Kühnhackl.
Und ist immer noch Kühnhackl. Im März 1988, als die Saison zu Ende ging, hat er überlegt: Soll's das gewesen sein? Und er hat ein entschlossenes Nein zur Antwort gegeben. Aufhören – weswegen denn? Erich war Fünfzehnter der Bundesliga-Skorerwertung, er hatte den jungen Christian Brittig an seiner Seite groß rausgebracht, Alois Schloder, der alte Freund, hatte als TV-Co-Kommentator bei den Olympischen Spielen '88 in Calgary gesagt: »Der Erich könnte da noch mithalten, er wäre eine Bereicherung.« Bei diesen Tatsachen gab's nur noch eines: Weitermachen!
»Alter Mann«, »Der kann's nicht lassen« – Beschimpfungen seitens des Nicht-Landshuter Publikums ist Erich Kühnhackl gewohnt. Er kann's locker wegstecken. Er weiß: Sie haben immer noch Angst vor ihm. Und das ist gut so.

Günter Klein

Der Xare wagte – und gewann!

Es hätte alles auch ganz anders kommen können mit dem Xaver Unsinn, wenn er 1968 vernünftig und solide geblieben wäre. Da nämlich stand er vor der Wahl: Beamter und Trainer oder nur Trainer, aber Profi-Trainer, zu sein. Xaver Unsinn wagte es, zu sagen: Weg vom Schreibtisch, aufs Eis und an die Bande – und er gewann!

Acht Jahre war er bis dahin schon Trainer gewesen, beim ESV Kaufbeuren, und von 1963 bis 65 sogar Bundestrainer, gemeinsam mit Markus Egen und Engelbert Holderied. Und immer hatte sich alles mit dem bürgerlichen Job vertragen. Seinen ersten Vertrag mit den Kaufbeurern hatte Unsinn 1960 auf einem Bierdeckel gemacht – es war alles noch so unkompliziert damals.

Und dann die Angebote aus Städten, wo er nun nicht mehr auch noch Beamter hätte sein können – und die Entscheidung für das Risiko. »Vielleicht«, sagt Unsinns ehemaliger Füssener Mitspieler Ernst Trautwein, »hat seine persönliche Situation dem Xaver den Schritt leichter gemacht. Er hatte gerade eine gescheiterte Ehe hinter sich, er war frei.« Er ging zuerst nach Augsburg, brachte den AEV in die Spitzengruppe, wechselte nach Düsseldorf, wurde dort einmal Meister, weiter nach Berlin, wo's zwei Titel gab, denen er noch einen im Ausland, die Schweizer Meisterschaft mit dem SC Bern 1978, folgen ließ. Klar ist: Nur ein Profi hat das machen können, der Beamte und Trainer Unsinn wäre bei aller Befähigung nie Meister geworden, säße jetzt wohl im Vorstand des EV Füssen, würde die Schülermannschaft trainieren und die Betriebssportgruppe Tennis betreuen.

Xaver Unsinns Erfolge mit der Nationalmannschaft: Er etablierte sie in seinen Amtsjahren von 1974 bis 1977 und seit 1981 in der A-Gruppe der Weltmeisterschaft, er war Chef des Bronze-Teams von Olympia 1976 in Innsbruck, und er hat dem gesamten Sport zu einem seriösen Image und zur Aufmerksamkeit der Sponsoren verholfen. Und gerade in der Bearbeitung des Umfeldes sieht er auch noch kurz vor dem 60. Geburtstag seine große Aufgabe. Mit Peter Hejma hat er sich – als letzter Cheftrainer der A-Nationen – 1986 einen Assistenten speziell für die Eisarbeit zugelegt, um sich noch intensiver ums Eishockey-Management kümmern zu können.

Daß er gut ankommt – dafür bürgt sein hoher Bekanntheitsgrad, auch bei Nicht-Eishockeyfreunden. Und schuld daran ist sein Markenzeichen, der Pepitahut. Das Kuriose: Xaver Unsinn hat ihn nie zum Markenzeichen hochstilisieren wollen. Er erklärt: »Als Aktiver hatte ich fünfmal einen Riß der Nasenscheidewand – das waren durchaus schwere Verletzungen. Als Trainer machte mir das zu schaffen. Der ständige Wechsel von Kälte und Wärme, wenn man in die Kabine und wieder raus ging, hatte Kopfschmerzen zur Folge. Ich überlegte: Was kann ich dagegen tun? Und ich probierte es mal mit einem Hut – es klappte.«

Nur zu Berliner Zeiten wurde sich Xaver Unsinn einmal untreu. Da coachte er mit Pelzmütze. Erklärung: »Die hat mir ein russischer Freund geschenkt, das war mir eine Ehre, sie zu tragen.« Danach war selbstverständlich wieder Pepita angesagt.

Übrigens: In Sachen Fitneß können ihm seine Spieler nicht viel vormachen. Xaver Unsinn schwimmt täglich, fährt im Sommer auf einem gefederten Drahtesel durch den Wald (»Das Laufen habe ich aufgegeben, da gibt's mir zu viele Wurzeln auf dem Weg«), er spielt gut Fußball und Tennis und war sogar – wer hätte das gewußt? – ein passabler Kunstspringer: »Also, einen doppelten Auerbach-Salto habe ich schon gekonnt.«

Bevor seine Cracks neue Vitamin-Präparate bekommen, geht erst einmal der »Xare« in Klausur und testet das selbst. Eher gibt er kein Okay: »Das ist gut, ihr könnt es nehmen.« *Günter Klein*

Männer, die Meister machten

30 Mannschaften wurden Meister der Bundesliga – das Werk von 15 Trainern

6 TITEL
Markus Egen

3 TITEL
Xaver Unsinn
Hardy Nilsson

2 TITEL
Hans Rampf
Professor Vladimir Bouzek
Karel Gut
Gerhard Kießling
Jozef Golonka
Dr. Pavel Wohl

1 TITEL
Ronny Barr
Mike Daski
Siegfried Schubert
Chuck Holdaway
Heinz Weisenbach
Dr. Jano Starsi

Markus Egen

Meister mit dem EV Füssen 1959, 61, 63, 64, 65, 73

1949 wurde Markus Egen erstmals Deutscher Meister – als Spieler. 1973 letztmals – als Trainer. Ergebnis unterm Strich: 13 Titel – mehr hat keiner zusammengekriegt. Auch in der Bundesliga-Ära ist Markus Egen als Trainer einsame Spitze: Sechs Meisterschaften sprechen für ihn.
Gefehlt hat ihm sicher ein Engagement im Westen. Doch Egen blieb auf den bayerischen Raum fixiert, trainierte außer seinen Heimatverein EV Füssen nur mal den ESV Kaufbeuren. Der Grund war der: Egen betrieb zu Hause eine Fabrikation von Eishockey-Schlägern (auch heute noch ist er, wenn auch nicht mehr unter eigenem Namen, am Produzieren).
Und man muß einige der Titel auch in diesem Licht sehen: »Der Markus hatte meist eine sehr starke Mannschaft, die wirklich besser besetzt war als die anderen«, sagt Xaver Unsinn. Gleichwohl war Markus Egens Rat in höchsten Kreisen geschätzt: Zweimal – von 1963 bis 65 und 1968 bis 69 – war er Mitglied des Bundestrainer-Gremiums.
Sein Temperament war gefürchtet bei den Spielern – seine Kompetenz wurde nie angezweifelt. Das ergab sich schon aus seiner Vergangenheit als Aktiver mit 72 Toren in 99 Länderspielen. Im Verein gefiel er sich in der Rolle der grauen Eminenz und sprang öfter mal wieder als Coach ein, wenn der Vorgänger gegangen war . . .
Seit Jahren ist Markus Egen nicht mehr im Geschäft – dennoch hat er für die Zeit nach sich bestens vorgesorgt: Sohn Uli Egen spielte 62mal für Deutschland, Sohn Hans-Peter war mit fünf Berufungen ins DEB-Team auch kein schlechter. Und auch weitere Mitglieder des Egen-Clans zeigen sich eishokkeyverbunden. Neffe Markus (»Markus Egen II«) war als Ersatztorwart Mitglied der EVF-Meistermannschaft 1973 (unter Trainer Markus Egen selbstverständlich), und dessen Frau Annelie wurde zur Begründerin des Damen-Eishockeys in Füssen (und somit auch in ganz Deutschland).
Ja, ja, die Egens . . . *Günter Klein*

Xaver Unsinn

Meister mit der Düsseldorfer EG 1972 und mit dem Berliner SC 1974 und 76

haben wir schon als den vom »Rat der 20« gewählten Supertrainer vorgestellt, die anderen 14 Meistermacher präsentieren wir auf den folgenden Seiten.

Der Egen-Clan: Sohn Uli, Neffe Markus, Sohn Hans-Peter und Papa und Onkel Markus, der Meistertrainer.

Hardy Nilsson

Meister mit dem Kölner EC
1986, 87 und 88

Hardy Nilsson ist der King im Ring, der Erfolgstyp der jungen Bundesliga-Jahre. 1979/80 spielte er Mittelstürmer in Köln – und der KEC wurde Meister. 1986 kam er als Trainer zurück in die Domstadt und hamsterte weiter Titel. Vier Saisonen, vier Titel – klar, daß der Schwede, der in seiner Heimat mit 23 Länderspielen ein Guter, aber kein Großer war und Trainererfahrung nur in der zweiten Liga gesammelt hatte, längst zum Star geworden ist.
In einer vom SPORT-Kurier durchgeführten Umfrage im Sommer 1987 sagten 71 Prozent der Bundesligaspieler: Nilsson ist der Beste! Und für junge, talentierte Cracks wie den Tölzer Thomas Brandl, den Augsburger Ernst Köpf oder den Iserlohner Andreas Pokorny war es gar keine Frage, bei wem sie sich weiterbilden wollten: »Wir gehen zu Hardy nach Köln.« Dabei hätte man andernorts mehr verdient.
Nilsson gilt als Autorität. Stimmt's? Er selber möchte das eingeschränkt wissen: »Ja, ich bestehe darauf, daß die Regeln immer eingehalten werden innerhalb der Mannschaft. Aber es sind Regeln, die wir vor der Saison gemeinschaftlich vereinbart haben.«
Ein Ausblick auf die Zukunft: Hardy Nilssons Vertrag beim Kölner EC, der ihn auch mit Kompetenzen im sporttechnischen Bereich ausgestattet hat, geht bis 1990. Danach ist der Schwede zu haben. Auch für den Deutschen Eishockey-Bund. Als Bundestrainer? Nilsson: »Wenn man mich fragt, werde ich mich zumindest sehr geehrt fühlen ...«

Günter Klein

Hans Rampf

Meister mit dem EC Bad Tölz 1962,
mit der Düsseldorfer EG 1967

Den letzten Titel holte Hans Rampf 1967 – vor über 20 Jahren. Das ist lange her, und dennoch gehört der Tölzer nach wie vor zu den einflußreichsten Trainern im Lande: Er sitzt als Junioren-Bundestrainer an der Schaltstelle der Macht im Nachwuchsbereich, ist somit Zulieferer für den Kollegen Xaver Unsinn.
Ein angenehmer Job ist das nicht gerade: Rampf muß ständig kämpfen. Mit den Trainern, damit sie ihre jungen Spieler auch in der Bundesliga einsetzen, mit den Funktionären, daß sie ihren guten Nachwuchs auch immer abstellen für Lehrgänge und Spiele, mit der gesamten Liga, weil die an ihre eigenen Interessen denkt und nicht an die Terminplanungen des Hans Rampf, der seine Jugend- und Juniorennationalmannschaft gerne oft um sich hat. Und schließlich tobt der Kampf mit den talentierten Spielern selbst. Rampf: »Die halten sich häufig für besser, als sie es wirklich sind. Ich muß ihnen beibringen, ihre Fehler zu erkennen.«
Von 1977 bis 1981 war Hans Rampf sogar der oberste Mann im Eishockeystaat. Er übernahm die Nationalmannschaft, nachdem Xaver Unsinn im Streit mit dem DEB hingeworfen hatte.

Rampfs Ergebnisse waren zunächst gut: 1978 WM-Fünfter, im Jahr darauf WM-Sechster. Doch 1980 setzte es eine Schlappe. Nur Rang 9 bei den Olympischen Spielen in Lake Placid. Die 81er-WM mit einem enttäuschenden siebten und vorletzten Platz lief noch unter Rampf-Regie. Dann kam wieder Xaver Unsinn, derweil Rampf sich des Nachwuchses annahm.
Übrigens: Eines änderte sich auch während der Hans-Rampf-Ära nicht. Der Mann an der Bande trug Pepitahut – wie vor und nach ihm der »Xare«.

Günter Klein

Prof. Vladimir Bouzek

Meister mit dem EV Füssen
1968 und 1969

Die Sportlichkeit lag Vladimir Bouzek im Blut. Nicht nur, daß er zwischen 1947 und 1949 Eishockeynationalspieler der CSSR war – er stand auch noch in der Fußball-Auswahl seines Landes, achtmal immerhin. Nebenbei machte er akademische Karriere, wurde in Brünn Professor für Geographie und Sport. Und weil er als Vereinstrainer von ZKL Brünn Erfolg hatte, durfte er bald auch das höchste Amt im Eishokkey-Staate Tschechoslowakei übernehmen – das des Nationaltrainers. Trotzdem wurde ihm, als er 1967 als 46jähriger erfahrener Coach zum EV Füssen kam, nicht allzuviel zugetraut.

Der Allgäuer Serienmeister befinde sich – so die öffentliche Meinung – auf dem absteigenden Ast, war ja im Vorjahr nur Vierter geworden und hatte Abgänge zu verzeichnen. Toni Kehle, der Torwart des EVF damals, erinnert sich: »Bouzek hat uns eine ganz neue Spielweise beigebracht. Wir sind auf Technik umgestiegen.« So ging's prima: Nach dem Titel 1968 verpflichtete der DEB Bouzek sogar als Trainer für die Nationalmannschaft. Während er 1969 mit dem EVF gleich den zweiten Titel folgen ließ, hatte der Professor international allerdings Probleme: Bei der B-WM 69 – da war er gemeinsam mit Markus Egen der Verantwortliche – sprang nur Platz vier raus, im Jahr darauf in Zusammenarbeit mit Ernst Trautwein wenigstens Platz zwei hinter den USA. Was den Aufstieg in die Gruppe A bedeutete. Nach drei Jahren Füssen endete die Bundesliga-Tätigkeit von Vladimir Bouzek. Von 1976 bis 1978 war er nochmals EVF-Coach. Der Traditionsklub war da schon lange nicht mehr die große Nummer.
Heute schaut Professor Bouzek als Feriengast noch öfter im Allgäu vorbei. Vor allem der Kontakt zum ehemaligen Verteidiger Hansjörg Nagel hat gehalten. *Günter Klein*

Karel Gut

Meister mit dem EV Landshut 1970 und 1983

Karel Gut ist ein Guru – jedenfalls für alle Landshuter. So wurde denn auch im Frühsommer 1988 sein Name wieder mal ins Spiel gebracht. »Sollte«, dachte EVL-Präsident Rudolf Gendorfer laut nach, »Dr. Pavel Volek uns verlassen müssen, dann wollen wir von der CSSR-Agentur ›Prago-Sport‹ als Ausgleich Karel Gut.«
Immerhin war der für die beiden Titel der Landshuter Bundesliga-Geschichte verantwortlich gewesen. Kurioserweise kamen die Triumphe erst zum Ende der jeweiligen Ära zustande. 1970 – das war Guts drittes und letztes Jahr. 1983 – ebenso. Dazwischen mußte der 114fache Nationalspieler der CSSR in die Heimat zurück – wo ihm die vielfältigsten Aufgaben zugewiesen wurden. Sparta Prag, die Juniorennationalmannschaft, das A-Team – mit dem Gut zweimal Weltmeister und Olympia-Zweiter wurde.
Mitte der 80er-Jahre, als es im CSSR-Eishockey nicht mehr richtig laufen wollte, sollte der Prager als Supervisor von Dr. Jano Starsi und Frantisek Pospisil den Retter spielen. Doch das gelang nicht ganz. 1986 in Moskau fand sich das Team in der Abstiegsrunde wieder, 1987 holte es wenigstens WM-Bronze, 1988 bei den Olympischen Spielen in Calgary wurde es Sechster hinter Deutschland.
Trotzdem: Dem Ruf des 61jährigen hat das nicht geschadet. Gut gilt nach wie vor als höchstkompetent – bei aller Autorität. »Mir war immer klar: Solange er unser Trainer ist, spiele ich«, sagte einmal Alois Schloder und verschob das Karriereende um noch ein Jahr...
Günter Klein

Gerhard Kießling

Meister mit dem Kölner EC 1977 und 79

Vergessen wir mal die späten Jahre, die Abstecher nach Österreich, die Saison als Manager und glückloser Aushilfstrainer beim Zweitligisten SC Riessersee – und es bleibt das Bild des Erfolgsmenschen: 70 Länderspiele für die DDR, von 1966 bis 1974 Nationaltrainer der Bundesrepublik, Coach in Rosenheim, Berlin, Düsseldorf, Füssen, Iserlohn. Und natürlich bei den Kölner Haien, wo er zu seinen beiden Titeln kam.
Der Sachse Gerhard Kießling, der im Juni 66 geworden ist, verkörpert den Typ des besessenen Arbeiters. Seine Einschätzung von Sohn Udo zeigt dies: »Jeder kann erreichen, was Udo erreicht hat. Talent macht bei ihm höchstens 30 Prozent aus. Der Rest ist fleißiges Schaffen.«

Karel Gut: der Guru von Landshut...

In der DDR war Gerhard Kießling ein angesehener Mann, in höchsten Kreisen sogar, weil er Staatschef Walter Ulbricht das Schlittschuhlaufen beibrachte. Trotzdem: Kießling verließ das Land, weil er dort nicht die Bedingungen fand, die er sich fürs Eishockey wünschte. 1957 ging's über die Grenze – mit Udo im Kinderwagen. Und lange Zeit war er auch nur im Paket mit Sohnemann zu haben, den er bereits mit 17 zum Nationalspieler machte (eine nicht unumstrittene Maßnahme). Erst in Füssen trennten sich 1982 ihre Wege.
Und jetzt – der Ruhestand? Das darf man nicht glauben! Schon gegen den Willen seiner Frau Lore nahm er 1987 den Manager-Job beim SC Riessersee an, »mit 16 Arbeitsstunden pro Tag«. Als Bundesligist Berliner SC Preussen eine neuen Trainer suchte, weil er Lorenz Funk entlassen hatte, war selbstverständlich auch Gerhard Kießling im Gespräch.
Und sicher wird noch einige Male das Telefon im Mittenwalder Häuschen läuten. Ob's Papa dann wirklich zu Hause hält? *Günter Klein*

Jozef Golonka

Meister mit dem SC Riessersee 1978, mit dem Kölner EC 1984

Er konnte begeistern und zusammenstauchen: Joschi Golonka, Arbeiter an der Bande.

Jozef »Joschi« Golonka war ein Klassemann – als Spieler. Und er ist einer – als Trainer. Acht Weltmeisterschaften bestritt er für die CSSR, war dreimal bei Olympischen Spielen. Das ergab das Prädikat »verdienstvoll«. 1969, als 31jähriger, durfte der Preßburger in den Westen, er ging zum SC Riessersee.
Als Aktiver wurde das Schlitzohr zwar der SPORT-Kurier-Spieler des Jahres, aber niemals Deutscher Meister – was Golonka im neuen Job an der Bande allerdings nachholte. Von 1975 bis 1979 trainierte er den SC Riessersee. Und endlich: 1978 gewann der SCR mit ihm die Deutsche Meisterschaft – was damals eine absolute Sensation war. Joschi Golonka hatte sich erneut Meriten verdient – und so gestattete ihm die CSSR-Agentur »Prago-Sport«, nachdem er Junioren und B-Nationalmannschaft seines Landes betreut hatte, einen dritten Deutschland-Trip. 1982 nochmals Riessersee, dann drei Jahre Köln. Im ersten Jahr bei den Haien gab's einen weiteren schönen Erfolg: Trotz anfänglicher Querelen setzte sich »Peitschenknaller« Golonka, ein impulsiver Arbeiter an der Bande, durch. Ergebnis: sein zweiter Titel.
Inzwischen ist er wieder im westlichen Ausland gelandet. Ab Herbst 1988 hat Golonka das Sagen beim HC Davos – nach drei Saisonen beim Heimatklub Slovan Preßburg lagen »Prago-Sport« wieder jede Menge Anfragen vor.
Übrigens: Wie viele Slowaken ist Golonka ein sportliches Multitalent. Im Juniorenalter war er Tennismeister der CSSR und Mitglied der Nationalmannschaft. Und auch auf dem Tennisplatz, so wird berichtet, heißblütig bis dorthinaus ... *Günter Klein*

Dr. Pavel Wohl

Meister mit dem SB Rosenheim 1982 und 1985

Eishockey – ein Ressort der Wissenschaft, ein Beschäftigungsfeld für Intellektuelle? Aber natürlich! Man denke da nur mal an Dr. Pavel Wohl, mit dem SB Rosenheim 1982 überraschend, 1985 erwartet Deutscher Meister wurde. Der Mann aus Prag hat sich mit dem Eishockey beschäftigt, wie es andere mit Gentechnologie oder politischen Systemen von anno dunnemals tun: universitär. Wohls Doktorarbeit trug den Titel »Reaktionszeit bei Torleuten«. Er schrieb ein Buch über »Leistungsmotivation im Hochleistungssport«. Gemeinsam mit Professor Kostka, dem Verbands-Chef, erteilte er Trainingsanleitungen in den »Methodischen Briefen« und äußerte sich zum »Eishockey-Training für Junioren«. Sieben Jahre unterrichtete Pavel Wohl an der Karls-Universität. Fachgebiet: Eishockey.
Die Karriere eines Theoretikers. Der zudem als Praktiker, als Spieler, nie einer der Topstars war. Pavel Wohl stand von 1960 bis 1973 bei Sparta Prag und Dukla Iglau im Tor – doch niemals wurde er für würdig befunden, in der Nationalmannschaft zu halten. Er kam auf einige B-Spiele – mehr nicht.
Doch er entwickelte sich zum renommierten Trainer. Vor allem dank seiner

Dr. Pavel Wohl: Keiner war so intelligent und liebenswürdig wie der Prager.

fünf Jahre in Rosenheim. Als ehemaliger Keeper war er maßgeblich am Aufstieg Karl Friesens zum Weltklassemann (Wohl: »Besser als der Russe Tretjak«) beteiligt, der Mannschaft trat er nicht mit Härte, sondern mit Argumenten (Wohl: »Eishockey ist ein Intelligenzspiel«) gegenüber. Und mit einer Art von Väterlichkeit, die ihn bei den Cracks über alle Maßen beliebt machte.
1985 mußte Dr. Pavel Wohl in die CSSR zurück. Er nahm seinen Lehrauftrag an der Karls-Universität wieder auf und trainierte nebenher Sparta Prag. Im Sommer 1988 wurde seine Beförderung verkündet. Der neue CSSR-Nationaltrainer heißt Dr. Pavel Wohl. *Günter Klein*

Ronny Barr

Meister mit dem SC Riessersee 1960

Zufälle gibt's. Diesen zum Beispiel: Als die Schülermannschaft des SC Riessersee vor gar nicht allzu langer Zeit eine Studienreise gen Kanada unternahm, glaubte ihr Betreuer Oswald in Toronto einen älteren Mann zu erkennen. Ist das nicht Ronny Barr? Und genau: Der war's. Der Trainer, der die Werdenfelser 1960 zu ihrer ersten Meisterschaft geführt hatte. Oswald war damals selbst noch Schüler.
Ronny Barr arbeitet als Häusermakler in Toronto – und hat zu Deutschland keine Bindung mehr. In Garmisch-Partenkirchen war er drei Jahre gewesen – einen weiteren Klub hatte er nicht mehr übernommen, er kehrte nach Kanada zurück.
Was war Ronny Barr für ein Typ als Trainer? Helmut Sterflinger, Vater des in Köln spielenden Verteidigers Robert Sterflinger, kann sich als Intimkenner der SCR-Szene noch gut an Ronny Barr erinnern: » Er war der Lieblingstrainer der Mannschaft. Sehr hart im Training, aber auch ein ausgezeichneter Psychologe. Und er hat sich intensiv um alles gekümmert, die Schläger hergerichtet und die Schlittschuhe geschliffen!«
Die Bundesliga hat Ronny Barr längst vergessen – eigentlich schade.. *Günter Klein*

Mike Daski

Meister mit dem EC Bad Tölz 1966

Frau Daski weiß Bescheid: Wenn Herr Daski ins Schlafzimmer geht und den großen Koffer vom Schrank nimmt, ist es wieder mal soweit. Mike hat für den Rest der Eiszeit ein Engagement. Als er das Häuschen in Reichersbeuren zuletzt verließ, ging's nach Holland. Doch Holland ist für einen Vollblut-Trainer wie den Kanadier nur ein Exil. Das deutsche Eishockey, die Bundesliga, reizt ihn noch immer. Und garantiert: Wo irgendeiner seiner Kollegen gefeuert wird, da kommt der Name Daski als möglicher Nachfolger immer ins Gespräch. 60 ist der gute Mann – doch das stört ihn nicht. Überhaupt nicht. »Ist doch egal, was im Paß steht«, sagt er, tippt mit der Hand auf die Brust und die Stirn. »Da drinnen entscheidet sich, wie alt einer ist. Und mein Herz und mein Hirn sind jung.«
Seinen letzten Bundesliga-Auftritt hatte er in der Saison 1985/86, als er beim damaligen Neuling SV Bayreuth einsprang. Er kam, sah und urteilte: »Diese Mannschaft ist in einem schlechten konditionellen Zustand.« Und sogleich ließ er seinen liebsten Trainings-Tick wiederaufleben und die Spieler über Bierkästen hüpfen, die er aufs Eis gestellt hatte. So, wie er das in den 60er Jahren auch gemacht hatte. Klar – das ging nicht gut, Daski sah's ein und fungierte nur noch als Coach an der Bande, als Strohmann für Manager Klaus Weber. Und der SV Bayreuth stieg ab.
Trotzdem: im aktuellen Eishockey ist Mike Daski nach wie vor präsent. Er sagt: »90 Prozent der Spieler, die heute etwas sind, haben meine Schule durchlaufen.« Selbst wenn man die »Mehrwertsteuer« abzieht – es bleibt schon eine Menge... *Günter Klein*

Mike Daski war ein harter Trainer – doch der Spaß kam bei ihm nie zu kurz.

Siegfried Schubert: Der Beruf hatte Vorrang.

Siegfried Schubert

Meister mit dem EV Füssen 1971

Die Biographie des Siegfried Schubert ist die eines Erfolgsmenschen. Zehn Jahre gehörte er zum Stamm des EV Füssen, 75mal spielte er in der Nationalmannschaft – und nachdem er aufgehört hatte mit der aktiven Laufbahn, fing er gleich eine neue an: die des Trainers. Mit der SG Oberstdorf/Sonthofen stieg er in die Bundesliga auf (für die der Fusionsklub freilich viel zu schwach besetzt war). Ähnliches gelang ihm mit dem EV Landsberg, den er von der Oberliga in die zweite Klasse beförderte. Und dann das Engagement beim EV Füssen. Professor Vladimir Bouzek war nach enttäuschenden Leistungen 1969/70 gegangen, Schubert kam – und mit ihm wurden die Allgäuer ein vorletztes Mal in ihrer Geschichte Meister!

Und dennoch: Siegfried Schubert verabschiedete sich 1984 von der Trainerbühne unstandesgemäß: mit einer Trennung, einer vorzeitigen. Beim Süd-Zweitligisten EV Pfronten lief nichts: Acht Spieltage, 0:16 Punkte – da zog der einstige Meistermacher selbst die Konsequenz: »Das Verhältnis zu den Spielern ist abgestumpft. Pfronten – das war die schwerste Zeit meiner Laufbahn als Trainer.« Und die dauerte immerhin 18 Jahre.

Einem, der einen Erfolg hat wie Schubert mit Füssen, wären damals schon die Tore nach Westen und zum großen Geld offengestanden. Doch den Weg dorthin hat der heimatverbundene Mann nie gehen wollen. Siegfried Schubert ist Bundesbahnbeamter – und diese Sicherheit wollte er nicht aufgeben. Niemals . . . *Günter Klein*

Chuck Holdaway

Meister mit der Düsseldorfer EG 1975

»Hi-Ha-Holdaway« – so feierten ihn beim Titelgewinn die DEG-Fans. Doch mehr als die nüchterne Feststellung »Hier ist das beste Publikum der Welt« konnten sie Charles Vicar, genannt Chuck Holdaway damit nicht abringen. Denn der blieb auch in der Stunde des Triumphes das, was er in den zwei Jahren zuvor und in den zweien danach war: ein stilles Wasser. Den »Stummen an der Bande« hat ihn eine Zeitung mal genannt – und das traf zu.

Obwohl Holdaway nach seinem DEG-Engagement noch beim ERC Freiburg arbeitete, konnte er sich nie dazu aufraffen, Deutsch zu lernen. Es blieb stets beim Radebrechen. Allein der Begriff »100 Prozent« in Zusammenhang mit der Leistung, die er sich von seinen

Cracks wünschte, war in seinem Sprachschatz vertreten.

Trotz allem: Chuck Holdaway war ein gefühlsbetonter Mensch. Weich im Umgang mit den Spielern – und ein Mensch, den hohe Siege oder unglückliche Niederlagen seines Teams mitnahmen. Da weinte Holdaway, wenn ihm danach war. Auch brachte ihm schon zu seiner Düsseldorfer Zeit der Trainerstreß eine Magenerkrankung ein.

Bis 1987 – lange nach seiner Zeit in Deutschland – arbeitete er als Personalchef im Saddledome zu Calgary, einem Schauplatz der Olympischen Spiele 1988.

Sein letzter Aufenthalt in Düsseldorf war anläßlich des 50jährigen Vereinsjubiläums 1985, zu dem er als Meistermacher natürlich geladen war. Damals sagte er: »Ich würde gerne wieder einen Verein in Deutschland übernehmen.« Ob er wirklich nochmals kommt? Immerhin ist er Jahrgang 1931 – und wohl schon ein bißchen out . . .

Theo Mai

Heinz Weisenbach

Meister mit dem Mannheimer ERC 1980

War das ein Karriere-Einstieg: Ex-Nationalspieler Heinz Weisenbach aus Füssen übernahm, wie sich das für einen Trainer-Neuling gehört, einen Zweitligisten, führte ihn in die erste Liga und wurde mit ihm, dem Mannheimer ERC, im zweiten Jahr oben Deutscher Meister. Das war 1980 – ein historisches Jahr im Eishockey, denn letztmals konnte mit Weisenbach ein deutscher Trainer den Titel holen. Danach triumphierten Tschechoslowaken und Skandinavier.

Heinz Weisenbach galt als der kommende Mann der Branche. Doch nach dem Coup mit dem MERC ging nichts mehr. In Köln wurde er zum Rivalen Düsseldorf weggelobt, dort versprach er den Titel, mußte aber gehen und prozessierte später noch mit der DEG wegen ausstehender Zahlungen, ein Österreich-Gastspiel dauerte auch nicht lange. Zweitligist EA Kempten engagierte den Nothelfer Weisenbach, doch der konnte auch keine Wunder wirken.

Erst das Jahr 1986 brachte das Comeback, und zwar beim Heimatverein EV Füssen. Heinz Weisenbach übernahm nach einem Fehlstart unter Tibor Vozar die junge Truppe, legte in der zweiten Hälfte der Doppelrunde eine Serie von 32:4 Punkten hin – Einzug in die Aufstiegsrunde zur Bundesliga. »Ich bin stolz auf meine Burschen«, sagte er.
Im Mai 1988 hat Heinz Weisenbach eine neue Karriere eingeschlagen: die als Funktionär. Dritter Vorstand des EV Füssen war er schon länger. Als sich keiner mehr für die Spitze des Vereins fand, sagte er: »Einer muß es ja machen. Bin's halt ich. Wir haben zwar kein Geld, alle sehen schwarz für uns, aber ich bin optimistisch: Wir werden's schon hinkriegen.« Weisenbachs alte Zupackerqualitäten . . . *Günter Klein*

Gelungener Gag: Als Mannheim 1980 als Meister schon feststand, coachte Trainer Heinz Weisenbach im letzten Heimspiel im Polizisten-Look.

Dr. Jano Starsi

Meister mit dem SC Riessersee 1981

Kommt er, kommt er nicht? Auch ein Dr. Jano Starsi ist, wie sich im Frühjahr 1988 gezeigt hat, keiner, der alles darf. Die drei Jahre unter dem Experten waren für die Nationalmannschaft der CSSR nicht wunschgemäß verlaufen: Einmal mit WM-Bronze das Soll erfüllt, zweimal aber weit unter den Erwartungen. Da mußte Dr. Jano Starsi mit seinem Assistenten Frantisek Pospisil beim Verband zum Rapport antreten. Und einige Wochen sah es so aus, als würde er nicht noch einmal die Freigabe für das westliche Ausland kriegen. Dabei war er mit dem SB Rosenheim längst klar – bloß das Okay der Behörde fehlte. Die erteilte es dann doch noch – aber auch nur, weil die (wirtschaftlichen) Beziehungen nach Rosenheim stets blendende waren. Starsi durfte kommen.
Warum gerade Starsi? Ganz einfach: Der Name hat Klang in Deutschland. Sein Meistertitel mit dem SC Riessersee 1981 war eine Sensation, eine der größten Trainerleistungen in der Bundesliga. Ernst Höfner, Lieblingsschüler Starsis in Garmisch-Partenkirchen, war mittlerweile Kapitän beim SB Rosenheim geworden – und empfahl den Doktor der Philosophie, der schon an der Sportfakultät der Uni Bratislava gelehrt hatte, nachdrücklich.
Die Alternative für Dr. Starsi, der mit der CSSR-Auswahl auch schon bessere Tage erlebt hatte, war, Bundestrainer in der Schweiz zu werden. Doch vom internationalen Eishockey hatte er die Nase voll: »Ein Spitzenklub in der deutschen Bundesliga ist immer reizvoll.« *Günter Klein*

DEG-Superstar: Kult um den Krösus

Kein Eishockey-Klub in Deutschland hat soviele Eintrittskarten verkauft wie die Düsseldorfer EG. Trotzdem war dieses Paradepferd 1958 bei der Gründung der Bundesliga nicht dabei: Die Qualifikation wurde nicht geschafft. Eine 1:20-Schlappe beim EV Füssen gehört bis heute zu den dunkelsten Stunden. Damals standen fast nur Leute aus dem eigenen Nachwuchs im Team, sie waren zu jung und unerfahren. Den großen Coup landete der Verein erst 1964, als die Tölzer Stars Otto Schneitberger und Sepp Reif geholt wurden. »Von da an ging es steil bergauf«, erinnert sich Arnold Wunder (65), ein Fan der ersten Stunde.

Denn er war schon vor dem Krieg dabei, bald nach der Gründung 1935. Wenn er über die Duelle Horst Orbanowski gegen »Justav« Jaenecke spricht, bekommt Arnold Wunder heute noch glänzende Augen. »Hepp, Hepp, Hepp«, dem Spielrhythmus angepaßt, wurde damals gerufen. Der erste Schritt zum Hexenkessel mit Tausenden von Wunderkerzen. In dem die jungen Spieler aus Süddeutschland später beim Warmlaufen »weiche Knie« bekamen. Arnold Wunders Sohn Klaus (35), Vorsitzender des 1. DEG-Fanclubs, wollte es zuerst nicht glauben: »Es war vor einigen Jahren in Toronto. Vom deutschen Eishockey wußte man da fast nichts. Aber als ich Düsseldorf erwähnte, hatte es plötzlich geklingelt. Sofort wurden wir auf die Atmosphäre in unserem Stadion angesprochen.«

Ausverkauftes Haus bereits vor dem Krieg, als Eishockey in Deutschland erst das Laufen lernte. Run auf die Karten schon damals, obwohl Nachbar Fortuna für Triumphe im Fußball sorgte. Doch es waren zwei verschiedene Welten, was bis heute so geblieben ist. Zur Puckjagd gehen auch die feineren Leute. »Wir staunen immer wieder, wieviele Frauen dabei sind«, stellen Vater Arnold und Sohn Klaus gemeinsam fest.

Dieses Eishockey-Wunder findet in der eigenen Familie statt. Mutter Gertrud (64) und Tochter Monika (39) lassen keinen Auftritt der DEG-Stars aus. Vor dem Spiel machen sie sich sogar nützlich: Sitzkissen werden verliehen, damit auf der Tribüne ein Hauch von Komfort die Torejagd zum Genuß ohne Reue werden läßt. Doch damit ist das »Wunder« noch nicht am Ende: Klaus und Bruder Hans-Jürgen (31) verkaufen Souvenirs am Fanshop. Der Nachwuchs aus der dritten Generation darf gelegentlich schon mal dabei sein. »Obwohl es für Kinder praktisch keine Plätze gibt«, klagt der Fanclub-Vorsitzende über eine bedauerliche Lücke.

Bei der Gründung der Bundesliga segelte die DEG gerade mal wieder in einer Flaute. Die Routiniers hatten inzwischen die 40 erreicht, der Nachwuchs war gerade erst aus der Jugend gekommen. 1962 erschienen zwischendurch nur noch 1800 Zuschauer zu den Spielen. Der zehnte Rang unter zwölf Vereinen war eine schlechte Visitenkarte. Doch dieses Tief sollte nur von kurzer Dauer sein. Bereits vor der Verpflichtung von Schneitberger und Reif herrschte wieder Begeisterung auf den Rängen. Es gab zwar einige Skandalbeispiele, doch bereits damals deutete sich ein Phänomen an: Die Zuschauer ließen richtigen Krawall nicht aufkommen. »Gewalt im Stadion hat bei uns keine Chance«, glaubt Klaus Wunder garantieren zu können: Vielleicht auch deshalb, weil schon früher Flaschenwerfer von den Zuschauern der Polizei übergeben wurden.

Seit 1965 ist die »wunderschöne DEG« in der Eliteklasse dabei. Nachdem Schneitberger und Reif endlich spielberechtigt waren, kletterten Begeisterung und Zuschauer-Interesse auf den Höchststand. »Damals haben wir uns um 23.30 Uhr für Eintrittskarten angestellt. Bei grimmiger Kälte wurde dann morgens um 7 Uhr der Laden geöffnet. Manchmal gab es für die letzten dann doch keine Karten mehr«, erinnert sich Klaus Wunder. Der wie viele andere Zuschauer nur auf den Stehplatz-Rängen das vollkommene Eishockey-Erlebnis erfährt. Sitzplätze und Tribüne, sicher angenehm und bequem: Doch ein »richtiger« DEG-Fan geht auf den Stehplatz.

»Marmor, Stein und Eisen bricht, aber unser Otto nicht...« erfanden die Zuschauer, als ihr Idol Otto Schneitberger mit gebrochener Nase und Gesichtsmaske dabei war. Schließlich wollte er 1967 beim ersten Titelgewinn unter Trainer Hans Rampf nicht fehlen. Schon vorher war der Gesang zum Orkan geworden: »Deutscher Meister wird die DEG, wird die DEG...« 1972 war es wieder soweit. Mit Coach Xaver Unsinn holte man den Titel bereits am 26. Dezember 1971. »DEG-Superstar, das ist der Meister in diesem Jahr...« jubelte alles zwischen Brehmplatz und Altstadt. Die dritte Meisterschaft gab es mit dem Kanadier Chuck Holdaway

Das ist die DEG: Späßchen mit Trainer Otto Schneitberger.

Das ist die DEG: Spielwiese für die Industriellen wie »Suppenkönig« und Sponsor Günther Zamek (Bild links). Fans reiferen Jahrgangs sind herzlich willkommen (unten links). Marlies Denninger bemuttert Neuzugänge wie einst Mike Ford (unten).

als Coach 1975. 35:1 Punkte auf eigenem Eis. Als die Sprechchöre nicht aufhören wollten, »Hi-ha-Holdaway« zu rufen, tat der Mann aus Calgary den berühmten Ausspruch: »Das beste Publikum der Welt.« Schon längst gehörten »Kling Glöckchen ...« und der Abschiedsschlager: »... reichen wir uns die Hände, zu der nächsten Super-Show ...« zum festen Repertoire auch in unseren Stadien.

In Anbetracht der Ausschreitungen bei der Fußball-Europameisterschaft 1988 ein beglückendes Erlebnis: Tolle Begeisterung, aber kein blinder Fanatismus. »Wir verlieren inzwischen gegen Freunde«, glaubt Fanclub-Vorsitzender Wunder erkannt zu haben. Doch es gibt auch ein böses Lied: »Ihr seid Kölner, asoziale Kölner ...« klingt es lautstark, wenn es gegen den amtierenden Meister geht. Klaus Wunder: »Es wird höchste Zeit, daß dieser Song in Vergessenheit gerät. Schließlich weiß jeder vernünftige Mensch, daß in der Domstadt viele nette Leute wohnen.«

Theo Mai

21271590

Zuschauer in 5209 Bundesliga-Spielen

3810 Zuschauer pro Partie bereits im ersten Jahr – die Eishockey-Bundesliga war schon immer ein Renner! Richtig interessant wurde sie natürlich mit der Ausdehnung der Spielpläne. Nach dem Gewinn der Olympischen Bronzemedaille 1976 brach der Boom aus: Erstmals über eine Million Fans kamen in die Stadien! Seit 1986 hat sich die Bundesliga endgültig stabilisiert. 1987/88 erreichte sie trotz des Iserlohn-Skandals den Rekordschnitt von 5660. *Willibald Fischl*

Saison	Zuschauer pro Saison	Spiele pro Saison	Schnitt pro Saison	Zuschauer aller Saisonen	Spiele aller Saisonen	Schnitt aller Saisonen
1958/59	213 360	56	3810	213 360	56	3810
1959/60	202 720	56	3620	416 080	112	3720
1960/61	396 480	112	3540	812 560	224	3630
1961/62	331 200	80	4140	1 143 760	304	3760
1962/63	324 180	80	4050	1 467 940	384	3820
1963/64	302 410	80	3780	1 770 350	464	3820
1964/65	239 660	80	3000	2 010 010	544	3700
1965/66	456 660	110	4150	2 466 670	654	3770
1966/67	437 680	110	3980	2 904 350	764	3800
1967/68	456 880	100	4570	3 361 230	864	3890
1968/69	484 420	120	4040	3 845 650	984	3910
1969/70	737 370	188	3920	4 583 020	1172	3910
1970/71	694 720	180	3860	5 277 740	1352	3900
1971/72	617 200	144	4290	5 894 940	1496	3940
1972/73	791 940	220	3600	6 686 880	1716	3900
1973/74	688 070	180	3820	7 374 950	1896	3890
1974/75	635 940	180	3530	8 010 890	2076	3860
1975/76	863 800	180	4800	8 874 690	2256	3930
1976/77	1 130 200	234	4830	10 004 890	2490	4020
1977/78	990 200	234	4230	10 995 090	2724	4040
1978/79	1 113 770	312	3570	12 108 860	3036	3990
1979/80	1 103 780	284	3890	13 212 640	3320	3980
1980/81	1 132 170	306	3700	14 344 810	3626	3960
1981/82	1 090 630	294	3710	15 435 440	3920	3940
1982/83	875 420	220	3980	16 310 860	4140	3940
1983/84	951 650	237	4020	17 262 510	4377	3940
1984/85	947 570	223	4250	18 210 080	4600	3960
1985/86	861 020	205	4200	19 071 100	4805	3970
1986/87	1 073 900	205	5240	20 145 000	5010	4020
1987/88	1 126 590	199	5660	21 271 590	5209	4080

Faszination Bundesliga

Duelle zwischen Düsseldorfer EG und dem EV Füssen waren mal die großen Bundesliga-Knüller. Kennzeichen: Prickelnde Torraumszenen vor vollen Rängen.

Vor dem Tor geht's heiß her. Nur in früheren Jahren hatte der Tormann soviel Spielraum, um in Seelenruhe die Fanghand auszufahren (links). Schläger in Kopfhöhe (rechts) – auch vor gut zehn Jahren war das bereits ein Übel. Hier praktiziert im Zweikampf Wünsch (Landshut) gegen Kink (Düsseldorf). Nehmen wir den Stürmer in die Zange: Die Kölner Verteidiger Kießling und Rothkirch lassen Riessersees Stürmer Diepold keine Chance (links). Schrecksekunde für Düsseldorfs Keeper Makatsch: Landshuter Angreifer an der Grenze zum Torraum (unten).

Sport
embros
embros

Sie sind kein zimperliches Völkchen, die Landshuter: Torsteher Bernie Englbrecht blies des öfteren schon zur Attacke auf Schiedsrichter und Gegner.

Großes Bild: Feiern im Stil der 80er Jahre: Der Kölner Peter Schiller präsentierte sich nach vollbrachtem Meisterstück ganz cool mit Sonnenbrille.

Die Krönung des Karl Friesen: Die Mitspieler ehrten nach der Meisterschaft 1982 ihren Goalie mit einer grünen Pappkrone. Grün – die Farbe des SB Rosenheim.

Boxen und feiern

Die Bundesliga und ihre Fans: Jubel, Trubel, Heiterkeit an der Düsseldorfer Brehmstraße – und die Plakatkunst des Erzrivalen Köln.

Zur Bundesliga gehören Wunderkerzen, Konfetti und Maskeraden. Und natürlich darf's auch – wie bei dem Kölner Fan – tierisch zugehen. Vielleicht bringt das Ferkel gleich Glück für die kommenden 30 Jahre . . .

Die Ehrenmänner der Nation

Franz Baader war Eishockey-Schiedsrichter. Zu seiner Zeit der beste. Wenn er sich heute in Füssen ein Spiel anschaut, gibt er zwar seine Emotionen nicht preis, weswegen er sich auch immer abseits setzt, doch in ihm, versichert er, da brodelt es: »Was sich die Spieler erlauben, wie gepfiffen wird – da kommt mir manchmal das Grausen.«

Wilhelm Edelmann war Nationaltorwart und später auch Schiedsrichter, 21 Jahre lang, davon 15 in der Bundesliga: »Ich weiß noch, früher: Da ist man nach dem Spiel mit dem Gegner zusammengesessen. Und jetzt: Gerade, daß sie sich noch die Hand geben. Und was mir heutzutage gar nicht mehr gefällt: Alle hacken sie auf den Schiedsrichtern rum.«

Jupp Kompalla ist – immer noch – der Guru der Schiedsrichter. Der Name ist einfach ein Begriff – der Walter Eschweiler in der Eishockey-Branche. Kompalla zum Thema Umgangston und Sitten in 30 Jahren Bundesliga: »Auf dem Eis fallen Ausdrücke, die kein Reporter hört und kein Mikrofon aufnimmt – das war nie anders. Durch neue Regeln ist das Eishockey schneller geworden, auch härter – aber nicht schmutziger. Schmutziges Eishockey kommt nur durch den Druck der Trainer zustande.« Und der war einst genauso stark wie heute.

Was Kompalla gar nicht leiden kann, ist indes, daß sich der Ton außerhalb der Eisfläche verschärft hat. Gerade ihn hat's zuletzt betroffen. Als der Mannheimer ERC im Play-Off-Halbfinale 1988 recht glanzlos gegen den Kölner EC ausgeschieden war, sollte Schiedsrichter Kompalla zum Verantwortlichen – offensichtlich auch für das MERC-Saisonminus von einer halben

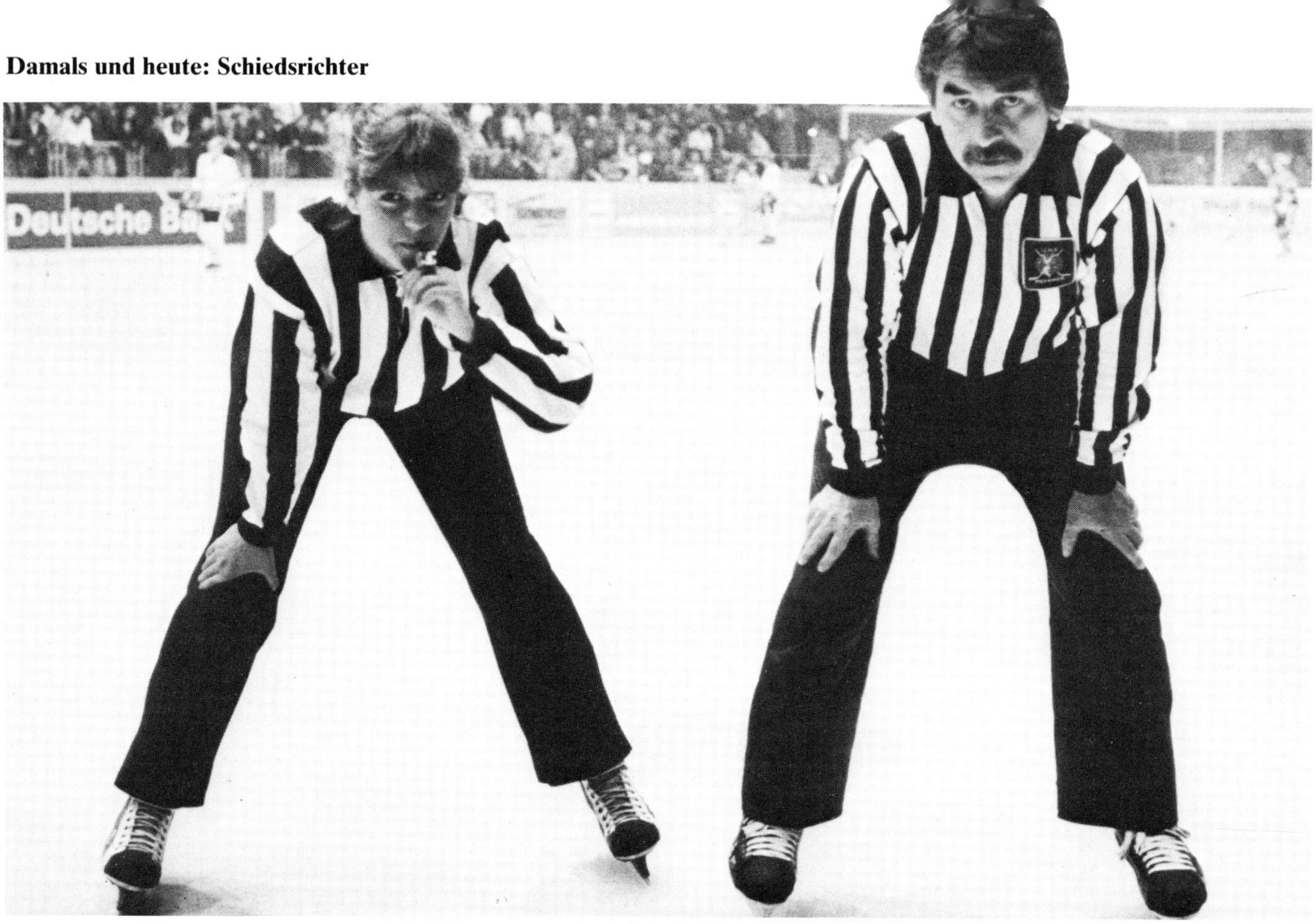

Million Mark – gemacht werden. »Das war so unsachlich, wie mich der Mannheimer Präsident Lothar Mark angegriffen hat«, klagt Jupp Kompalla, »der ist doch ein studierter Mann...«

Werner Würth ist Schiedsrichter – und zu seinem Glück ein Typ, der einstekken kann. Sonst hätte er spätestens nach diesem Dezemberabend 1986 mit dem Pfeifen aufgehört, als ihn rabiate Riesserseer Fans im Auto den verschneiten Ettaler Berg hinauf- und hinunterjagten. Sie erwischten ihn nicht – warfen aber nächtens die Fensterscheiben seines Hauses ein.

Eishockey-Schiedsrichter: Gott, wie kann man das nur werden? Man wird ausgepfiffen, mit Bier überschüttet, der Verschiebung bezichtigt – und kriegt dafür 100 Mark pro Spiel (1960 waren es noch fünf Mark) plus Spesen. Also: Wie kann man nur?

Jupp Kompalla: »Schiedsrichter sein – das ist Berufung.«

Wilhelm Edelmann: »Nun, ich liebe diesen Sport.«

Franz Baader: »Das ist eben eine Einstellungssache. Mir hat es viel bedeutet – und ich habe erst mit 55 aufgehört, fünf Jahre nach Überschreiten der Altersgrenze.«

Da haben wir's: Schiedsrichter sein ist eine Art Ehrensache. Schiedsrichter sind die Ehrenmänner der Nation. Darum wollen die Herren Zebras auch gar nicht Profis werden. Franz Baader hat sich das mal angesehen in der National Hockey League, der NHL, wo die Unparteiischen Geld verdienen, wo selbst einer, der nur als Linienrichter agiert, schon 60000 Mark pro Saison kriegt. Und Baader ist zu der Erkenntnis gekommen: »Die sind kein Jota besser als wir.«

Jupp Kompalla vergleicht mit dem Fußball: »Da gibt's eine Profiliga, aber keine Profi-Schiedsrichter. Und wir sind noch nicht so weit wie die Fußballer.« Mehr Geld – nein danke! »Ich pfeife für 500 Mark nicht besser als für 100. Entscheidend ist die Einstellung.«

Worte, die Kompalla von Franz Baader übernommen hat. Klar auch: Der war sein Lehrmeister. Und der urteilt: »Kompalla ist der einzige meiner Lehrlinge, der es geschafft hat. Weil er bereit war, zu lernen. Der hat mich nach einem Spiel angerufen und gefragt: Habe ich das so und so richtig gemacht?«

Jupp Kompalla ist – kein Zweifel – der beste Schiedsrichter, den der Deutsche Eishockey-Bund hervorgebracht hat. Franz Baader war auch ein guter, ebenso Renè Keller, der als excellenter Schlittschuhläufer schon das Warmmachen zur Show aufwertete. Manfred Krüll, Gerhard Krüger, Helmut Böhm – das sind weitere Namen, die man sich gemerkt hat.

Doch wie sieht's heute aus? »Die Guten kann man an einer Hand abzählen«, sagt Franz Baader. »Die jungen Leute sind schlecht ausgebildet«, meint Wilhelm Edelmann. »Ein Schiedsrichter muß sich 60 Minuten lang bewegen, doch die Hälfte steht nur rum«, doziert Jupp Kompalla, mittlerweile zum Supervisor im Weltverband JJHF aufgestiegen.

Das große Manko ist, daß viele Unparteiischen nie selbst gespielt haben, und, wie Edelmann es ausdrückt, »den Kampfsport Eishockey gar nicht kennen«. Folge: »Sie können sich nicht hineindenken, zerpfeifen«, so Kompalla, »unnötig, meist im letzten Drittel,

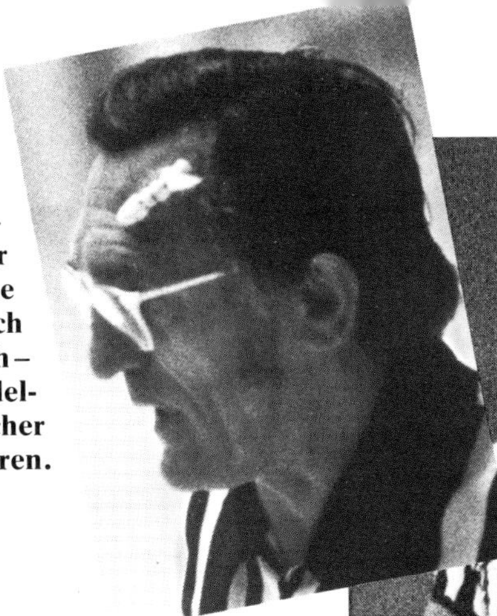

ehelmt ins Spiel wie las Trio Hagenmayr, Mayr und Möst – für die Stars der chiedsrichter-Branche as nichts. Wenn's doch al kracht, hat man sich – Beispiel Wilhelm Edelmann – eben mit frischer Naht zu präsentieren.

Bild linke Seite:
Wenn der Vater mit der Tochter: Jupp und Nicole Kompalla traten bei Zweitligaspielen schon Seite an Seite auf.

Schiedsrichter aus Leidenschaft war der Füssener Franz Baader. Unser Bild zeigt ihn 1973, auf dem Höhepunkt seiner Laufbahn.

ihre Spiele«. Trotzdem: Niemals natürlich in böser Absicht. Sie sind Ehrenmänner.
Und Ehrenfrauen. Zumindest eine offiziell lizensierte gibt's schon. Nicole Kompalla, Jupps Tochter, darf in der zweiten Bundesliga als Linienrichter ran, und sie will noch mehr: bald ganz oben pfeifen. Ihr Vorteil: »Sie ist eine Frau, da sind die Kerle höflicher zu ihr« – sagt der Papa. Ob allerdings Herr Mark in Mannheim eine Kompalla mit Handkuß begrüßen würde . . .?

Günter Klein

Helm – nein danke!

1948 war Eishockey noch ein komisches Spiel. Es war verboten, zu chekken, mit mehr als drei Mann im Verteidigungsdrittel zu stehen, und im Angriff durfte praktisch nur quer gespielt werden. 1988 – und nicht erst seitdem – ist das natürlich ganz anders. Eishockey ist das schnellste Mannschaftsspiel überhaupt. Bei dem die Körper aufeinanderkrachen dürfen – ja, sollen . . .
Dennoch ist für die Schiedsrichter manches leichter geworden. Bis Mitte der 70er Jahre pfiffen zwei gleichberechtigte »Zebras«, dann wurde das Linesman-System mit zwei Linienrichtern unter der Regie eines Haupt-Spielleiters eingeführt. Dazwischen hat man an den Regeln Kleinigkeiten geändert – einmal sogar was Größeres versucht: einen Freistoß wie im Fußball. Nach einer Saison wurde er wieder abgeschafft. Zu gefährlich.
Unbedingt eingeführt werden müßte der international und in anderen Ländern übliche Torrichter, der aufs Knöpfchen drückt, wenn der Puck ins Netz geht. Jupp Kompalla: »Die endgültige Entscheidung – Tor oder nicht Tor – bleibt beim Hauptschiedsrichter. Aber diese Entlastung bräuchten wir hier in Deutschland in der ersten und in den zweiten Ligen.« Unter einer Voraussetzung: »Die Torrichter müßten vor den Zuschauern geschützt werden.«
An der Ausrüstung der Schiedsrichter hat sich nichts geändert. Eine Ausnahme: Man sieht in letzter Zeit ab und an behelmte Männer. Eine Schutzmaßnahme, die für die Spitzenleute nie in Frage kam. Franz Baader: »So was hätte ich nie aufgesetzt. Da verliert ein Schiedsrichter sein Gesicht.« Jupp Kompalla: »Wenn man sich bewegt und als ehemaliger Spieler die Situationen mitdenkt, passiert nichts.«
Wenn doch, dann war's Schicksal und unabwendbar. Wie bei Franz Baader, der sich mal bei einem Bully zwischen Alois Schloder (EV Landshut) und Rainer Philipp (VfL Bad Nauheim) das Bein brach: »Die sind mir mit ihren Stöcken irgendwie zwischen die Füße gekommen . . .

Günter Klein

DEB: Im Bund ging's oft rund

Stichtag 16. Juni 1963 – da war es soweit: In Krefeld wurde eine »verwaltungstechnische Maßnahme« vollzogen und der Deutsche Eishockey-Bund gegründet. Erst 1963? Ja, zuvor hatte alles der seit 1890 existierende Deutsche Eislauf-Verband (DEV) gemanagt – auch die ersten fünf Jahre Bundesliga. Doch weil das Eishockey immer wichtiger wurde, kam man nicht umhin, im Dachverband DEV neben Deutscher Eislauf-Union, Deutscher Eisschnellauf-Gemeinschaft, Deutscher Eisschützen-Vereinigung und Deutschem Curling-Verband auch einen Fachverband fürs Eishockey zuzulassen, den DEB.

Dessen Struktur hat sich in 25 Jahren kaum verändert. Die erste Besetzung bestand aus zwei Ersten Vorsitzenden, einem Schatzmeister, einer Technischen Kommission, Obmännern für Schiedsrichter und Jugend, zwei Kassenprüfern, einem Verbands- und einem Spielgericht. Wahlberechtigt waren 1963 sieben Landesverbände und 32 Vereine vom EC Bad Tölz über den EC Sauerland bis zur Füssen-Filiale SC Ziegelwies.

Heute gibt es natürlich ein paar Posten mehr im DEB. Das System mit den zwei Chefs wurde schon 1964 wieder abgeschafft, ein Präsident übernahm das Regiment: Otto Wanner. Der Füssener Bürgermeister wurde 1988 für weitere (allerdings letzte) zwei Jahre in seinem Amt bestätigt. Es gibt jetzt außerdem zwei Vizepräsidenten, einen Ligenvorsitzenden, Obmänner für die Spielklassen hinunter bis zur Regionalliga und für die Damen, einen Kontrollausschuß, der mögliche Unregelmäßigkeiten aufzudecken hat, und – ganz wichtig – ein Schiedsgericht. Dort werden Ablösestreitigkeiten entschieden, können Vereine sich gegen DEB-Maßnahmen wehren, dort kämpfen Spieler um ihre Freigaben. Das Schiedsgericht im DEB wurde eingeführt, damit die Vereine sich von zivilen Gerichten fernhalten.

Die Verwaltung ist aufwendiger geworden, doch zeitlebens hat der DEB mit der fortschreitenden Professionalisierung zu kämpfen gehabt. Otto Wanner erkannte das früh, sagte auf dem Verbandstag von 1964: »Ein Verein oder ein Verband, der Bilanzsummen in der Größenordnung von Hunderttausenden von Mark aufweist und der über große Anlagewerte verfügt, der kann eben nicht mehr geführt werden von einem Vorstand, der Mädchen für alles ist, der sich bei Buch- und Kassenprüfung auf sein Gedächtnis verläßt, der die Korrespondenz in seiner linken Rocktasche verstaut und die Barmittel in der rechten. Wir müssen, weil unsere Vereine so etwas wie wirtschaftliche Unternehmen geworden sind, auch wirtschaftlich gerecht denken und handeln.«

Konsequenz dieser Erkenntnis war 1964 die Einstellung von Walter Hussmann als Geschäftsführer, rund zwanzig Jahre später wurde der DEB-Stab um den Kölner Helmut Bauer als Manager, Jürgen Reuter als Nachwuchsreferenten und Horst Eckert als Referenten für Öffentlichkeitsarbeit erweitert.

Die 80er Jahre brachten wichtige Neuerungen: Eine Offizielle Transferliste sorgte für klare Richtlinien beim Ablauf von Vereinswechseln, eine Satzung, gebastelt vom Peitinger Ligen-Vorsitzenden Fritz Brechenmacher, sollte alles Restliche regeln. Doch immer wieder schafften ausgefuchste Funktionäre in den Klubs es, Ungereimtheiten und Löcher zu entdecken – und zu nutzen. Folge: Im Eishockey-Bund ging's oftmals rund.

Ein Beispiel: Um aus dem Ostblock geflüchteten Spielern die Integration zu erleichtern, durften diese nach 18monatiger Inaktivität – solange dauerte die Sperre durch den Weltverband – als Deutsche eingesetzt werden. Den Paragraphen nutzten auch an die hundert Kanadier. Sie meldeten sich beim Verband inaktiv, machten 18 Monate Pause (während der sie jedoch bis auf sechs Wochen Urlaub in Deutschland wohnen mußten) – und wurden so zu Nicht-Ausländern. Hier mußte die Satzung geändert werden, um nicht die Entwicklung der eigenen Talente zu behindern, die nur schwerer einen Platz in den Legionärs-Mannschaften bekommen hätten.

Die finanziellen Zwänge der Vereine sind unheimlich stark geworden – darunter hat auch die Arbeit des DEB gelitten. So sagte Sepp Pflügl aus Kaufbeuren, Obmann der Bundesliga-Vereine, nach einer für den DEB unerfreulich verlaufenen Verhandlung vor dem Schiedsgericht: »Was soll denn auch Gutes rauskommen? Heute waren 17

Alle zwei Jahre bitten DEB und sein Dachverband DEV zur Ordentlichen Mitgliederversammlung, zum Verbandstag. Dort wird Eishockey-Politik gemacht.

Rechtsanwälte da. 17 – können Sie sich das vorstellen?«

Der DEB muß weiter professionalisiert werden. Noch verwaltet er die Bundesliga, zwei zweite Ligen, zwei Oberligen und fünf Regionalligen – und das ist eindeutig zuviel. Er wird die Ober- und Regionalligen den Landesverbänden überlassen müssen, um sich auf die Spitze und die Nationalmannschaften zu konzentrieren. Ein Plan, wie ihn Rudolf Gandorfer aus Landshut, der Favorit auf die Nachfolge von Otto Wanner, schon seit längerem hegt.

Sitz des Deutschen Eishockey-Bundes ist das »Haus des Eissports« in München. Finanziert wird der DEB von den Vereinen: Neun Prozent der Einnahmen aus den Eintrittsgeldern müssen abgeführt werden. *Günter Klein*

Die Entwicklung des Deutschen Eishockey-Bundes in Zahlen

Vereine	Spieler	Kunsteisbahnen
1963: 117	3685 (davon Nachwuchs 1597)	27 (ohne Dach 10)
1968: 126	4832 (Nachwuchs 1833)	38 (ohne Dach 12)
1973: 137	5349 (Nachwuchs 2589)	66 (ohne Dach 28)
1978: 149	9517 (Nachwuchs 5872)	112 (ohne Dach 47)
1983: 224	13252 (Nachwuchs 8084)	177 (ohne Dach 109)
1988: 234	14208 (Nachwuchs 8038)	198 (ohne Dach 114)
Steigerungsquote: 100 Prozent!	**Steigerungsquote: 386 Prozent! Im Nachwuchs 503,3 Prozent!**	**Steigerungsquote: 733,3 Prozent!**

(Daten entnommen der Festschrift »25 Jahre Deutscher Eishockey-Bund«.)

Die Ticks und Tricks der Torhüter: Schwarzes Pingpong und Feuerlauf im Alpha

Der Schuß wirkte erst am Morgen danach, beim Aufwachen. »Da habe ich gespürt: Heute hast du einen ganz schön steifen Hals«, sagte Nationaltorhüter Helmut de Raaf. Am Abend zuvor, bei einem Spiel um den Moskauer Iswestija-Cup 1987, war ihm ein Puck an den Helm gerauscht. Die Scheibe kam so plötzlich und schnell, daß Helmut de Raaf nicht mehr reagieren und den Fanghandschuh heben konnte. »Stimmt, das hat ordentlich gekracht!« lächelte der Kölner Keeper, »aber so etwas hört sich schlimmer an, als es ist. Ich habe keinen Schmerz gespürt.« Schön für ihn.

Der Schuß, den Günther Knauss abbekam, war leichter – und dennoch verheerend. Seine Erinnerung: »Unter der Maske quoll sofort alles auf, ich begann zu bluten. Aber ich mußte weiterspielen.« Schlecht für ihn.

Zwischen den Geschichten von Helmut de Raaf und Günther Knauss (»Das ist passiert, als ich mit dem EV Füssen in Augsburg spielte, es war ein Schuß von Ernst Köpf«) liegen zwanzig Jahre. Und in denen hat sich für die Männer in den 1,22 m hohen und 1,83 m breiten Kästen mehr geändert als für alle anderen Spieler. »Dramatisch viel«, meint Wilhelm »Witschi« Edelmann, selbst 20 Jahre Torwart, anschließend 21 Jahre Schiedsrichter.

Edelmann war ein Crack der ersten Bundesliga-Stunde. 1958/59 hielt er noch für die SG Weßling/Starnberg, 1962 wurde er mit dem EC Bad Tölz Deutscher Meister, 20mal war er Nationalkeeper: »Wir hatten überhaupt keinen Gesichtsschutz, und an unseren Ausrüstungen haben wir das meiste selbst gebastelt.« Als die Torhüter begannen, sich zu schützen, hatte Edelmann schon aufgehört. Doch die Karriere des Füsseners Günther Knauss, aktiv von 1960 bis 1971, 44mal im Tor der Nationalmannschaft, fiel genau in diese Zeit der Experimente.

Knauss: »Das Spiel wurde schneller, die Schüsse kamen verdeckter und überraschender, man mußte etwas unternehmen. Ich weiß noch, wie man uns nach Murnau in die Unfallklinik schickte, wo uns ein Orthopäde die erste Maske angoß. Doch nach einem halben Jahr stellte sich heraus, daß die zu nahe am Gesicht lag. Man hat dann neue Materialien bis zum Plexiglas getestet. Ab 1963 waren wir Torleute dann verpflichtet, Maske oder Helm zu tragen.«

Auch an den Handschuhen wurde getüftelt – vor allem in puncto Griffigkeit. »Heute«, sagt »Witschi« Edelmann, »ist die Ausrüstung perfekt.«

Und nicht nur das Outfit hat sich geändert – auch der Typ Tormann. »Wir waren keine großen Talente, wir waren Arbeiter«, sagt Günther Knauss, der die wohl seltsamste Karriere gemacht hat. Er begann als Stürmer, wurde auch in die Junioren-Nationalmannschaft berufen, schulte um zum Verteidiger, ebenfalls auf internationaler Ebene – und erst ziemlich spät landete Knauss im Tor. »Torwart – was war das damals schon in Füssen? Nicht mehr als eine vernachlässigte Kreatur, ein notwendiges Übel, wie es unser Spielertrainer Markus Egen ausdrückte. Wir waren vorne einfach so stark.«

Für einen EVF-Torwart genügten dreimal eineinhalb Stunden wöchentliches Training. »Mehr«, so Knauss, »war nicht gefordert.« Er hatte Zeit, nebenbei noch Fußball und Tennis zu spielen. Wenn er jedoch arbeitete, dann hart. »Wie gesagt: Ich war kein großes Talent.«

Auch »Witschi« Edelmann bezeichnet sich als »Arbeiter«. »Okay, ich brachte als Fuß-, Handballer, Tennisspieler und Leichtathlet Sportlichkeit und Ballgefühl mit, aber kein spezielles Torwart-Talent. Doch ich war bereit, zu lernen. Ich fuhr öfter mal nach Garmisch; da hatten sie einen ganz phänomenalen tschechischen Keeper. Und ich habe geschaut, wie der Ludwig Jannsky, mein großes Vorbild, in seinem Gehäuse gestanden ist, wie er sich bewegt hat.«

Und mehr noch: Im Sommer übte Willi Edelmann zusammen mit Bruder Anton: »Ich zog mir Schläger- und Fanghandschuh an, sonst nichts, keine Schienbeinschützer. Und dann hat der Anton aus zehn Metern geschossen.«

Edelmann hatte die beste Fanghand Deutschlands, er galt als Reaktionsphänomen. Reaktion hält man für ein angeborenes Vermögen. Irrtum, klärt der Weßlinger auf. »Auch das war erarbeitet.« Allerdings: Mit einem kleinen Trick.

Wilhelm Edelmann erzählt: »Als ich mit der Nationalmannschaft in Amerika war, habe ich Bob Worsley kennengelernt, den Tormann der New York Rangers. Ich fragte ihn: ›Du bist so klein, du hast einen Bauch, aber eine sensationelle Reaktion. Wie kann das sein?‹ Und Worsley verriet mir: ›Du mußt Tischtennis spielen, doch den Ball zuvor schwarz anstreichen.‹ Ich habe das für einen Scherz gehalten, es trotzdem ausprobiert und die ersten zehn Mal natürlich stangengerade danebengelangt. Bald jedoch merkte ich: Ich wurde besser, schneller.«

Das erste Super-Talent unter den Torhütern im deutschen Eishockey war dann Toni Kehle, der Füssener. Mannschaftskamerad Günther Knauss über den Mann, der ihn von der Position der Nummer eins verdrängte: »Der hat's einfach gehabt.«

1964, mit 17, kam Kehle in die erste Mannschaft, bis 1980 war er dabei. 1981 und 82 ließ er sich reaktivieren, weil Not am Mann war, 1985, als Füssen nur

Helmut de Raaf, ein Tormann von heute:
Perfekt ausgerüstet,
von der Kufe bis zum Helm.

**Sind sie nicht furchterregend, diese Torhütermasken?
Die Gesichter dahinter gehören Rainer Makatsch (oben links und unten rechts), Toni Kehle (oben rechts) und Vladimir Dzurilla (unten links).**

Ganz schön stressig, das Torhüterleben des Toni Kehle. Er war von 1975 bis 80 zugleich noch der Busfahrer des EV Füssen.

noch ein mittelgutes Zweitligateam hatte, sprang er als Ersatzmann ein. Kehle war ein Weltklassemann – und das, obwohl Training für ihn kaum einmal mehr als Nebensache sein konnte. Zuerst als Automechaniker, dann als Kraftfahrer, wurde er schon früh ins elterliche Busunternehmen eingespannt. »Ich stellte den Bus in die Garage und eilte hinüber ins Kobelstadion zum Abendtraining. Was war ich oft fertig, damals!«

115mal spielte er für Deutschland, mehr als jeder andere Schlußmann – doch an einen Vereinswechsel hat er nie gedacht: »Das Geschäft ließ das nicht zu. Und, wer weiß: Was hätten die Leute in Füssen gesagt, wenn aus dem Toni Kehle ein Düsseldorfer geworden wäre?«

Von 1975 bis 80 hat sich Kehle den absoluten Streß aufgebürdet: Er chauffierte die Mannschaft im Bus zu den Auswärtsspielen, stellte sich ins Tor, fuhr die Truppe wieder heim nach Füssen. 1986, mit 39 Jahren, stellte sich der Bronzemedaillen-Gewinner von Innsbruck 1986, nochmals ins Tor der Nationalmannschaft. Das war im Abschiedsspiel für den Landshuter Alois Schloder. Zehn Minuten hielt Toni Kehle wie der Teufel, bis ihn eine Zerrung stoppte. Der Toni: »Das Grundsätzliche verlernt ein Torwart nicht.«

Das deutsche Eishockey hat größere Talente bekommen und von ausgereifteren Trainingsmethoden profitiert. In den siebziger Jahren kam die Torschußmaschine auf den Markt, mit der der Trainer seinen Torwart ganz alleine trimmen konnte. Geschwindigkeit des Pucks, Flugwinkel – alles einstellbar.

Jozef Capla, ehemaliger Nationalverteidiger der CSSR, heute ein renommierter deutscher Trainer mit Verbands- und Bundesligaerfahrung, hat sich nicht gescheut, schon die jungen Goalies hart ranzunehmen. Als er Anfang der siebziger Jahre beim Augsburger EV arbeitete, bestellte er öfter mal den erst 12jährigen Thomas Schön ins Training der Seniorenmannschaft: »Wenn mir gerade ein zweiter Tormann fehlte, habe ich bei Schöns angerufen: ›Kann der Thommy mal ins Stadion rüberkommen?‹ Und er kam sofort. Die Spieler haben auf ihn halt weniger scharf geschossen.« Schön hat's nicht geschadet, er ist heute noch Eishockey-Torwart – und kein schlechter.

In der Waschküche begann die Laufbahn von Klaus Merk, dem Augsburger, der für Preussen Berlin hält und als Supertalent gehandelt wird. Bruder Robert, ein Zweitligaspieler, erzählt: »Wir haben als Kinder mit Schläger und Tennisball in der Waschküche herumgeballert. Weil der Klausi der jüngere war, mußte er ins Tor. Und dann ist der Bursche immer besser geworden.«

Klaus Merk wurde schon im Schüleralter vom Bayerischen Verband gesichtet und zu allen Lehrgängen eingeladen. Daß dann noch ein Mann wie CSSR-Weltmeister Vladimir Dzurilla ein Jahr im Verein arbeitete und ihm manchen Kniff beibrachte, trug natürlich zur Merkschen Klasse bei.

Die Torhüter von heute sind zudem Willensmenschen. Ein Beispiel: Helmut de Raaf. Zu Beginn der Saison 1987/88 zog er sich eine nicht unerhebliche Knieverletzung zu. Doch schon wenige Wochen nach der Operation trainierte er wieder. Auf dem Trockenen und im Sitzen. Er ließ sich von einer Tennisball-Wurfmaschine beschießen. »Meine Reaktion durfte nicht verkümmern.«

Einen ganz besonderen Willensakt vollbrachte Klaus Merk. Im April 1987 nahm er an einem Feuerlauf teil, ging, nachdem er sich ins »Alpha«, eine Art Dämmerzustand hatte versetzen lassen, barfuß über glühende, 1100 Grad heiße Kohlen. Sinn und Zweck der Übung: »Es hat mir etwas mehr Kraft und Selbstvertrauen gegeben.«

Die neuen Torhüter: Begnadet, arbeitsbesessen – und mutig!

Günter Klein

Die Verschollenen

Sie waren mal oben und füllten die Hallen. So wie der SC Riessersee lange Jahre das Olympiastadion von Garmisch-Partenkirchen. Heute sind sie aus der Bundesliga verschwunden. Und manche dieser Ex-Topklubs spielen nur noch vor Minikulissen. Oder überhaupt nicht mehr. Oder sie sind wieder im Kommen.

Wir haben uns auf Spurensuche gemacht. In Riessersee, Füssen, Bad Tölz, Bad Nauheim, Krefeld, Augsburg, Duisburg, Dortmund, München, Bayreuth, Essen, Weßling, Starnberg, Oberstdorf und Sonthofen.

Riessersee: Go-go-Girls beim Altmeister

Ewig, das war den Garmisch-Partenkirchenern selbst am klarsten, konnte das nicht gutgehen. Weil irgendwann halt auch mal der Überlebenskünstler vor die Hunde geht. Und beim SC Riessersee war das so gewesen: In den Jahren 1984, 85 und 86 hatte der Ex-Meister nur über die Relegationsrunde – und da jedesmal ein bißchen knapper – den Erhalt der Erstklassigkeit geschafft. Zuletzt hatte Trainer Peter Ustorf Vorstand Ernst Kraus besonders eindringlich gebeten: »Die Mannschaft muß verstärkt werden.«
Doch da tat sich nicht viel – und der SCR stieg 1987 ab. Auch ein Trainerwechsel vor der entscheidenden Runde – Vlado Dzurilla, der frühere Weltklassetorwart, als Aktiver mit Riessersee noch Meister 1981, löste Ustorf ab – half nicht mehr. »Es mußte irgendwann so kommen«, tröstete der scheidende Geschäftsführer Günter Zehntner, »ein Verein von dieser Struktur ist in der heutigen Bundesliga nicht zu halten.« Ja, die Struktur: Den niedrigsten Zuschauerschnitt mit 2120, Schulden, keine Unterstützung von Industrie und Geschäftswelt. Eine Gnade und ein Glück, daß die Gemeinde wenigstens die Stadionmiete stundete.
Geht's einem Klub erst mal so dreckig wie dem SC Riessersee, rutscht er meistens gleich noch eine Spielklasse runter, bis in die Oberliga. Der freie Fall. Oder er geht nach ganz unten, in die Landesliga, propagiert den Neuanfang. Würde das auch SCR-Politik werden? Nach dem Abstieg zog sich die Vorstandschaft zurück, Nachfolger fanden sich zunächst nicht, ein Arbeitskreis sprang ein. Zeichen der Machtlosigkeit, der Aufgabe? Im letzten Moment stand er dann doch da, der Märchenprinz: Urs Zondler, ein Schweizer Millionär, bestens bekannt wegen seines Engagements in der Münchner Handballszene. Und ebenso gefürchtet, weil er es bei keinem Verein lange ausgehalten hatte und in Frieden auch noch nie geschieden war. Hansjörg Neuner, einstiger SCR-Boß, kannte Zondler vom Golfspielen her recht gut und machte ihm die Aufgabe schmackhaft, bei einem Traditionsklub was zu bewegen.
Urs Zondler stieg ein, probierte gewohnheitsgemäß, die Zuschauer mit Show, mit Go-go-Girls und Verlosungen ins schönste Eisstadion Deutschlands zu locken. Das klappte anfangs auch ganz gut, zumal man endlich neue Mannschaften zu sehen bekam: Hedos München, Bad Tölz, EV Füssen, EHC Freiburg. Was ebenfalls ein reizvolles Spielchen war: Die Zuschauer konnten eine Niederlagen-Versicherung abschließen: Sie zahlten zwischen drei und sechs Mark mehr pro Karte, bei einer Abfuhr für den SCR gab's das ganze Geld zurück, bei einem Erfolg hatte der Verein gut verdient.
Und trotzdem: Es reichte nicht, um Gewinn zu machen. Im Gegenteil: Am Ende der Saison stand unterm Strich eine Neuverschuldung. Dazu kam eine saftige Nachforderung des Finanzamtes – denn in den Jahren vor Zondler war in Sachen Steuerzahlungen geschlampt worden.
Der SCR-Boß wollte den endgültigen Schlußstrich ziehen, den alten Verein sterben lassen und mit einem Nachfolgeklub, dem ECR Garmisch-Partenkirchen, in der zweiten Liga weiterspielen. Doch da spielten die Mitglieder nicht mit. Der SCR mußte der SCR bleiben. Riessersee ging in Konkurs, bekam also ein »i. K.« hinter den Vereinsnamen gestellt, und bemühte sich unter Federführung des ehemaligen Spielers und jetzigen Managers Franz Reindl um die Zulassung zum Spielbetrieb. Um bald in die Erstklassigkeit zurückzukehren? Reindl: »Daran verschwenden wir derzeit keinen Gedanken . . .« *Günter Klein*

Urs Zondler, der Schweizer Millionär, kam als Märchenprinz zum SC Riessersee. Doch den Konkurs konnte er nicht mehr abwenden.

EV Füssen: Attraktion im Kurprogramm

Tradition, zum Teufel mit der Tradition. Sie war es, die den 16fachen Deutschen Meister EV Füssen 1983 ins Grab brachte. Allein sie...
Man fühlte sich verpflichtet, mehr zu erreichen als den miserablen zehnten, drittletzten Platz des Vorjahres. Mehr? Viel mehr! Und so entschloß sich die Vorstandscrew um Raphael Prinz von Thurn und Taxis – alte glanzvolle Tage vor Augen – zu klotzen, den großen Transferdeal zu wagen: die Kießlings zu holen! Papa Gerhard als Coach, Sohnemann Udo als Rückhalt auf dem Eis.
Doch es war vorherzusehen gewesen: Das konnte nicht gutgehen, der Rest der Mannschaft war zu schwach. Ab Dezember spielte Udo in Köln, die Flucht weiterer Spieler setzte ein, Gerhard Kießling blieb – als Trainer einer Juniorenmannschaft, die Woche für Woche vorgeführt wurde. Unvermeidliches Ergebnis: der Abstieg. Und der Konkurs!
Trotzdem schaffte es der EV Füssen, in der zweiten Liga, die in Nord und Süd geteilt wurde, weiterzuspielen. Wobei das EV nicht mehr gleich dem EV war. Aus dem Eissport-Verein Füssen wurde der „Eislauf-Verein Füssen Eishokkey e. V." – ein Kniff, den die DEB-Satzungen zuließen. Und im Fall Füssen auch der Konkursverwalter. Das vereinseigene Stadion verpachtete er an die Stadt, um auf seine Kosten zu kommen. Der neue EVF konnte so jedenfalls jede Menger alter Spieler übernehmen. Alte Junge natürlich...
Würde der EVF irgendwann nach oben zurückkehren können? O nein, da wurden den im ersten Jahr von Georg Scholz und Carlo Jung betreuten Allgäuern gleich die Grenzen aufgezeigt. Eines der ersten Freundschaftsmatches ging in Landshut mit 0:24 verloren. Klar: Der EVF fing sich, spielte sich ein, verlor die Revanche nur mit 3:8 und gab in der zweiten Liga keine dramatisch schlechte Figur ab. Platz sechs – das war ordentlich für den Einstand.
Schon im nächsten Jahr sah es sportlich viel besser aus. Dafür sorgte die finnische Familie Wahlsten. Vater Juhani als Trainer, der im Nachwuchsbereich tolle Erfolge aufzuweisen hatte, und die hochtalentierten Söhne Sami und Jali brachten die Allgäuer auf Rang drei. Wobei zu einem der entscheidenden Spiele 5000 Zuschauer an den Kobelhang kamen – ansonsten wurde im kleinen Bundesleistungszentrum gespielt.
Doch Juhani Wahlsten erkannte, daß auf Dauer nichts zu bewegen sei in Füssen: »Es ist ein Irrsinn, daß wir im Sommer über zwanzig Partien absolvieren müssen, damit der Verein Einnahmen hat.« Das hat sich bis heute –, auch in der Zeit nach dem Wahlsten-Jahr, nicht geändert. Der EV Füssen gehört zum Sommer-Kurprogramm, unterhält die Einmal-Besucher von Norddeich – und geht schlapp in die Punktspiele, rutscht eben noch in die Aufstiegsrunde zur ersten Liga, wo er freilich nicht mehr als Statist ist.
Die Zuschauerzahlen? Bescheiden. Zum Beispiel 1988. In den Aufstiegsspielen – immerhin gegen Mannschaften wie Berlin, Krefeld, Freiburg, Kassel – blieb der Schnitt unter 800.
Füssen heute – das ist ein Zweitligaklub, der aufs Geld schauen muß, der seine Spieler nur mit einem Argument halten kann: Bleibt hier – das ist euer Zuhause!
Ein kleiner Trost: Im Sommer kommen die Weggegangenen immer zurück, bilden eine Mannschaft und spielen gegen den aktuellen EVF. Gewinnen tun stets die Ehemaligen...

Günter Klein

Ende der sechziger Jahre waren diese Duelle noch ein Schlager: EV Füssen – EC Bad Tölz. Nun treffen die Klubs eine tiefer aufeinander.

EC Bad Tölz: Zwei Millionen durch Transfers

Lorenz Funk war einer der ersten Bad Tölzer, die es in den Westen und Norden zog. Und wahrscheinlich werden auch die Söhne »Flocki« und »Lenz« ihr Glück auf Dauer nicht im ECT versuchen . . .

»Heute, Sonntag nachmittag, 2 Uhr, wird auf dem Klammerweiher das erste Eishockeyspiel ausgetragen. Es stehen sich hierbei die ersten Mannschaften des Eisclubs Bad Tölz und des Eissportvereins Rosenheim gegenüber. Die Zuschauer werden gebeten, sich am Ufer aufzustellen und zur Deckung der Kosten ein Festzeichen zu 40 Pf. zu lösen.« Mit diesen dürren Worten kündigte der Chronist der Heimatzeitung anno 1928, also vor 60 Jahren, eine folgenreiche Premiere an. Bad Tölz gewann seinerzeit übrigens mit 5:2, und fortan – daran hat sich bis heute nichts geändert – war Eishockey in der Kreisstadt an der Isar die Sportart Nummer eins, auch wenn die ersten Gehversuche bisweilen eher komisch ausgefallen sein sollen. Da kam es nämlich durchaus einmal vor, daß das Eis barst und der Torwart nach einer kühnen Parade in den kühlen Fluten versank. Und auch mit den „Roßbollnhupfern", wie die Schlittschuhe damals im Volksmund genannt wurden, hatten die Cracks so ihre Probleme, wie dem Bericht über ein Freundschaftsspiel gegen den Münchner EV zu entnehmen ist: »Die ungenügende Ausrüstung der Oberländer wurde zur Gaudi der Zuschauer. Die angeschraubten Schlittschuhe wurden oftmals locker und rutschten dann herrenlos auf dem Eis herum. Jeder unserer Spieler mußte einen Schlüssel in der Tasche haben, damit er seine Eisen wieder festschrauben konnte.«
Aufhalten ließ sich der sportliche Erfolg indes trotz solcher Hemmnisse nicht mehr, anno 1931 stiegen die Isarwinkler in die A-Klasse auf, 1935 zogen sie in das heutige Stadion um, wo sie immerhin schon sicher sein konnten, ihre Spiele trockenen Fußes zu beenden. Und mit dem Bau der Kunsteis-Anlage sicherte sich der EC Bad Tölz 1952 die Zugehörigkeit zur deutschen Spitze. Freilich dauerte es noch weitere zehn Jahre, ehe der Pokal für den Deutschen Meister in der Vitrine des ECT stand. 1966 konnte dieser Erfolg wiederholt werden, doch in den Jubel sollte sich bald Wehmut mischen.
Die allgemeine Entwicklung im Eishockeysport und chronischer Geldmangel zwangen den EC Bad Tölz, schon um den Spielbetrieb zu sichern, Jahr für Jahr die besten Kräfte zu verkaufen. Die Nationalspieler Sepp Reif und »Atom-Otto« Schneitberger, denen bald darauf Trainer Hans Rampf zur Düsseldorfer EG folgte, machten den Anfang, zahllose Namen umfaßt die Liste inzwischen. Vorsichtigen Schätzungen zufolge sollen die Isarwinkler etwa zwei Millionen Mark aus Transfererlösen eingenommen haben – um die Löcher zu stopfen, die der Unterhalt des vereinseigenen Stadions riß.
Die sportliche »Strafe« folgte: Nach der Saison 1975/76 mußte der EC Bad Tölz – punktgleich mit dem SC Riessersee und dem EV Rosenheim – den bitteren Weg in die Zweitklassigkeit antreten. An Versuchen, wieder nach oben zu kommen, hat es beim Club, der alleine nach dem Krieg etwa 30 A-Nationalspieler hervorbrachte, gewiß nicht gefehlt. Selbstverständlich sind inzwischen auch in Bad Tölz die Ausländer – vorzugsweise Kanadier wie zuletzt Tim Dunlop und Rick Boehm –, die das Spiel bestimmen, während die verkauften Eigengewächse immer jünger werden.
Vor Beginn der abgelaufenen Saison hat es der Altmeister mit einem neuen Marketing-Konzept versucht. »Tradition hat Zukunft – und die ist planbar« wurde da trotzig behauptet. Der Erfolg hielt den etwas vollmundigen Prognosen nicht ganz stand. Nicht nur, daß weniger denn je von der ersten Bundesliga die Rede ist, der Abstieg in die Oberliga wurde nur mit Mühe abgewendet.

Hans Staar

Bad Nauheim: Renaissance im Eiltempo

Waren das noch Zeiten, als Bad Nauheims Team mit »Vorname« VfL hieß und der Teufel auf der Brust von Torwart Dieter Jehner prangte.

Bad Nauheim – mit Herz fürs Herz. Diesem pfiffigen Slogan folgen jährlich 25000 Kurgäste in die beschauliche Kleinstadt. Doch seinen Bekanntheitsgrad verdankt Bad Nauheim in erster Linie dem Eishockey. Hier, in der sportlichen Diaspora zwischen Gießen und Frankfurt, genießt der schnellste Mannschaftssport der Welt einen enorm hohen Stellenwert.

Als dem VfL Bad Nauheim 1967 der Aufstieg in die Bundesliga gelang, sagte der damalige Kurdirektor Dr. Kleinert: »Ich bin der Meinung, daß es kaum eine Sportanlage gibt, die für die Bevölkerung von so allgemeiner Bedeutung ist wie das Eisstadion.« Hehre Worte, aber durchaus keine Platitüde. Daß das Spiel mit dem Puck im Herzen von Hessen die Nummer eins werden würde, davon konnte ein gewisser Colonel Knight keine Ahnung gehabt haben. 1946 hatte der Kommandant der Stadt Bad Nauheim die Idee, in genau 100 Tagen mit Hilfe amerikanischer Bulldozer und ehemaliger Nationalsozialisten das Stadion zu erbauen.

10000 Besucher strömten damals in die aus dem Boden gestampfte Arena – die Euphorie steckte auch die Jugend an. Ab 1967 gehörten die »Roten Teufel«, wie sie im Volksmund liebevoll genannt wurden, zur Creme de la Creme. 14 Jahre später gab's dann bittere Tränen zum Abschied. Der finanzielle Exitus führte zur Auflösung der Abteilung, der VfL meldete Konkurs an. Und das, obwohl die Heimspiele fast ständig vor ausverkauftem Haus stattfanden.

Doch die Renaissance erfolgte in Windeseile. Nahezu die gesamten VfL-Mitglieder wechselten zum EC über, der sich – welch herrlicher Zufall – ebenfalls mit den Farben Rot und Weiß schmückte. Im Sauseschritt marschierte der EC von der Regionalliga in die II. Bundesliga Nord, aber die Vereine der Bundesliga fahren seit Jahren an Bad Nauheim vorbei. 36 Kilometer weiter machen sie dann Halt – in Frankfurt, was beim »kleinen Bruder« schon mit einer Portion Neid zur Kenntnis genommen wird.

Denn – bei aller Bescheidenheit – die Nauheimer verstehen sich als die eigentlichen Väter des hessischen Eishockeys. Mit stolzgeschwellter Brust verweist der Vorstand des EC auf seine Nachwuchsarbeit: 140 Jugendliche tummeln sich in sechs Mannschaften. »Laut Statistik rangieren wir damit in der Bundesrepublik auf Platz sieben«, berichtet Jugendleiter Josef Stelzner. Zu den 580 Mitgliedern zählen zudem drei Seniorenteams, wobei die 1b und 1c in unteren Ligen auf Punktejagd gehen. Eine durchaus breite Basis, aber ist eine Rückkehr in die Eliteliga überhaupt realisierbar?

»Das hängt davon ab, in welche Richtung sich das deutsche Eishockey entwickelt. Wenn sich der Trend zur Großstadt mit riesigen Eishallen fortsetzt, haben wir keine Chance. Ein sportliches Ziel muß man aber immer vor Augen haben«, sagt Manager Rudolf Tacke trotzig.

Auf das treue Stammpublikum ist Verlaß: 2000 Fans passieren im Schnitt bei Heimspielen die Kassenhäuschen. Enorm viel für eine Kleinstadt, wo das leicht lädierte Knie eines Leistungsträgers zum Thema Nummer eins, das Gespräch am Biertisch zur Eishockey-Philosophie schlechthin gerät. Nur Martina Fischer, die Deutsche Meisterin im Golf, sorgt in der Kurstadt für vergleichbare Aufregung. Aber auch sie geht ins Eisstadion, wenn der EC Bad Nauheim spielt. *Dag Heydecker*

Krefeld: Zwei, einer, keiner, einer...

Krefeld war einmal wer in Eishockey-Deutschland. Obwohl nicht Titel gescheffelt wurden wie einst in Füssen, darf sich die Seidenstadt rühmen, die schnellste Mannschaftssportart der Welt jenseits des Weißwurstäquators im Westen der Republik hoffähig gemacht zu haben. Weit vor den Zeiten der Düsseldorfer EG und der Kölner »Haie« ging die Meisterkrone nach Krefeld. In einer Art Staffelrennen sicherte sich der KTSV Preußen den Titel 1951 und gab den Stab 1952 an den Lokalrivalen Krefelder EV weiter. Die beiden Vereine waren auch als Mannschaften der ersten Stunde dabei, als 1958 die Bundesliga eingeführt wurde. Sie gehörten der Eliteliga jahrelang gemeinsam an. Ein Kunststück mit Einmaligkeits-Charakter, das bisher keine andere Stadt fertigbrachte!

Doch für die Ewigkeit war dieser »Paarlauf«, der bei der Rivalität beider Klubs ohnehin nie einer war, nicht. Die Lichter bei den Preußen, die zwischenzeitlich zweimal ab- und dreimal wieder aufstiegen, erloschen endgültig im Juli 1971. Der Rückkehrer ins Oberhaus trat erst gar nicht mehr an, gab seine Lizenz zurück und seine Mannschaft nebst 180000 Mark Schulden an den KEV ab.

Es wird kolportiert, daß sich Vorstandsmitglieder der Schwarz-Gelben am Abend, als die Rot-Weißen kapitulierten, zum »Leichenschmaus« trafen und deren Untergang kräftig begossen haben. Den leidigen Erzrivalen war man für alle Zeiten los, man brauchte nicht mehr um die Gunst des Publikums zu buhlen und konnte vor Ort aus einem ungeteilten Spielerpotential schöpfen.

Das vermeintliche Glück dauerte allerdings nur sechs Jahre. Im verflixten siebten Jahr erwischte es auch den Krefelder EV. Nach dem zweitgrößten Erfolg der Vereinsgeschichte, der Vizemeisterschaft 1977, kam am 4. August 1978 das Aus. Die 42jährige Ära des Vereins, den der Erbauer der Rheinlandhalle, Willi Münstermann, 1936 aus der Taufe gehoben hatte, endete beim Konkursrichter. Die Pleite hatte zahlenmäßig das sechsfache Ausmaß wie seinerzeit bei den Preußen.

Eishockey war in der Metropole am linken Niederrhein jedoch nicht totzukriegen. Noch im gleichen Jahr gründete sich der EHC Krefeld. Retter in der Not war Willi Furth, ein Getränkegroßhändler. Der Unternehmer war bis dahin mit der Kufenbranche nie in Berührung gekommen, verstand sich als Zugpferd, das sich ausspannen lassen wollte, wenn der Karren wieder lief.

Und er lief. Der EHC marschierte von der Regionalliga bis in die zweite Bundesliga durch. Furths Amtsnachfolger Paul Hotstegs, ehemals Reservekeeper beim KEV, kaufte 1981 aus der Konkursmasse den alten Vereinsnamen zurück.

Nach Jahren der Konsolidierung strebt der KEV nun mit Macht die Erstklassigkeit an. »Wir haben zwei Jahre ganz oben mitgespielt. Mit dem vorhandenen guten Potential und ganz gezielten Verstärkungen wollen wir zurück ins Oberhaus«, sagt Vorsitzender Hans-Ulrich Urban unmißverständlich.

Wirtschaft (neben dem Hauptsponsor, dem Autohaus Walter Hagen, gibt es sechs weitere Mäzene sowie einen 117 Mitglieder starken Förderverein) und Stadt würden voll mitziehen. Mit einem 2-Millionen-Etat geht der KEV in die nächste – hoffentlich letzte – Zweitligasaison. Jetzt muß nur noch die Mannschaft mitspielen... *Kevin Winter*

Mitte der 70er Jahre waren sie das Torjäger-Duo des Krefelder EV: Stefan Karlsson (links) und Dick Decloe.

Augsburger EV: Konkurs war nicht das Ende

1979 verabschiedete sich der Augsburger Eislauf-Verein von 1878 letztmals aus der Bundesliga – und gleich ganz dramatisch. Was er an guten Spielern noch hatte, verkaufte er und begab sich freiwillig um zwei Klassen nach unten, in die Oberliga. Motto: Gesundschrumpfung, Neuanfang. Das Spielchen hat sich in den Jahren danach noch zweimal wiederholt.

Dabei ist Augsburg, was man das ideale Eishockey-Pflaster nennt. Das Publikum, ein mit knapp 8000 Plätzen großes Stadion – alles ist da. Gefehlt hat's nur an fähigen Funktionären. Die Ausnahme: Curt Frenzel. Der Verleger des Monopolblattes „Augsburger Allgemeine" hatte in den Sechzigern den AEV bis zur Erstklassigkeit hochgepäppelt. Die Deutsche Meisterschaft, das war sein Ziel. Doch Frenzel starb bereits 1970 – viel zu früh, um sein Lebenswerk zu vollenden.

Einen Titel holte der AEV dennoch, 1975, mit der Jugendmannschaft, die Jozef Capla, der Verteidigerstar der glanzvollen Ära, als Trainer aufgebaut hatte. Ernst Höfner, Holger Meitinger, Rainer Blum, Miroslav Nentvich, Sepp Klaus – sie gehörten zum Deutschen Jugendmeister AEV. Zu halten waren sie auf Dauer natürlich nicht, und mit dem Absturz von 1979 war diese Generation für das Augsburger Eishockey endgültig verloren.

Freilich kann die Stadt ohne ihren liebsten Sport nicht leben. Und darum ist der AEV auch immer wieder ein Stück nach oben gekommen. 1986, nach einer langen Konsolidierungsphase, war der Klub ganz nahe dran an der höchsten Klasse. In der zweiten Liga stellte die damals von Ex-Torjäger Heinz Zerres trainierte Truppe einen »Startrekord« von 60:0 Punkten auf, in der Aufstiegsrunde jedoch blieb sie hängen, weil der SC Riessersee im direkten Vergleich besser stand. Ein Tor mehr – das AEV-Comeback wäre perfekt gewesen.

Knapp ein Jahr später wurde gegen Deutschlands ältesten eissporttreibenden Verein das Konkursverfahren eröffnet. Der AEV hatte sich vollkommen übernommen, hatte den Aufstieg erzwingen wollen, die billigen Spieler gegen teure ausgetauscht, die freilich nicht besser waren. Ergebnis: Rund 1,5 Millionen Mark Schulden, Finanzamt und Krankenkasse machten nicht mehr mit, stellten Konkursantrag.

Es folgte ein Sommer, in dem man den AEV abgehakt hatte. Die Ausrüstungen wurden versteigert, die Spieler schauten sich nach neuen Vereinen um. Dann im September die Sensation:

Der Konkursverwalter meldete den Klub zum Spielbetrieb, der Deutsche Eishockey-Bund nahm den »AEV 1878 in Konkurs« in die Oberliga auf. Ganz offiziell pleite und trotzdem im Spielbetrieb – eine Premiere.

Die Saison 1987/88 schlossen die Augsburger unter Leitung eines zum Konkursverwalter bestellten Wirtschaftsprüfers mit 130000 Mark Plus ab, eine Entschuldung über einen Zwangsvergleich – dazu genügen 300000 Mark – ist möglich.

Doch jemals wieder die erste Liga? Nein, Curt Frenzel wird nicht noch einmal geboren...

Günter Klein

Mit Heinz Zerres als Trainer stellten die Augsburger einen Zweitliga-Rekord von 60:0 Punkten in Folge auf – und verpaßten doch ganz knapp den Aufstieg . . .

Duisburg: Getürkte urdeutsche Großmütter

Im Schlußspurt, quasi am letzten Spieltag, sicherte sich der Duisburger SV die Zweitliga-Zugehörigkeit für die nächste Saison. Damit wurde so eben noch vermieden, in die Eishockey-Hoffnungslosigkeit abzustürzen. Denn das wäre wahrscheinlich das Ende des Klubs gewesen, der als Nachfolger des einstigen Duisburger SC noch immer von der Nostalgie zehren kann: Immerhin gehörte die Stadt am Zusammenfluß von Rhein und Ruhr für kurze Zeit zur Creme des deutschen Eishockeys – wenn auch mit Hilfe von Zockertricks. Das mehrfach überfüllte Stadion, in dem DEG, Landshut und Kaufbeuren erfolglos blieben, war mit gefälschten Pässen zur Trutzburg geworden.

Das Spiel der acht Klasseleute im Duisburger Team, die den Trainer Ivars Weide zwangen, sein Training in Englisch durchzuführen, war eine Augenweide. Doch sie erregten den Argwohn der Konkurrenz, obwohl auch in Essen und Iserlohn die Vornamen Mike, Dennis, Tom oder Ken überwogen. Die plötzliche Zusammenballung von Enkeln deutschstämmiger Großmütter war schon merkwürdig. Die DEB-Geschäftsstelle in München stoppte dann auch den DSC-Expreß, der auf eigenem Eise schon sechs Siege eingefahren hatte. Fünf Spielern (weitere drei waren noch nicht im Einsatz) wurden per reitendem Boten die Kufen blockiert, dem EHC Essen die gleiche Zahl. Während aber Duisburg parierte, wehrte sich der Zweitligist per Einstweiliger Verfügung und spielte kanadisch weiter.

In der Bar »Schlüsselloch« in einem Essener Vorort – so ergaben später die kriminalistischen Ermittlungen – war die Quelle, aus der die gefälschten Spielerpässe flossen. Die urdeutschen Großmütter waren mehr oder weniger getürkt. DSC-Funktionäre gaben Manipulationen mit Fotokopien und Montagen gültiger Pässe zu, 25000 Mark sollen die acht Duisburger Ausweise samt zugehöriger (gestohlener) Konsulatsstempel gekostet haben. Dem DSC wurden die mit falscher Mannschaft erworbenen Punkte abgezogen; dennoch hielt er die Saison durch, auch wenn er finanziell auf dem Zahnfleisch ging.

Einen schon so früh feststehenden Absteiger wollten offenbar nur noch Masochisten sehen. Mit einem Schnitt von 1500 treuen Fans wurde das Aufgeben jedoch gerade noch verhindert. Eishockey lebte an der Wedau weiter, auch wenn die Gerichte den am Paß-Skandal beteiligten Funktionären vorübergehend das Handwerk legten. Neue Vorstände kamen, waren mehr oder weniger glücklich in ihrer Arbeit, hatten mehr oder weniger Mut zum Risiko. Eine volle Halle hat es jedoch nie mehr gegeben.

Das bundesweite Aufsehen der Saison 1980/81 hatten der Duisburger SC und erst recht der Duisburger SV als handsamer Nachfolger nie mehr, auch wenn fortan (mit Ausnahme der Saison 87/88) immer wieder mit korrekten Teams an die Tür der Bundesliga geklopft wurde. Meist war Duisburg Mit-Favorit, niemals als Fallobst gehandelt. Auch diesmal wieder sind Vorstandsmitglieder auf einer Reise nach Kanada fündig geworden und haben zwei bisher in Europa unbekannte Spieler angeheuert. Das könnte einmal mehr für einen vorderen Tabellenplatz reichen. Für größere Höhenflüge freilich hat sich in der 600000-Einwohner-Stadt der ersehnte Sponsor noch nicht gefunden.

Camillo Kluge

Die Duisburger Dauerbrenner: Multi-Funktionär Fritz Hesselmann überstand sogar die Paßfälscheraffäre, Martin Wild war Spieler und zweimal Trainer. Bei seinem letzten Engagement konnte er den Abstieg in die Oberliga gerade noch verhindern.

Dortmund: Die Yuppies kommen

Dieter Hoja kennt nur eine Richtung für Westfalen Dortmund: Aufwärts. Am besten in die Bundesliga, in der er schon ein paarmal Feuerwehr gespielt hat.

Dortmund ist Borussia Dortmund. Dortmund ist Fußball, das Westfalenstadion. Dortmund sind die Tricks von Frank Mill. Was kann neben der Borussia noch existieren? Handball: Die Herren vom OSC sind 1988 Letzte geworden in der Bundesliga. Rollhockey: Den Cracks aus Dortmund-Mengede ist es nicht besser ergangen in diesem Jahr. Und Eishockey? Nun, da regt sich zumindest was. Wieder ...

Immerhin hatte es mal einen TSC Eintracht 1848 Dortmund gegeben, und der war 1961/62, 62/63 und 64/65 Eishockey-Bundesligist gewesen. Allerdings immer hinten in der Tabelle. Der Abstieg 1965 bedeutete das Ende für die Eintracht – das Projekt scheiterte an den Finanzen. Zu den Schlagerspielen kamen sehr wohl 7000 Zuschauer, doch hatten die Leute irgendwann halt mal das Verlieren satt.

Sofort gründete sich ein Nachfolgeverein, der ERC Westfalen. Er begann ganz unten und blieb dort meist auch. Die Ausnahme: 1972/73 spielten die Dortmunder in der eingleisigen Oberliga, der Klasse gleich unter der Bundesliga. Im 16er-Feld waren indes nur der EHC Stuttgart und der EV Mittenwald schwächer. Folge: Der ERC Westfalen verabschiedete sich wieder aus der Zweitklassigkeit.

Doch keinesfalls auf ewig: Heute präsentiert sich der Klub als aufstrebender Yuppie. 1987 stieg er von der Regional- in die Oberliga auf, wurde dort als Neuling souveräner Meister und kam über den grünen Tisch in die zweite Liga. Im Duell mit dem EC Hannover gab's erstmals seit 25 Jahren mit 5000 Zuschauern wieder ein ausverkauftes Haus (bei mittlerweile verringerter Hallenkapazität). Natürlich nichts im Vergleich zur Borussia mit ihrem Superschnitt von 29417 oder dem OSC, der mit 2269 im Wert pro Partie noch über den Westfalen lag – doch es war ermutigend für die ERC-Macher. »Ich halte sogar die erste Liga für machbar«, sagte Karl-Walter Hänsler, bis Sommer 1988 Abteilungsleiter, »denn die Hallensituation in Dortmund wird immer besser.« Die Stadt bekommt ein Eiskunstlauf-Bundesleistungszentrum – und im Rahmen dieses 20-Millionen-Mark-Projekts wird das Eisstadion Westfalenhalle größer. Und schießlich ist da noch das Superding Westfalenhalle selbst, in dem jederzeit Eis bereitet werden kann. Und: 1983 war Dortmund ja schon WM-Ort – mit einem tollen Publikum. Mit über 10000 Zuschauern im Saal.

Was dem ERC Westfalen fehlt, ist ein solides Nachwuchsfundament. »Da sieht's schlecht aus«, meint Karl-Walter Hänsler, »wir haben lediglich drei Mannschaften und alle in der untersten Leistungsklasse.« Deshalb sind die Dortmunder auf Fremdspieler angewiesen. In ihrem Fall vor allem auf Iserlohner: Michael Muus, auch schon aktiv in Duisburg und Düsseldorf, war der erste, Ralf Hoja, Michael Goldmann, Martin Ebel zogen nach. Routinierte Leute.

Der Trainer ist für Zweitliga-Verhältnisse durchaus eine Kapazität. Dieter Hoja hat sehr viel Erfahrung in der Trainerausbildung und bereits mehrere Feuerwehr-Einsätze in der ersten Liga (Köln, Berlin) hinter sich. Vielleicht kommt ja ein dauerhafter Auftrag aus Dortmund dazu...

Günter Klein

München: Der unheimliche Teufelskreis

Hedos ist »in« – und dennoch: Es reicht nicht für ein sorgenfreies Leben.

Hätten Sie es gewußt? Der einzige Münchner Eintrag im Buch der Deutschen Eishockeymeister datiert aus dem Jahre 1922. Damals holte der MTV 79 den Titel in die bayerische Landeshauptstadt. Und seit dieser Zeit bemühen sich fast drei Generationen, dem Eishockeysport in München zu neuer Blüte zu verhelfen. Vergebens!
Hätten Sie es gewußt? Auch der ruhmreiche Fußball-Klub FC Bayern versuchte schon einmal, den Eishockeysport in München hoffähig zu machen. Die gerade erbaute Eissporthalle im Oberwiesenfeld platzte 1968 aus allen Nähten, als Waitl, Mauer, Maus und Co. in der ersten Liga ein kurzes Gastspiel gaben. Doch schnell hatten die cleveren Bayern-Bosse Neudecker und Schwan erkannt, daß beim Eishockey Aufwand und Ertrag in einem krassen Mißverhältnis stehen. Zumindest in München. Und bisher gelang es niemandem, diesen Teufelskreis zu durchbrechen.
Auch nicht dem MEV und dem EHC 70, die sich als Nachfolger des FC Bayern etablierten, der seine Eishokkey-Abteilung auflöste. Der MEV probierte es im wesentlichen mit der ehemaligen Bayern-Jugend. Der EHC 70 konnte ebenfalls auf die Bayern-Konkursmasse zurückgreifen.
Der Eissport-Mehrsparten-Klub MEV stieg dann 1972 ebenfalls aus dem Eishockey-Geschäft aus. Der EHC 70 kletterte bis in die zweite Bundesliga und schlitterte zugleich in hohe Schulden. Ein Silberstreif am Horizont schien sich abzuzeichnen, als der Kölner Präsident Dr. Erlemann die Münchner kurzerhand zu seiner Filiale erklärte. Ein kurzer Traum, denn die »Blue Lions GmbH« entpuppte sich als böser Flop, Dr. Erlemann verschwand später hinter Gittern.
Sportlich ging es aber steil bergauf, der EHC 70 schaffte 1980 den langersehnten Aufstieg in die Bundesliga. Der Münchner Multimillionär Alexander Merkl verkündete sogar: »In drei Jahren holen wir den Titel.« Merkel kam der Einstieg beim EHC 70 aber sehr teuer. Eine halbe Million aus seiner Privatschatulle verlor der Präsident, den Abstieg in die zweite Liga konnte er aber nicht verhindern. Auch eine gigantische Einkaufswelle konnte den Niedergang nicht stoppen. Kaum zu glauben, daß damals ein Beppo Schlikkenrieder nur die Nummer zwei im Tor des EHC 70 hinter Jorma Valtonen war. Der glücklose Trainer Seppo Litsola verschwand schnell in der Versenkung, und die Münchner standen 1981 vor einem finanziellen Scherbenhaufen. 1982 mußte endgültig Konkurs angemeldet werden.
Wieder einmal war München von der Eishockey-Landkarte verschwunden. Immerhin bestand als winziges Kapital noch die EHC-Jugend. Was lag näher, als einen neuen Klub zu gründen, der unter dem Namen EC Hedos in der Landesliga zu einem furiosen Durchmarsch startete! Mit dem Trainer Jiri Kochta, der für den EHC 70 in der zweiten Liga stürmte, begann ein kleines Eishockey-Wunder. Bereits in der Regionalliga verzeichnete der EC Hedos mehr Zuschauer als sein Vorgänger EHC 70 in der Bundesliga.
München also endgültig auf dem Weg zur Eishockey-Hochburg? Weit gefehlt! So verfielen die Verantwortlichen nach dem Aufstieg in die zweite Bundesliga wieder in die alten Fehler, gaben die Politik des Augenmaßes auf. Der neue Trainer Ulf Sterner bekam jeden personellen Wunsch erfüllt. Trotz des sensationellen Zuschauerschnittes von 5000 standen die Münchner nach der Saison 1987/88 wieder mit hohen Schulden da. Alles wie gehabt! Der neue Vorstand Dr. Berthold Jakob kündigte schon einmal an, wohin die Reise geht: »Wir müssen in Zukunft kleinere Brötchen backen«.
Auch den EC Hedos hat dieser unheimliche Münchner Teufelskreis eingeholt. Keine eigene Halle. Dadurch ist keine vernünftige Nachwuchsarbeit möglich. Die Eigengewächse kommen aufgrund der schwierigen Trainingssituation in München kaum über Oberliga-Niveau hinaus. Also muß München immer wieder von Spielereinkäufen leben – und die sind teuer. Die Hallenkapazität von 6000 reicht nicht aus, um eine Bundesliga-Truppe zu finanzieren. Traurig, aber wahr: Die Alternative kann nur heißen: Entweder Bundesliga mit einem Sponsor, der jährlich eine Million Mark hineinbuttert, oder Regionalliga mit Eigengewächsen! *Klaus Kirschner*

Bayreuth: Zurück zum ehrlichen Eishockey

Dietmar Habnitt, der Torwart, und Drew Callander, der Kapitän: Sie waren noch die Besten in einer Bayreuther Mannschaft, die erstligauntauglich spielte und vom eigenen Publikum nie akzeptiert wurde.

Vom Bundesliga-Abenteuer des SV Bayreuth in der Saison 1985/86 wird an den Stammtischen der oberfränkischen Sportstadt kaum noch geredet. Der Schnee von gestern ist kein Thema mehr. Trotzdem gibt es noch Eishokkey-Experten in der Wagnerstadt, die von einer verpaßten historischen Chance sprechen. Und eines ist nicht ganz von der Hand zu weisen: Mit glücklicherem Management wäre der Erstligaerhalt über die Qualifikationsrunde mit den Zweitligisten zu erreichen gewesen. Die bescheidenen finanziellen Mittel hätten effektiver angelegt werden müssen.

Trotzdem empfinden die Macher von damals, die sich mit einem erheblichen Schuldenberg von 300000 Mark von der großen Bühne verabschiedeten, in einer Beziehung Genugtuung: Obwohl der damalige Senkrechtstarter im deutschen Eishockey mit einem kleinen Etat von rund 1,2 Millionen Mark auszukommen hatte, schnitt er mit zwölf Punkten in seinen 36 Spielen besser ab als etwa der 1987er-Neuling Berlin, der ein Mehrfaches dieser Summe investiert hatte.

Das Bayreuther Grundübel von 1985: Die Nordbayern, nach zehnjährigem Höhenflug von der untersten Liga bis hin zur Eliteklasse vom Erfolg regelrecht verwöhnt, waren unvorbereitet in dieses Wagnis gestolpert: Leistungsträger wie Dieter Willmann, Mike Lay (beide jetzt in Schwenningen), Rick Boehm (in die Schweiz, dann zum EC Bad Tölz) ließ man leichtfertig ziehen, ohne Ersatz parat zu haben. Obendrein stimmte die Mischung des hastig zusammengekauften Kaders nicht mehr. Eine Folge: Das sieggewohnte Publikum trauerte den »Helden von gestern« nach und konnte sich mit den Neuen nicht identifizieren. Die fehlende Begeisterung auf den Rängen und unter den Cracks ließen die Einsatzbereitschaft mitunter auf den Nullpunkt sinken. So fatal es vielleicht klingen mag: Die Fans atmeten auf, als jener Kader nach dieser unrühmlichen Serie mit vielen hektischen Notaktionen hinter den Kulissen dalag wie ein Scherbenhaufen.

Angebliche Propheten, die Oberfrankens Eishockey-Flaggschiff schon einen Untergang vorausgesagt hatten, sahen sich aber getäuscht. Das »Lebenslichtlein« brennt und flackert und soll in einigen Jahren vielleicht wieder strahlen. Was ist geschehen?

Gerade noch im richtigen Augenblick haben Sponsoren ihr Herz für das Eishockey in der nördlichen Region Bayerns entdeckt. Die Zahl der Gönner wuchs in den letzten zwei Jahren, wozu nicht zuletzt die Mannschaft ihr Scherflein beitrug. Tatsache: Auf dem Eis wurde wieder ehrliche Arbeit geboten. Mit tollem Kampfgeist erreichte man unter der Regie von Ex-Weltmeister Ulf Sterner (86/87) und Richard Piechutta (87/88) jeweils einen nicht für möglich gehaltenen vierten Platz in der Bundesliga-Qualifikation. Bayreuth ist somit die Nummer zwölf in der deutschen Rangliste.

Mit Trikotwerbepartner »Helsapor« steht das Unternehmen Eishockey wieder auf sicherem Fundament. Das in Gefrees im Bayreuther Landkreis ansässige Unternehmen sorgte für notwendige Unterstützung.

Inzwischen hat in der Sportstadt am Roten Main eine neue Ära begonnen: Die Eishockey-Abteilung des renommierten Schwimm-Vereins steht seit kurzer Zeit auf eigenen Füßen. Als Schlittschuh-Verein Bayreuth will man nichts unversucht lassen, den erreichten Leistungsstand zu halten. Unter der Federführung des im April engagierten neuen Trainers Hans Zach, den auch andere Klubs gerne gehabt hätten, schmiedeten die Franken ehrgeizige Pläne: Das mittelfristige Ziel heißt erste Bundesliga.

Siegfried Zerrenner

Essen-West: Was für Zuschauer!

Carlo Seibert und Karl-Heinz Swiridow müssen es wissen. Denn sowohl Masseur Swiridow als auch Betreuer Seibert halten dem EHC länger die Treue als irgendein Vorstandsmitglied oder gar ein Spieler. Carlo schleift mittlerweile seit 15 Jahren die Kufen der Eishockey-Asse vom Westbahnhof, und Karl-Heinz knetet immerhin seit elf Jahren die Muskeln der Puckflitzer. Kaum einer kennt die Verhältnisse am Westbahnhof also so gut wie die beiden gebürtigen Essener. Und deshalb hat ihr Wort Gewicht, zumindestens wenn es um die Frage geht, welche EHC-Saison die schönste gewesen sei.

Da müssen beide nicht lange überlegen: »1980«, kommt die Antwort blitzschnell. Die einzige Spielzeit des EHC in der Eliteklasse zu nennen, das fällt den beiden Originalen nicht ein. Im Gegenteil! Über die Saison 1984/85, als die EHC-Recken vornehmlich Sparringspartner für die besten bundesdeutschen Klubs waren, redet das Duo vergleichsweise weniger gern.

Dafür um so lieber über 1980 – das Jahr der getürkten Pässe. »Im Skandaljahr hatten wir die beste Mannschaft«, kommt unisono die einleuchtende Begründung, die nicht den Hauch einer Kritik an den dubiosen Machenschaften beinhaltet.

Im bislang einzigen Bundesligajahr lief es für die Schützlinge des damaligen Trainers Heinz Zerres also nicht gerade nach Wunsch. Zwar traten die Truppe und der Coach mit dem Anspruch an: »Wir wollen vor allen Dingen lernen«, doch daß der EHC schließlich so viel Nachhilfeunterricht benötigte, das hätten sich am Westbahnhof auch die Pessimisten nicht träumen lassen.

Zerres stapelte sicherlich bewußt tief, aber hin und wieder wollte er eben doch den Favoriten ein Bein stellen, was freilich in den seltensten Fällen gelang. Bereits das erste Wochenende der Saison bot den richtigen Vorgeschmack. Nach einigermaßen überzeugenden Ergebnissen in den Vorbereitungsspielen rutschten Topolnisky, Hatheway und Co. an der Brehmstraße gegen die Düsseldorfer DEG beim 1:6 auf dem spiegelglatten Erstligaparkett erst einmal tüchtig aus.

Aber auch auf eigenem Eis mißlang der Start vor immerhin 4000 Zuschauern beim 2:4 gegen den ESV Kaufbeuren. Vor allem drängte sich die Frage auf, ob die Essener, die nur deshalb aufgestiegen waren, weil sie in letzter Minute den Platz für die in Konkurs gegangenen Freiburger einnehmen durften, finanziell über die Runden kommen. Die Zuschauer jedoch ließen die Zerres-Schützlinge nicht im Stich. Egal wie ihre Lieblinge auch spielten, die Anhänger (Schnitt knapp 3000) standen zumeist wie ein Mann hinter ihnen.

Noch heute macht eine Geschichte immer wieder die Runde: Nach zwei Dritteln lag man gegen die Kölner »Haie« 0:11 im Rückstand, ehe man im letzten Durchgang mächtig aufdrehte und dem KEC ein 3:3 abtrotzte – da stand die Halle kopf, frenetischer Jubel brandete auf, als gelte es, die Meisterschaft zu feiern.

Die Saison endete schließlich, wie sie für ein Team enden mußte, das für die Eliteliga über zu wenig Akteure von Format verfügt. Der Abstiegsrunde folgte der Fall in die Zweitklassigkeit. Und gleich weiter in die Drittklassigkeit, aus der sich der EHC allerdings gleich wieder befreite und mit Peter Ustorf als neuem Trainer gleich Platz vier der zweiten Liga belegte. Mit einer Reihe aus Kassel geholter Spieler soll's 1988/89 weiter nach oben gehen.

Trotz der überaus mageren Ausbeute von 8:64 Punkten (Tabellenletzter) in der Meisterschaft und immerhin 20:16 Punkten (Platz 4) in der Relegation, trotz sechs zweistelliger Niederlagen in der ersten Bundesliga und sogar einer 0:21-Schlappe beim Mannheimer ERC bleibt Essen ein bemerkenswerter Farbklecks der Saison 1984/85. Trotz? Vielleicht natürlich auch gerade wegen dieser »Leistungen«... *Artur vom Stein*

Mit Optimismus gingen die Essener in ihre einzige Bundesliga-Saison. Vorsitzender Bäumker, Torwart Scholz, Kapitän Topolnisky und Sponsor Papst (von links) präsentieren das neue Trikot. Ein Verlierer-Trikot...

Weßling/Starnberg: Außer Betrieb

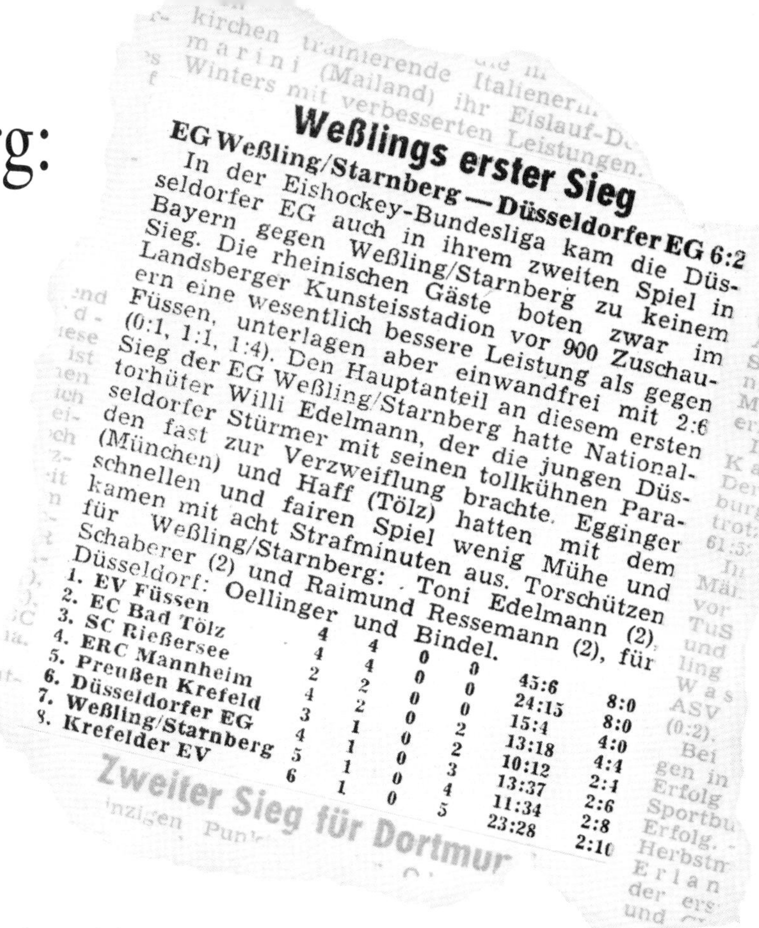

Weßlings erster Sieg

EG Weßling/Starnberg — Düsseldorfer EG 6:2

In der Eishockey-Bundesliga kam die Düsseldorfer EG auch in ihrem zweiten Spiel in Bayern gegen Weßling/Starnberg zu keinem Sieg. Die rheinischen Gäste boten zwar im Landsberger Kunsteisstadion vor 900 Zuschauern eine wesentlich bessere Leistung als gegen Füssen, unterlagen aber einwandfrei mit 2:6 (0:1, 1:1, 1:4). Den Hauptanteil an diesem ersten Sieg der EG Weßling/Starnberg hatte Nationaltorhüter Willi Edelmann, der die jungen Düsseldorfer Stürmer mit seinen tollkühnen Paraden fast zur Verzweiflung brachte. Egginger (München) und Haff (Tölz) hatten mit dem schnellen und fairen Spiel wenig Mühe und kamen mit acht Strafminuten aus. Torschützen für Weßling/Starnberg: Toni Edelmann (2), Schaberer (2) und Raimund Ressemann (2), für Düsseldorf: Oellinger und Bindel.

1. EV Füssen	4	4	0	0	45:6	8:0
2. EC Bad Tölz	4	4	0	0	24:15	8:0
3. SC Rießersee	2	2	0	0	15:4	4:0
4. ERC Mannheim	4	2	0	2	13:18	4:4
5. Preußen Krefeld	3	1	0	2	10:12	2:4
6. Düsseldorfer EG	4	1	0	3	13:37	2:6
7. Weßling/Starnberg	5	1	0	4	11:34	2:8
8. Krefelder EV	6	1	0	5	23:28	2:10

Der SPORT-Kurier-Bericht vom ersten Weßling/Starnberger Bundesliga-Sieg 1958. Es blieb der einzige . . .

Ein Jahr Bundesliga, 14 Spiele, davon 13 verloren – die »ewige Tabelle« läßt die EG Weßling/Starnberg schlecht aussehen. Schlechter, als sie tatsächlich war. Denn immerhin hatte sie in den fünf Saisonen vor der Bundesliga in der Oberliga gestanden, der höchsten Klasse. Und die Spiel-Gemeinschaft hatte mit den Edelmann-Brüdern Wilhelm und Anton sogar zwei Nationalspieler hervorgebracht, die allerdings den sportlichen Mißerfolg nicht abwenden konnten. Der Abstieg bedeutete zugleich das Ende der Weßling-Starnberger Kombination, die Edelmanns (»Runter wollten wir nicht«) orientierten sich nach Bad Tölz.

»Der Saisonetat der EG betrug 80000 Mark, und der war durch die Zuschauereinnahmen nicht zu decken«, erinnert sich Wilhelm Edelmann. Dabei wurden die Aktiven äußerst kurz gehalten: »Wir durften pro Saison nicht mehr als drei Schläger verbrauchen. Für ein Spiel bekamen wir fünf Mark, ein Paar Wiener, eine Semmel und eine Halbe Bier. Das war's.« Und die EG Weßling/Starnberg trug ihre Heimspiele meist auf Natureis aus, zumTraining mußte man einmal wöchentlich ins Münchner Prinzregentenstadion fahren. Edelmann: »Nach dem öffentlichen Lauf waren wir an der Reihe. Aber glauben Sie nicht, daß da jedesmal zuvor noch eine Eismaschine drübergefahren wäre.« Kurz und bündig: Das Unternehmen Eishockey in Weßling hatte keine (große) Zukunft.

Die Fusion mit den sportlich weitaus schwächeren Starnbergern war der SC Weßling ohnehin nur eingegangen, um den Politikern des Landkreises Starnberg die Entscheidung zum Bau einer Kunsteisbahn abzuringen. Doch leider: Die haben sie heute noch nicht. Was zwangsläufig dazu geführt hat, daß es in Starnberg überhaupt keinen Eishokkey-Klub mehr gibt und der Sport-Club Weßling derzeit auch nicht im Spielbetrieb steht. Bis 1987 war man in der Natureis-Bayernliga dabei – doch die wurde aufgelöst. Mangels Beteiligung. »Mehr als zwei Heimspiele hatten wir sowieso nicht mehr austragen können pro Saison. Es wurde verlangt, daß wir unsere Termine dann auf Kunsteis wahrnehmen«, klagt Herbert Wolleschak, der den SC 1986, zum 50jährigen Jubiläum, übernahm.

Weßlinger Spieler gibt's genügend. »75 Prozent«, schätzt Vorstand Wolleschak, »haben wir beim Landesligisten Geisenbrunn/Planegg, der Rest spielt in Germering und Landsberg.« Alle in der Fremde – schade für einen Verein, der nach seiner Bundesligazeit noch lange zur Regional- und Bayernliga gehört hat. Bringt die Zukunft eine Renaissance? »Die Talente sind da«, behauptet Wilhelm Edelmann, »ich sehe es ja im Winter, wenn unser See zugefroren ist, da tummelt sich die Eishockey-Jugend.«

Natürlich: Weit oben wird der SC Weßling nie wieder spielen können. Und das will er auch nicht, weil er da investieren und ein Wagnis eingehen müßte. »Das Kaufen ist doch ein Widerspruch zu unserem Sport«, sagt Wilhelm Edelmann, »zu meiner Zeit hatten wir gerade einen Füssener, einen Münchner und einen Mann aus Oberpfaffenhofen. Ansonsten waren wir eine reine Dorfmannschaft, die aber auch ohne Geld aus vollem Herzen gespielt hat.«

Und solch ein eigenes Team möchten sie in Weßling wiederhaben – es muß überhaupt nicht super sein . . .

Günter Klein

Oberstdorf/Sonthofen: Schön bescheiden

Daß das Projekt zerbrach, lag an zwei Leuten. Nachdem die Spielgemeinschaft Oberstdorf/Sonthofen gleich nach ihrer einzigen Bundesliga-Saison 1968 wieder abgestiegen war, machten sich die Stars, die beiden Exil-Tschechoslowaken Tibor und Ferenc Vozar, davon in Richtung Berlin, über Nacht. Der ehemalige SG-Spieler Arnold Cecco erinnert sich: »Die SG verweigerte zunächst die Freigabe, es gab Verhandlungen, die Vozars hatten ein gutes Angebot, und letztendlich hat man sie gehen lassen. Die Spielgemeinschaft wurde danach aufgelöst.«
Somit hatte die Fusion nur zwei Jahre Bestand gehabt. 1966 waren die Sonthofener an den Allgäuer Nachbarn herangetreten: Wollen wir nicht zusammen? Die Oberstdorfer wollten, stellten das Stadion und 20 Prozent der Mannschaft. Die erste Oberliga-Saison verlief erfreulich, in der Aufstiegsrunde ließ die Kombination sogar die Erstligisten ESV Kaufbeuren und SC Riessersee hinter sich.
Nach dem Aus gab's lange Zeit gar kein Eishockey in den beiden Städten. Erst 1973 ging's wieder los, getrennt in der Landesliga. Und fast im Gleichschritt nach oben. 1983 kam der EC Oberstdorf in die zweite Liga Süd, 1984 stieg er ab, dafür rückte der ERC Sonthofen nach...

Als Ferenc Vozar stolz im Trikot des Berliner Schlittschuh-Clubs posierte, gab es seinen alten Verein, die SG Oberstdorf/Sonthofen, schon nicht mehr...

Der Aufstieg der Oberstdorfer – das war eine reichlich kuriose Geschichte. Mehrere Oberliga-Klubs hatten auf einen noch freien Platz in der zweiten Liga verzichtet, da kam die Reihe irgendwann an den EC. Und der sagte ja, denn die Alternative war – wirklich wahr – der Abstieg in die Regionalliga. »Und für die wären wir viel zu stark gewesen«, so der mittlerweile zum Obmann aufgestiegene Ex-Spieler Arnold Cecco, »wir hatten gerade mit Ervin Materna und Frantisek Krejcir zwei starke Exil-Tschechen durchgefüttert. Was uns fehlte, war ein guter Torwart. Sonst hätten wir die zweite Liga gepackt.«
Der ERC Sonthofen hatte sportlich keine Probleme. 1985/86 erreichte er sogar Platz vier und die Aufstiegsrunde zur ersten Liga. Doch ein Jahr darauf stand er nach verfehlter Personalpolitik vor dem Konkurs. Die Mitglieder des Klubs beschlossen aber, anstatt aufzugeben lieber freiwillig in die Oberliga zurückzugehen, dort mit eigenen Spielern und zwei starken Ausländern den Neuaufbau einzuleiten. Mit dem Ziel, in drei Jahren eine Oberliga-Spitzenmannschaft zu haben. Nun, ein gutes Team hatten sie sofort wieder, die Sonthofener. Sie wurden sogar Deutscher Oberliga-Meister und stiegen in die zweite Liga auf. Freilich ohne Ambitionen auf große Taten.
Noch viel bescheidener ist Regionalligist EC Oberstdorf. Seit dem Zweitliga-Intermezzo hat der Klub keinen ausländischen Spieler mehr verpflichtet. Ervin Materna, der Star, an dem die Oberstdorfer noch die Besitzrechte haben, wird ausgeliehen, damit Geld in die Kasse kommt. 1988/89 will es der ECO noch einmal mit zwei Kanadiern versuchen. »Mit zwei billigen«, sagt Arnold Cecco, »denn wir wollen unsere Gemeinnützigkeit nicht aufs Spiel setzen.« Mit dem Gedanken, daß die Importe vielleicht zu gut sind für Oberstdorf, hat sich Obmann Cecco vorsichtshalber auch schon befaßt: »Dann werden sie nach einem Jahr sicher woanders spielen.« *Günter Klein*

Hände sind zum Klatschen da

Er hat die ganze Bundesliga auf seinem Pulli – und noch ein paar Klubs mehr. Und der Junior sicher auch bald . . .

Die deutsche Fan-Szene 1988

Erste Bundesliga

Düsseldorfer EG
6 Fan-Clubs, davon 3 im VDEFC
EFC Rot-Gelb 77 Mitglieder 283
FC Düsseldorf Süd 84 36
EFC Paulus Panther 30

ESV Kaufbeuren
4 Fan-Clubs, alle im VDEFC
1. ESVK-Fan-Club 130
Green Monsters Fan-Club 126
Rot-Gelb-Fan-Club 21
Montreal-Canadiens-Fan-Club 18

Kölner EC
5 Fan-Clubs, davon 2 im VDEFC
Pulheimer Fan-Club der Haie 224
Stammtisch Nordkurve 33

SB Rosenheim
3 Fan-Clubs, einer im VDEFC
Eishockey-Fan-Club Rosenheim 148

Berliner SC Preussen
5 Fan-Clubs, davon 2 im VDEFC
Eishockey-Freunde 100
EFC Schwarz-Weiß-Rot 28

EV Landshut
4 Fan-Clubs, davon einer im VDEFC
Rot-Weiß 79 90

EHC Freiburg
[illegible] Fan-Clubs, davon einer im VDEFC
1. Eishockey-Fan-Club Freiburg 18

Mannheimer ERC
10 Fan-Clubs, davon einer im VDEFC
Bully Tor 13

Zweite Bundesliga

EV Füssen
4 Fan-Clubs, davon 2 im VDEFC
1. EVF Fan-Club 1976 223
Eishockeyfreunde 126

EHC Essen-West
Ein Fan-Club, im VDEFC
EHC Fan-Club Essen 335

EHC 80 Nürnberg
2 Fan-Clubs, beide im VDEFC
Eishockey-Freunde 177
Puckfreunde Franken 21

EC Bad Nauheim
[illegible] Fan-Clubs, davon 3 im VDEFC
Echzell Red Devils 105
Fan-Club Beienheim 49
Fan-Club Rote Teufel 30

EC Ratingen
Ein Fan-Club, im VDEFC
Fan-Club »Die Treuen« 159

Krefelder EV
3 Fan-Clubs, alle im VDEFC
Echo der Nordtribüne 67
KEV-Fan-Club 1974 62
Eishockeyfreunde 1984 10

EV Landsberg
Ein Fan-Club, im VDEFC
EV Landsberg Fan-Club 120

EC Bad Tölz
2 Fan-Clubs, davon einer im VDEFC
Freundeskreis EC Bad Tölz 110

EC Hannover
3 Fan-Clubs, davon einer im VDEFC
Fan-Club Hannover 95

Neusser SC
5 Fan-Clubs, davon 2 im VDEFC
Südpark-Cracks 65
Neusser SC – IG 20

SC Riessersee
Zwei Fan-Clubs, beide im VDEFC
»Blue Angels« 40
SCR-Fan-Club Erlangen 32

Duisburger SV
3 Fan-Clubs, davon einer im VDEFC
1. Fan-Club Duisburger SV 67

EC Hedos München
4 Fan-Clubs, davon 2 im VDEFC
1. Fan-Club München 56
D'Minkara Eishockey-Dammische 9

ERC Westfalen Dortmund
Ein Fan-Club, im VDEFC
IG Westfalen Dortmund 53

SC Solingen
3 Fan-Clubs, davon einer im VDEFC
1. SCS Fan-Club 1982 45

EC Heilbronn
4 Fan-Clubs, davon einer im VDEFC
Fan-Club »Die Eisbären« 21

EV Stuttgart
Fan-Club »Puck und Schläger« Mitglied im VDEFC, aber noch keine Stärke registriert.

Oberliga und darunter

Augsburger EV
2 Fan-Clubs, beide im VDEFC
1. AEV-Fan-Club 1976 355
Eishockeyfreunde 144

1. EHC Hamburg
3 Fan-Clubs, davon 2 im VDEFC
1. EHC-Fan-Club »Schlagschuß« 100
Eishockeyfreunde Powerplay 53

ECD Iserlohn
4 Fan-Clubs, davon 2 im VDEFC
Eissportfreunde 96
1. ECD-Fan-Club Sauerland 50

TSV Königsbrunn
Ein Fan-Club, im VDEFC
Pinguin-Fan-Club 1977 126

ERC Ingolstadt
3 Fan-Clubs, davon 2 im VDEFC
ERC-Fan-Club 78 105
Eishockeyfreunde 1986 32

Deggendorfer EC
3 Fan-Clubs, davon einer im VDEFC
1. Fan-Club Deggendorf »77« 95

EHC Klostersee
Ein Fan-Club, im VDEFC
EHC Klostersee Fan-Club 79 64

Schalker Haie
2 Fan-Clubs, beide im VDEFC
Fan-Club »The Sharks« 47
Fan-Club »The Chiefs«
(noch ohne Mitgliederzahl)

REV Bremerhaven
Ein Fan-Club, im VDEFC
Fördergruppe Bremerhaven REV 47

VERE Selb
3 Fan-Clubs, davon einer im VDEFC
ERC Selb Fan-Club Hof/Saale 45

EV Regensburg
Ein Fan-Club, im VDEFC
Fan-Club Rot-Weiß 1982 39

EV Ravensburg
2 Fan-Clubs, einer im VDEFC
EVR-Fan-Club 1986 31

EHC Unna
Ein Fan-Club, im VDEFC
Puckfreunde Unna 30

EHC Straubing
Ein Fan-Club, im VDEFC
Eissportfreunde 29

ESC Ahaus
Ein Fan-Club, im VDEFC
Fan-Club »Rot-Gelb 84« 25

EV Germering
Ein Fan-Club, im VDEFC
EV Germering Fan-Club 24

In **Braunlage, Erding** und **Dingolfing** wurden Fan-Clubs gegründet; Mitgliederzahlen sind noch nicht registriert. VDEFC-Mitglied ohne Stimmrecht ist der **SC Bern Fan-Club** mit 671 Mitgliedern.

Fußball spielen sie auch. Aber ungern. Denn beim Fußball gibt's Stunk. »Am besten wär's, diese Turniere abzuschaffen«, sagt denn auch Reinhard Hintermayr, »da wird mir zuviel gestritten. Und 80 Prozent der Leute, die kommen, sehe ich sonst nie.«

Mit Fußball-Fans wollen Eishockey-Fans nichts zu tun haben. Reinhard Hintermayr über das Warum: »Ich bin mit Frankfurter Eintracht-Fans, mit Fußball-Fans, mal fünf Stunden zusammengesessen. Die haben mir erzählt, daß sie in dieser Woche gegen die Gladbacher schreien und acht Tage später gemeinsam mit den Gladbachern nach Schalke fahren, um Front gegen Bayern München zu machen. Chaoten.«

Chaoten – das entspricht auch (teilweise berechtigt) dem öffentlichen Eindruck. Fußball-Fans erfordern Soziologen-Projekte, Fußball-Fans bringen sich um, Fußball-Fans haben »Heysel« zu verantworten. Eishockey-Fans? In Wernau, einem Ort mit Regionalliga-Verein, haben mal welche den Schiedsrichter mit Tränengas besprüht, in Frankfurt haben Skinheads eine Schlägerei angezettelt, Augsburger Anhänger haben in Garmisch-Partenkirchen die Eisfläche mit Feuerzeugen übersät, was einen Spielabbruch zur Folge gehabt hat. Kavaliersdelikte. Die Hände des Eishockey-Fans sind zum Klatschen da, nicht zum Schlagen.

Es passiert wirklich kaum mal was im Eishockey – und das liegt daran, daß die Anhänger organisiert sind. Eine einmalige Sache im deutschen Sport: Viele Fan-Clubs (wenngleich längst nicht alle) haben sich unter einem Dach zusammengetan, dem Verband Deutscher Eishockey-Fan-Clubs, dem VDEFC.

Wer da Mitglied ist, hat sich an die verbandseigene Fair-play-Charta zu halten. Die umfaßt sechs Punkte. Die Kernsätze daraus: »Wir Eishockey-Fans stellen uns hinter jeden Spieler und Trainer, welche die Grenze zwischen Härte und Brutalität kennen und einhalten. Wir distanzieren uns von jenen Spielern und Trainern, welche in voller Absicht die Grenzen der Fairneß überschreiten und Verletzungen des Gegners in Kauf nehmen.« Und: »Wir betrachten gegnerische Mannschaften und deren Fans nicht als unsere Feinde.« Recht so!

Um Aufnahme in den VDEFC kann sich jeder Fan-Club bewerben – doch nicht jeder wird aufgenommen. Präsident Reinhard Hintermayr berichtet aus der Praxis: „Bei der Weltmeisterschaft 1983 sind mir in Dortmund Fans aufgefallen, die Randale gemacht haben. Hinterher sind sie in einen Nordhorner Bus gestiegen. Ein paar Wochen später habe ich einen Aufnahmeantrag eben aus Nordhorn bekommen und natürlich sofort um Stellungnahme zu den Dortmunder Vorfällen gebeten. Nie mehr was von denen gehört.«

Noch ein Beispiel: »Ein Bayreuth-Fan-Club aus Hof wollte in den VDEFC. Doch der hatte schon auf dem Briefpapier die Faust.« Und somit keine Chance.

Meinungsmache: Eishockey hat den besseren Trainer – und natürlich auch die besseren Fans!

Bild links: DEG-Fans voller Seligkeit.

Schminke gehört dazu: Dieser Mann steht auf die Kölner Haie.

Welcher Club rein will in den Verband, das wird im monatlichen Info veröffentlicht. Drei Monate hat dann ein Mitglieds-Club Einspruchsmöglichkeit. 5627 Mann und Frau stark ist der VDEFC, er umfaßt 68 Clubs. Tendenz steigend. Sogar die Berner sind mit der stolzen Zahl von 671 dabei. Deutsch-schweizerische Freundschaft.

Interessierte Eishockey-Besucher, die in Vereinskluft zu den Bundesliga-Spielen gingen, gab's schon immer. Doch bis 1974 nicht in organisierter Form. Man fand sich im Stadion. In Krefeld und Deilinghofen wurden schließlich die ersten Clubs gegründet, die sich offiziell ins Vereinsregister eintragen ließen und Mitgliedsbeiträge erhoben. 1976 kam der Augsburger Fan-Club dazu. Dessen Boß, Reinhard Hintermayr, wurde zum Gründer der bundesweiten Fan-Bewegung: »Augsburg hatte in diesen Zeiten eine Fahrstuhlmannschaft. Und zwangsläufig hat man dann die Gesichter befreundeter Fans aus anderen Städten immer ein Jahr lang nicht gesehen. Wir wollten uns aber öfter treffen, 1977 haben wir in Bad Nauheim die VDEFC-Idee entwickelt, 1978 fand in Rosenheim die konstituierende Versammlung statt.«

Gelegenheit zu Zusammenkünften ergeben sich nun auch im Sommer. Beim Fußball – oder beim Fieseln. Das ist eine Art Trockeneishockey. Auf Beton und ohne Schlittschuhe. Aber mit Schlägern, Bande und Toren. Auf einer 40 mal 20 Meter großen Fläche. Gelb-Rot Kaufbeuren ist 1988 Meister geworden.

Klar, auch Eishockey gehört zum Fan-Programm. Als 1986 der 1. AEV-Fan-Club sein Zehnjähriges feierte, debütierte in Augsburg eine Fan-Nationalmannschaft. Gegner: Das Team des Schweizer Verbandes.

Nochmals: Eishockey-Fans sind ordentliche Leute. Doch, doch! Wer's nicht glaubt, der sei an den Club der Green Monsters aus Kaufbeuren verwiesen. 90 Prozent der Mitglieder sind Polizisten...

Günter Klein

Darüber gibt es – leider – keine Statistik: Wer hat wie viele Spiele in der Eishockey-Bundesliga absolviert? Trotzdem haben wir einen Maßstab gefunden, als wir uns auf die Suche nach den Dauerbrennern machten: die Anzahl der Saisonen, die einer in der höchsten Spielklasse zugebracht hat. Und daraus ergibt sich von 1958 bis 1988 folgende Hitparade der Langzeit-Spieler.

		Saisonen
1.	Alois Schloder	23
2.	Erich Kühnhackl	19
	Ernst Köpf	19
4.	Lorenz Funk	18
	Rainer Philipp	18
6.	Klaus Auhuber	17
	Hans Zach	17
	Otto Schneitberger	17
9.	Horst-Peter Kretschmer	16
	Josef Völk	16
	Franz Reindl	16
	Ignaz Berndaner	16
	Udo Kießling	16
	Walter Köberle	16
	Sepp Reif	16
16.	Peter Scharf	15
	Peter Schwimmbeck	15
	Wolfgang Boos	15
	Georg Scholz	15
	Anton Hofherr	15
	Vladimir Vacatko	15
	Leonhard Waitl	15
	Martin Hinterstocker	15

Wir stellen die Cracks mit 17 Saisonen und mehr vor. Ein Porträt von Erich Kühnhackl finden Sie auf den Seiten 100 und 101.

Alois Schloder: Seine berühmteste Pose.

Alois Schloder

EV Landshut 1963 bis 1986

Wir hätten ihn gerne in unserem »Rat der 20« (Seiten 96 bis 99) gehabt, doch Alois Schloder lehnte ab: »Ich bin einfach noch zu nahe dran an diesem Geschäft, da fehlt mir der Abstand, für eine solche Aufgabe fühle ich mich nicht weise genug.« Schade – denn er wäre wohl der kompetenteste Mann überhaupt gewesen. Denn keiner hat die Bundesliga so lange miterlebt wie er: 23 Jahre lang. Einstieg mit 16, bei seinem Abschiedsspiel war er 39.

Tatsächlich ist er der Sache Eishockey aber nach wie vor verbunden: Er trainiert Klein- und Kleinstschüler des EV Landshut, kommentiert für das ZDF Weltmeisterschaften und Olympia-Turniere und leitet das Sportamt der Stadt, für deren sportliches Aushängeschild er von Karriere-Anfang bis -Ende am Puck gewesen war. Und, wenn er wollte, könnte er noch spielen: Oberligist ERC Ingolstadt bemühte sich im Herbst 1986, den in seinen späten Jahren zum Verteidiger umfunktionierten Alois Schloder zu einem Comeback zu überreden – woraus freilich nichts wurde. Der mit einer „Servus-Alois-Gala" Verabschiedete wollte nicht mehr rückfällig werden.

Karrierehöhepunkt war der Gewinn der olympischen Bronzemedaille 1976 in Innsbruck. Der Sturm Schloder – Kühnhackl – Philipp galt als Weltklasseformation. Die drei könnten auch bei den Russen mitspielen, hieß es damals. Schönes Kompliment. *Günter Klein*

Ernst Köpf

EV Füssen 1958 bis 1966, Augsburger EV 1968 bis 1973, Berliner SC 1973 bis 1976 und 1977 bis 1978, Augsburger EV 1978 bis 1979, EV Füssen 1982 bis 1983

1958 bis 1983 – das ist ein Vierteljahrhundert. Aber: Ernst Köpf hat es nicht ausschließlich in der ersten Liga zugebracht – sonst wäre er der Rekordmann geworden. Schon 1976 zog's ihn erstmals in die zweite Klasse, 1976 gar mal in die dritte zum ERC Freiburg. Und hinterher war immer wieder Augsburg als Zweitligist sein Ziel. 1984, mit 44 Jahren, tauchte er sogar noch im Zweitliga-Kader des EV Füssen auf – entschloß sich jedoch, in der Reservemannschaft in der Landesliga anzutreten, wo er mit 45 die Karriere wirklich ausklingen ließ.
»Seine Einstellung zum Sport war einmalig«, erklärt Xaver Unsinn, in Füssen, Berlin und der Nationalmannschaft als Mitspieler und Trainer Wegbegleiter von »Gori«, warum Ernst Köpf so lange hat fitbleiben können. Größtes Erlebnis war auch für ihn Bronze in Innsbruck 1976. Schließlich war in der Hauptsache er dafür verantwortlich. Er schoß im letzten Spiel gegen die USA das Tor zum 4:1. Das war die Medaille – bloß erfuhr man das erst Stunden nach dem Spiel, als die Regel vom »Bruchteil-Tor« bekannt geworden war.
Der 154fache Nationalspieler hat heute ein Ferienhaus in Füssen-Eschach – und ein Supertalent zum Sohn. Ernst junior gilt als die große Stürmerhoffnung der Nation und hat nach zwei Aufbaujahren beim Augsburger EV in der zweiten Liga den Sprung nach oben geschafft. Im ersten Jahr Bundesliga wurde er mit dem Kölner EC Meister. Ganz der Papa – der startete auch mit einem Titel. *Günter Klein*

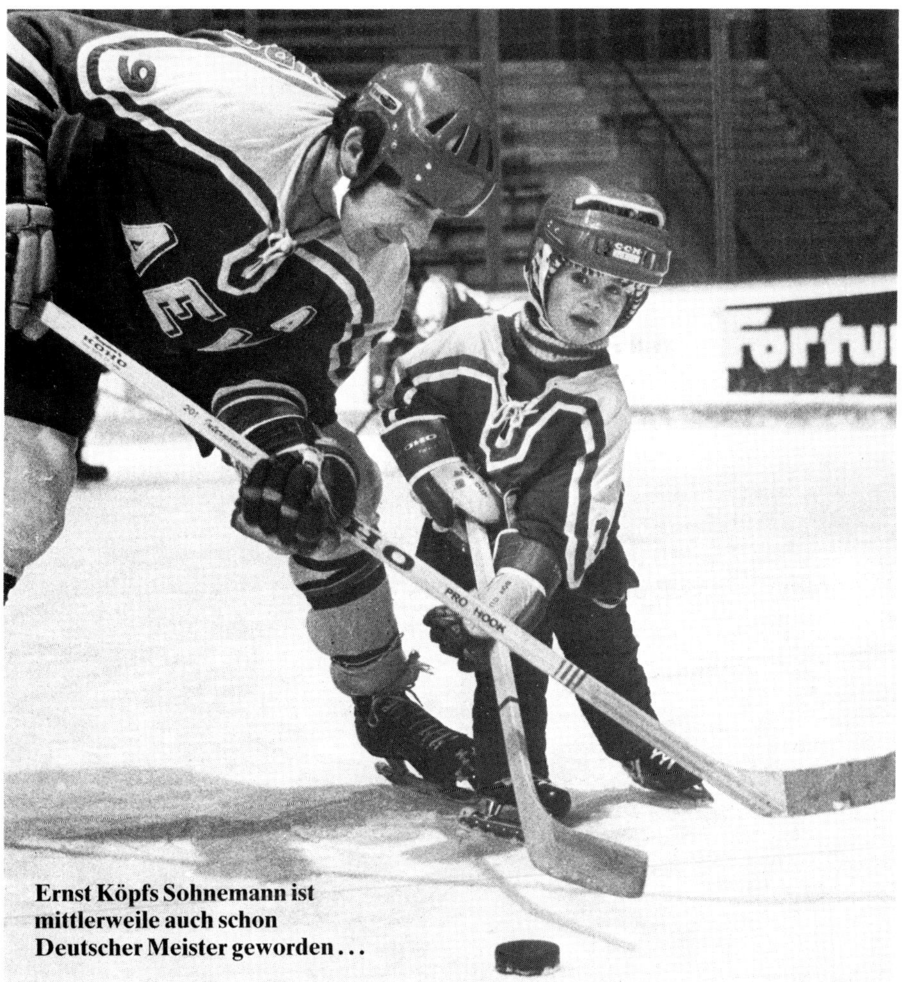

Ernst Köpfs Sohnemann ist mittlerweile auch schon Deutscher Meister geworden . . .

Lorenz Funk

EC Bad Tölz 1965 bis 1972, Berliner SC 1972 bis 1982, SC Riessersee 1982 bis 1983

Alter schützt vor Leistung nicht. Als der Berliner SC Preussen 1986 Meister der zweiten Liga Nord wurde, war Lorenz Funk 39 und immer noch mit 225 Einsätzen Rekordnationalspieler, Center im zweiten Sturm und Topskorer seiner Mannschaft. Trotzdem beschloß er, aufzuhören und das Unternehmen BSC Preussen endgültig als Trainer zu leiten. Er tat's mit Erfolg: 1987 wurde das Eishockey der geteilten Stadt endlich wieder erstklassig.
Der Reichersbeurer, groß geworden in Bad Tölz, war 1972 nach Berlin gekommen – und erst gegangen, als dem Schlittschuh-Club 1982 der Finanzen wegen das Lebenslichtlein ausgepustet worden war. Der »Lenz« wechselte für ein Jahr zum SC Riessersee, folgte dann aber erneut dem Ruf aus Berlin. Es galt dort, die alte Herrlichkeit wieder aufzubauen, was der »Lenz« tat.
Nach dem Aufstieg in die Bundesliga aber wurde sogar das Idol Funk in Berlin gefeuert – ein Alleingang des Präsidenten Hermann Windler. Die Fans waren für »Lenz« – trotz der Niederlagen. Und trotz der Tatsache, daß mit Olle Oest, dem Schweden, ein ebenfalls guter und beliebter Mann als Nachfolger parat stand.
Lorenz Funk kehrte als Trainer nach Bad Tölz zurück und spielte mit 41 Jahren – in einem Team mit seinen Söhnen Florian und Lorenz junior – noch einmal in der zweiten Liga. Seine Mission in Tölz wird der in Berlin ähnlich sein: an alte, an gute Zeiten anknüpfen. *Günter Klein*

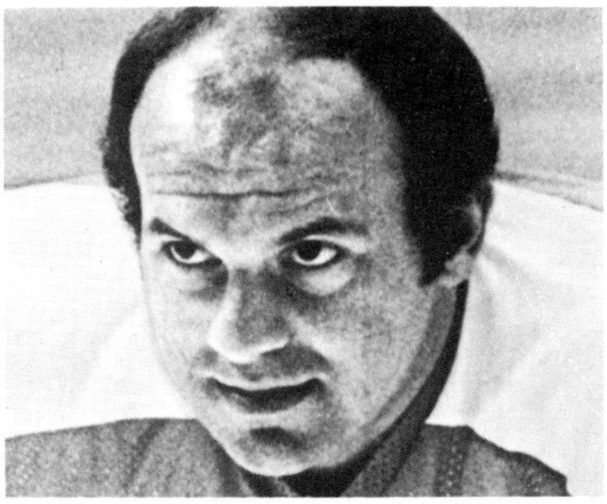

Rainer Philipp

VfL Bad Nauheim 1967 bis 1979, Kölner EC 1979 bis 1985

1976 lag ihm die ganze Nation in den Ohren: Geh doch nach Landshut, da kannst du mit Erich Kühnhackl und Alois Schloder zusammenspielen – wie in der Nationalmannschaft. 1976 – das war international auch das größte Jahr des Rainer Philipp: Erst Bronzemedaille bei den Olympischen Spielen, dann der Klassenerhalt der Weltmeisterschafts-Gruppe A, der besonders schwierig war, weil zwei Teams absteigen mußten, damit Kanada wieder aufgenommen werden konnte. Gastgeber Polen oder Deutschland – darum ging's am letzten Spieltag. Die DEB-Auswahl stand unter Siegzwang – und sie gewann. Das 2:1 erzielte Rainer Philipp 21 Sekunden vor Schluß.

Doch Rainer Philipp gehorchte nicht dem Ruf des Volkes. Er blieb in seiner Heimat Bad Nauheim. Allerdings: 1979 mußte er weg. »Der Verein stand schlecht da, er brauchte Geld und konnte es nur durch einen Verkauf kriegen.« Also: »Flipper« wechselte zum Kölner EC!

In der Domstadt hat er sich mittlerweile auch niedergelassen. Der Klub half dem Karosseriebaumeister beim Aufbau einer Autowerkstätte im Stadtzentrum. Klar, daß die läuft, wenn der Besitzer 199 Länderspiele absolviert und in 726 Bundesligapartien 452 Tore geschossen hat (»Flipper« hat als einer der wenigen mitgezählt).

Der ältere Bruder Horst war mal Rainers Vorbild, sein Neffe Ralph, bereits beim KEC unter Vertrag, sollte ein ebenso Guter werden wie der Onkel. Tragisch aber: 1985 starb Ralph Philipp bei einem Autounfall. *Günter Klein*

Otto Schneitberger

EC Bad Tölz 1958 bis 1964, Düsseldorfer EG 1965 bis 1975, Krefelder EV 1975 bis 1976

Eigentlich hat Otto Schneitberger 21 Jahre lang in der ersten Liga gespielt. 1955, mit gerade 16, gehörte er bereits zum Kader des EC Bad Tölz. Doch damals hieß die stärkste Klasse noch Oberliga – und so fehlen dem »Eisernen Otto« in unserer Bilanz einige Jährchen. Auch die Saison 1964/65 fiel für ihn flach. Eine aufsehenerregende Geschichte damals: Gemeinsam mit Sepp Reif wechselte Schneitberger unerhörterweise von Bad Tölz zur Düsseldorfer EG in den Westen, weil ihm dort berufliche Vorteile geboten wurden. Der ECT verweigerte die Freigabe – und das bedeutete eine Sperre für Otto und Sepp, die dann jedoch das Eishokkey an der Brehmstraße erst recht so richtig groß machten.

Der Verteidiger mit beachtlichen 119 Länderspielen hat sich beruflich längst etabliert – er ist Architekt mit festem Bürositz. Und deshalb wohl nie ein Profi-Trainer geworden, obwohl er Engagements in Krefeld, Duisburg, Köln, Iserlohn und natürlich bei der DEG annahm. »Der Beruf hat Vorrang«, erklärte er stets.

Das Publikum – vor allem das in Düsseldorf – nahm's hin. Und es protestierte sogar mächtig, als die DEG-Führung den Otto für die Saison 1987/88 nicht mehr haben wollte und lieber den Kanadier Bryan Lefley verpflichtete.

Schneitberger übernahm kein Traineramt, nur das des Wochenend-Coaches beim ECD Iserlohn, der gerade Trainer Jan Eysselt gefeuert hatte. Otto reiste am Freitag und Sonntag zu den Spielen an. Kurz vor Weihnachten war Schluß, der ECD wurde nach der Affäre um die Trikotwerbung fürs »Grüne Buch« aus dem Spielverkehr gezogen. Und Otto Schneitberger sagte: »Schade um die Jungs, wir waren eine gute Truppe, die Arbeit hat mir Spaß gemacht.«

Günter Klein

Der »Eiserne Otto« Schneitberger: Erst nach einem Jahr auf Eis durfte er aufs Eis an der Brehmstraße.

Hans Zach

EC Bad Tölz 1967 bis 1970, SC Riessersee 1970 bis 1974, Berliner SC 1974 bis 1977, EV Landshut 1977 bis 1979, SB Rosenheim 1979 bis 1984

Ein Großer war er nicht mit seinen 80 Länderspielen und 16 Toren – aber ein sehr Guter, von der ersten bis zur letzten Saison ein begehrter Mann in der Bundesliga, der stets seine 15 bis 20 Tore jährlich schoß, manchmal auch ein paar mehr. Doch gut möglich ist, daß die noch tollere Karriere erst folgt: die als Trainer.

Hans Zach, der gelernte Metzger mit Meisterbrief, stieg ins neue Metier sofort ein, nachdem er 1984 mit dem Spielen aufgehört hatte. Er trimmte die verschiedenen Nachwuchs-Mannschaften des SB Rosenheim auf Höchstleistung und sahnte gleich die ersten Titel ab. Daß er 1986 im Krach vom Sportbund ging und sich doch noch mal als Spieler engagierte, und zwar beim drittklassigen EC Ratingen, mutete wie ein Abstieg an, wie eine Verzweiflungstat eines abgebrannten Eishockey-Cracks. War es aber beileibe nicht. Ganz im Gegenteil: Da ging's richtig los.

Ratingen stieg auf, Hans Zach wurde Cheftrainer, arbeitete nebenher noch als Assistent von Junioren-Bundestrainer Hans Rampf, feierte mit dem ECR, einer Truppe aus eigenen Junioren und Reservisten anderer Klubs, das Erreichen der Aufstiegsrunde zur ersten Liga. Und er machte mit Notenschnitt 1,4 an der Kölner Sporthochschule als Lehrgangsbester und erster aus dem Eishockeyfach das Trainer-Diplom. Da kamen natürlich die tollen Angebote. Düsseldorf, München, Riessersee – doch Hans Zach entschied sich für den Zweitligisten SV Bayreuth, »weil dort die Voraussetzungen so sind, wie ich sie mir wünsche«.

Sein Ziel: die erste Liga und/oder ein Job im Verband. Bundestrainer? Warum nicht – wenn's unbedingt ein Deutscher bleiben soll nach Xaver Unsinns Ära...

Die Einschränkung: Zach eckt oft an, ist nicht pflegeleicht – und um keinen Preis will er sich ändern: »Ich bin nun mal so: Was ich denke, sage ich auch...« *Günter Klein*

Klaus Auhuber

EV Landshut 1971 bis 1984, ECD Iserlohn 1984 bis 1985, EV Landshut 1985 bis 1988

Klaus Auhubers Karriere – da gibt's Parallelen zu der von Alois Schloder. Ein harter Bursche, vereinstreu, lange aktiv, angestellt bei der Stadt (für die Auhuber im Vermessungsamt tätig ist). Nur an einer Stelle setzt es aus: Die Saison 1984/85 verbrachte der »Butzi« in der Fremde, beim ECD Iserlohn. Schloder hingegen war immer bodenständig geblieben.

Auhuber wär's jedoch auch recht gerne gewesen in diesem einen Jahr. Aber, so sagt er rückblickend, dazu habe ihm der Verein keine Möglichkeit gelassen. »Die Klubführung wollte mich loswerden, ich war zu unbequem. Deshalb habe ich zu der damaligen Jahreshauptversammlung einen mit mir befreundeten Rechtsanwalt aus München mitgebracht.« Ein Bild, das für Aufsehen sorgte.

Nach einer Saison im Exil kehrte Klaus Auhuber, der mit 104 Länderspielen Aufnahme in den Klub der Hunderter« fand, nach Landshut zurück. Das fiel ihm leicht, denn mittlerweile hatte Rudolf Gandorfer anstatt des ungeliebten Klaus Schillings wieder die Regie über den EVL übernommen. 1988 machte »Butzi« dann Schluß – um mal was anderes zu tun als nur Eishockey zu spielen: »Heiraten, öfter kochen, Antiquitäten sammeln – dafür will ich jetzt Zeit haben.«

Noch zwei Parallelen: Wie bei Alois Schloder gab's einen schönen Ausstand, an dem sich viele Stars beteiligten, wie der einstige Mannschaftskamerad versucht sich Klaus Auhuber als Nachwuchstrainer. Nur liebt er's etwas größer als Klein(st)-Schüler-Coach Schloder – Auhuber betreut die Junioren. *Günter Klein*

Weisenbach und die Deutsch-Kanadier

Die 78er Revolution

Heinz Weisenbach, Mannheims Erfolgstrainer: Als er 1978 mit 12 Deutschkanadiern anrückte, wurde er ausgelacht. 1980 war er Meister.

Roy Roedger hieß erst Roy Rüdger, dann Roy Rötger, Harold Kreis war ein Harald, Harry Pflügl wurde Pflügel geschrieben. Asche auf unser Haupt! Auch der SPORT-Kurier vertat sich anfangs, als sie 1978 plötzlich kamen: Englisch sprechende Spieler, die aber keine Ausländer waren und sofort in unbegrenzter Anzahl eingesetzt werden durften: Deutschkanadier!

Plötzlich – doch, der Ausdruck ist gerechtfertigt. Klar, immer wieder mal war ein Deutschkanadier in der Bundesliga aufgetaucht. Aber nie so starke, nie so viele wie 1978. Das war Revolution. Die 78er Revolution.

Sie ging aus von Heinz Weisenbach, dem Füssener Ex-Nationalspieler. Er hatte in Mannheim beim MERC seine erste Trainerstelle angetreten und gleich den Aufstieg in die erste Liga geschafft. »Und damit«, erinnert er sich, »begannen die Probleme. Meine bisherige Mannschaft war nicht willig genug, um sich auch dort oben in der Bundesliga zu zerreißen. Also brauchten wir etliche neue Spieler. Geld für gute Leute hatten wir keines.«

Nur eines hatte Heinz Weisenbach: eine Idee. »Ich dachte mir: Mitte der fünfziger Jahre hat es eine deutsche Auswanderungswelle nach Kanada gegeben. Und von der mußte was übriggeblieben sein. Ich wußte: Da drüben mußte es deutsche Eishockeyspieler geben.«

So flog denn im Frühjahr 1978 nach vollbrachtem Aufstieg Heinz Weisenbach nach Toronto. Mit eben jener Idee – aber ohne Plan, wie er vorgehen könnte. »Ich stand hilflos am Flugplatz und habe überlegt. Dann habe ich mir ein Hotelzimmer genommen und bin tagelang rumgehockt.« Bis er ein System ausgetüftelt hatte.

Heinz Weisenbach ging in die deutschen Klubs, wo sich die Auswanderer trafen und holte dort Tips ein. Er besuchte Eishockey-Matches, studierte Statistiken. Und er gab in den Zeitungen Anzeigen auf: »Deutsche Eishokkey-Spieler gesucht.« Und so allmählich wurde die Sache konkret.

»Ich habe Ihre Anzeige gelesen«, meldete sich ein 19jähriger Verteidiger von den Calgary Wranglers, einem Klub aus der höchsten kanadischen Juniorenliga, »in Deutschland zu spielen, das würde mich reizen.« Der junge Mann hieß Harold Kreis. Heinz Weisenbach: »Ich weiß es noch, als wäre es gestern gewesen. Wir saßen bei Familie Kreis um einen großen Tisch herum und haben abgewogen: Soll Harold, soll er nicht?« Er sollte – und kam mit elf weiteren Auswanderer-Söhnen.

Heinz Weisenbach sah ein Spiel der zweiten Juniorenliga: »Prince Albert gegen irgendwelche Riders. Die einen mit Roy Roedger, die anderen mit Karl Friesen.« Den Torwart hätte er gerne gehabt, doch Friesen zögerte. Der Eishockey-Manager Günther Zehntner, Geschäftsführer in Rosenheim, bekam den Tip – und konnte Karl Friesen zwei Jahre später, 1980, zum Wechsel nach Europa überreden.

Sechs Wochen war Weisenbach drüben, im Sommer flog er nochmals zu den Konsulaten, um alles klar zu machen. Und dann präsentierte er sie: Harold Kreis, Roy Roedger mit Bruder Peter, Manfred Wolf, dessen Team gar nicht mal Punktspiele bestritten hatte, Dany Djakalovic, Peter Ascherl, einen Farbigen, der später noch für Köln und Düsseldorf stürmte, »noch einen Wolf, Dieter hieß er« und, und, und. »Sechs haben wir behalten, die anderen weitergegeben.« Auch Ralph Krueger, George Fritz, Mike Schmidt (mit 16 noch zu jung für die Bundesliga) hatte Weisenbach entdeckt und »aufgerissen« – sie fanden in den Jahren danach den Weg in die Bundesliga.

»1978 – das war ein Wagnis«, sagt Weisenbach. »Wenn man heute einen Ausländer verpflichtet, hat man doch die Gewißheit: Der ist ein Star! Doch unsere Jungs, die kannte doch niemand, wir hätten mit ihnen auch auf die Nase fallen können.« Auf der Tagung

Kanadier-Block

Der 19. Dezember 1985 war ein historischer Tag für die deutsche Nationalmannschaft und ihre Kanadier. Beim 7:3-Sieg in einem Freundschaftsspiel gegen die Schweiz in München spielte Xaver Unsinns Team mit einem kompletten nordamerikanischen Block. In der Verteidigung: Harold Kreis und Mike Schmidt. Im Angriff: Ralph Krueger, Manfred Wolf, Roy Roedger. Und George Fritz war auch noch mit im Team...

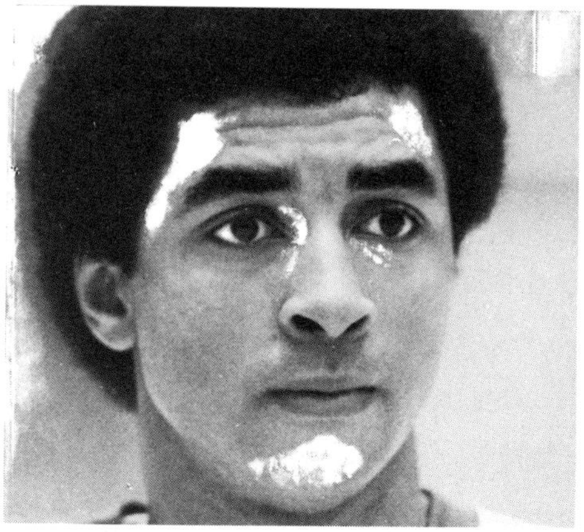

Oben links: Sogar ein »schwarzer Mann« stand in Weisenbachs Crew: Peter Ascherl. Später spielte er noch für Düsseldorf und Köln.
Oben rechts: Star in Mannheim, später in Düsseldorf: Manfred Wolf.
Unten links: Heimisch geworden in deutschen Landen: Harold Kreis. Tochter Viktoria kam in Mannheim zur Welt.
Dany Djakalovic und Roy Roedger – zwei Deutsche mit »undeutschem« Namen...

der Bundesliga-Vereine wurde Importeur Heinz Weisenbach ausgelacht, in einem der ersten Vorbereitungsspiele setzte es gegen den EV Füssen eine zweistellige Schlappe. »Doch ich war mir sicher: Wir haben eine Supermannschaft«, ließ sich Weisenbach nicht aus dem Konzept bringen, »nur mußten sich die Deutschkanadier in ihrer Art zu spielen auch erst einmal umstellen.« Sie taten's – und mit Erich Weishaupt im Tor, dem Stareinkauf der Mannheimer, wurde der MERC 1978/79 als Neuling Vierter. Und 1980 Meister.
Die Deutschkanadier setzten sich auch international durch. Xaver Unsinn, der Bundestrainer, war heilfroh, daß er sie hatte, weil sie das deutsche Eishockey stabilisierten und das DEB-Team beständig in der A-Gruppe hielten. Der »Xare« stellt sich heute noch voll vor die Kanada-Importe: »Das sind echte Deutsche, die sich entschieden haben, für Deutschland zu spielen. Sie hätten ja auch eine andere Wahl gehabt.«
Mittlerweile ist für Deutschkanadier die Bundesliga nicht mehr so lohnend. Um den Zustrom zu stoppen, hat der Verband in seinen Regeln festgelegt, daß einer mit deutschem Paß, der aus einem anderen Land kommt, drei Jahre auf einer Ausländerstelle spielen muß, bevor er anerkannt wird und auch Nationalspieler werden darf. So, wie das bei dem Rosenheimer Ron Fischer lief.
Und was ist für die Deutschkanadier nun die Heimat? Bundesrepublik oder Übersee? Beides! Denn die meisten pendeln, »überwintern« oder besser: »übersommern« in Nordamerika. Wie etwa Roy Roedger, der durch Erbschaft zu einer Kneipe in Kanada gelangt ist.
Karl Friesen ist einer, der sich in Richtung Deutschland umorientiert hat. Wenn er nach Kanada fliegt, dann sind das »die Ferien. Damit der Kontakt meiner Kinder zu ihren Großeltern nicht abreißt.« Ansonsten hat er sich deutlich festgelegt: »Meine Heimat ist jetzt Rosenheim.«

Günter Klein

»Kanaken« aus dem Katalog

Der EV Füssen wurde 1973 letztmals Deutscher Meister. Natürlich ohne. Ausländer haben sie im Allgäu damals nicht gebraucht, sie hatten genug eigene Talente. Kurios: Heute, wo die Füssener im Mittelfeld der zweiten Liga spielen, wollen sie auf die zwei Legionäre, die ihnen zustehen, keinesfalls verzichten.
1974 hieß der Meister Berliner SC. Klar – mit Spielern aus einem fremden Land, im Fall des Schlittschuhclubs mit

Publikumsliebling: der vierfache Torschützenkönig Dick Decloe.

den skandinavischen Cracks Sven-Erik Brannström und Jaako Marttinen. Seitdem hat keine Mannschaft ohne Import-Spieler mehr den Titel geholt. Ausländer sind längst zur Notwendigkeit geworden.
Ausländer – woher? Hauptlieferant ist Kanada, das Land mit dem unbegrenzten Spielerpotential. Wie man zu einem guten »Kanaken« (so der Branchenjargon) kommt? Das ist ziemlich einfach: Man bestellt einen – aus dem Katalog eines Vermittlers.
Vermittler, Agenten – davon gibt's einige. Der einflußreichste im Europageschäft ist Roland Thompson. Er nimmt nordamerikanische Cracks schon früh unter Vertrag, meist, bevor sie erwachsen sind. Und hofft dann auf deren positive Entwicklung. Die natürlich darin gipfeln soll, daß einer den Sprung in die National Hockey League, die legendäre NHL, schafft. Wenn nicht, bleiben immer noch American, International oder Western Hockey League. Hauptsächlich aus ihnen beziehen die Bundesligaklubs. Anruf beim allmächtigen Roly genügt. Craig Sarner etwa wurde via Thompson nach Deutschland gebracht – und Sarner war in Schwenningen und Berlin ein sehr gefragter Mann. Oder Chris Valentine, der Dauer-Skorerkönig der letzten Jahre im Dreß der Düsseldorfer EG – einer von Rolys Leuten.

Dick Decloe war einer der ersten ganz großen Glücksgriffe. Ein Nobody, der Kanadier holländischer Nationalität, als ihn der Krefelder EV verpflichtete. Zwischen 1974 und 79 avancierte »Dikkie« viermal zum Schützenkönig.
Es kam schon vor, daß er mal vier oder fünf Treffer pro Spiel markierte. Solche Torjägertypen sind allerdings auch unter den kompromißlosen Kanadiern spätestens seit den Glanztagen eines Bill Lochead (1982 war der Bad Nauheimer der Mann mit der besten Quote) ausgestorben. Das moderne Eishockey bevorzugt Cracks, die in ihren Bilanzen mindestens ebenso viele Vorlagen wie Abschlüsse zu verzeichnen haben. Der Kölner Doug Berry ist einer der neuen Generation: »Ein Zwei-Wege-Spieler«, wie sein Trainer Hardy Nilsson sagt. »Der arbeitet auch nach hinten großartig.«

Eine sportpolitische Sensation war, daß Ende der 60er Jahre die Spitzenleute aus der Tschechoslowakei – sofern sie über 30 waren und das Prädikat »verdient« trugen – Ausgang erhielten. Meist für drei Jahre. Da kam Joschi Golonka (für manche Experten der weltbeste Eishockeyspieler aller Zeiten) zum SC Riessersee, da landete der Spitzenverteidiger Jozef Capla beim aufstrebenden Augsburger EV, öffneten sich auch für Rudi Potsch ganz regulär die Türen gen Westen. Solche Deals liefen über die Agentur »Prago Sport«, an die auch ein Teil der Gehälter – Capla etwa startete mit 20000 Mark in Augsburg – ausgezahlt werden mußte. Später kamen weitere Stars herüber: die Torhüter Vladimir Dzurilla und Jiri Holecek, Landshut angelte sich den Superstürmer Jiri Kochta, Kaufbeuren zog mit Vladimir Martinec (291 Länderspiele für die CSSR!) und Bohuslav Stastny (auch noch stolze 195) das große Los und die Erfolgsgarantie für mehrere Jahre.

Mittlerweile sind die Tschechoslowaken nicht mehr so gefragt. Viele aus ihrem Land geflohene CSSR-Spieler, die nun als Deutsche gelten, haben den Bedarf gedeckt. Jaroslav Pouzar, der via Edmonton und Iserlohn nach Rosenheim kam, der Kaufbeurer Karel Holy und der für den EHC Freiburg tätige Milan Chalupa sind die Überreste der Tschechen-Welle.
Interessant: Viele, die in Deutschland spielten, treffen sich heutzutage an der Bande wieder, als Trainer. Die einen als Leihgabe von »Prago Sport«, die anderen als inzwischen fest in die neue Heimat Übergesiedelte. Jiri Kochta und Jozef Capla sind nach Ablauf ihrer drei Jahre geblieben. Jozef Capla: »Ich wollte meinem Sohn all die Möglichkeiten bieten, die er nur hier hat. Darum sind wir nicht zurückgegangen.«
Aus dem restlichen Ostblock kommt kaum mal jemand in die Bundesliga. Die Frankfurter Eintracht hat in Jerzy Potz einen zuverlässigen polnischen Verteidiger. Stürmer aus diesem Land haben sich lediglich als für untere Klassen tauglich erwiesen. Die Ausnahme: Henrik Pytel. Der wurde sogar Torschützenkönig, als er 1983 für den EV Landshut am Puck war.

Und Russen? Bislang gab's da nur Victor Nechaew 1983/84 bei der DEG. Er hatte sich nach Kanada abgesetzt und probierte es auch in Deutschland. Allerdings: Ein »Riese« war er nicht.
Russische Spieler zu verpflichten – das ist ein Traum der Bundesliga-Bosse. Die Schwenninger und Iserlohner äußerten da bereits Absichten, doch ein Transfer ist bislang nur dem Hamburger Funktionär Nikolaus Pethes gelungen, der den Oberligisten in Hamburg (HSV und 1. EHC) den Eissputnik Mischin und später die Erstliga-Spieler der UdSSR, Islamow und Golubovich, holte. Mal schauen, was Glasnost und Perestrojka noch bringen...
Selten enttäuscht haben die Skandinavier. Berlin bevorzugte in seiner Glanzzeit Finnen wie den Verteidiger Jaako Marttinen, Landshut war mit dem Schweden Claes-Ove Fjällby voll zufrieden, die Fans in Iserlohn schworen sich auf Martti Jarkko ein, Köln hatte mal einen bulligen Mittelstürmer namens Hardy Nilsson. Warum – diese Frage drängt sich auf – verpflichtete die Bundesliga nicht öfter Schweden und Finnen? Die Antwort: Wenn die Skandinavier schon ins Ausland wechseln, dann zieht es sie gleich nach Amerika. Und sie sind teuer. Preussen Berlin wollte 1987 den schwedischen WM-Star Bengt-Ake Gustafsson verpflichten. Jedoch hatte der auch ein NHL-Angebot über 800000 Mark Saisongage. Und da kann ein Bundesligist nicht mithalten. Null Chance.

Stürmer bevorzugt – das galt schon immer bei der Verpflichtung von Ausländern. Überhaupt wurde nur einmal ein nicht-deutscher Tormann Deutscher Meister. Vlado Dzurilla 1981 mit dem SC Riessersee. Als weltbester Keeper kam 1985 der CSSR-Star Jiri Kralik nach Rosenheim – doch er konnte sich nicht mal einen Stammplatz sichern, weil er gegenüber seinem stürmenden Landsmann Vincent Lukac und dem damals noch kanadischen, mittlerweile für die deutsche Nationalmannschaft spielenden Offensiv-Verteidiger Ron Fischer die schlechteren Karten hatte. Beim Trainer – und beim Publikum, das sich vom Ausländer besonders das erwartet: Tore, Tore, Tore – viele und spektakuläre.

Ein Glücksfall für den ESV Kaufbeuren: Bohuslav Stastny (oben), der Tschechoslowake.

Für Wirbel sorgte der Finne Jouko Oystilä (links): Er unterschrieb Mitte der 70er Jahre bei der Düsseldorfer EG, spielte dann aber für den Kölner EC.

Rechts Bill Lochead: 1982 schoß keiner so viele Tore wie er.

Düsseldorfs kanadischer Star Peter John Lee: Killer auf dem Eis – zu Hause braver Familienvater.

Die meisten Legionäre verschwinden wieder eines Tages, weil sie in die Heimat zurückkehren – wo sie das in Deutschland reichlich verdiente Geld anlegen können. Für Bob Laycock zum Beispiel, den Ex-Landshuter, reichte es, um einen Golfplatz zu kaufen. Andere spielen weiter und weiter – leider. Am Ende nur noch des Geldes wegen. Bill Lochead, der einst geniale Abstauber, gastierte zuletzt im Freiluftstadion von Regensburg, in der dritten Liga. Als Stürmer war er so schlecht, daß sie ihn in die Abwehr stellten. Nach zwei Monaten jagten sie den Ex-Bomber von Bad Nauheim und Mannheim davon. Er hatte eben noch fünf Tore geschafft in acht Wochen. Bill Lochead – zum Glück eine Ausnahme...

Günter Klein

Frauen zum Eishockey

Was Frauen am Eishockey gefällt: Wenn ausgewachsene Männer wie Kinder jubeln (Bild oben). Was Frauen am Eishockey nicht stört: Wenn zwei mal gemeinsam über die Bande gehen (Bild unten).

Den Xaver Unsinn, den habe ich mir immer für Stadt-Land-Fluß gemerkt, um bei X unter der Rubrik Vornamen mit ihm auftrumpfen zu können. Leider kam X fast nie dran. Aber dafür habe ich wenigstens einen gekannt, der was mit Eishockey zu tun hatte, viel wußte ich ja nicht. In meiner Heimat, in Baden, war gerade der Stern Boris Beckers am Aufgehen und das nächste Eishockey-Stadion weit weg. Und Wayne Gretzky hielt ich bestenfalls für John Waynes Cousin.

Wer weiß, vielleicht hätte sich das auch nie geändert, hätte ich nicht umziehen müssen – in eine bayerische Stadt, in der man mit Eishockeyschlittschuhen an den Füßen geboren zu sein schien. Oder jedenfalls so tat.

Für mich aber war Eishockey erst einmal lästig. Am Freitagabend waren die Busse vollgestopft mit Männern, die über Tabellenplätze und den neuen Tschechen spekulierten, von meiner Wohnung aus konnte ich nicht anders, als das »Ole, ole, ole« und die Stimme des Stadionsprechers mitzuhören, und wollte ich abends noch weggehen, schien es noch viel mehr Betrunkene zu geben als sonst. »Haben sie wieder einmal verloren«, dachte ich bei mir, »geschieht ihnen recht, bei dem Geschrei, das sie machen.«

Wirklich, von Liebe auf den ersten Blick konnte man nicht reden, bei mir und dem Eishockey. Obwohl's mich schon interessiert hätte, was denn nun hinter den Betonmauern wirklich vor sich ging. Waren sie denn nun so hart, diese Männer, oder waren sie es nicht? Ich nahm die erste Einladung zum Eishockey an, die sich mir bot. Und war überrascht: Statt grölender Schlägertypen – die gab's natürlich auch – herrschte im Publikum die Sorte sportlich interessierter Mittvierziger mit Hang zum Bier in der Drittelpause vor. Und Frauen waren viel mehr zu sehen, als ich erwartet hatte. Sicherlich auch die, die ihren Pelz vorführen wollten, aber ein Teil schien richtig mitzufiebern.

ber klar doch!

Ich fieberte erst mal gar nicht, ich sagte keinen Mucks, um mich nicht zu blamieren. Irgendeinen Haken, wie das Abseits beim Fußball oder die Tore beim Basketball, die keine Tore, sondern Körbe waren, gab es hier sicher auch, und vielleicht war es besser, erst mal nicht danach zu fragen...

Meinen Begleiter schien meine Schweigsamkeit nicht zu stören, im Gegenteil: Er flüsterte mir unentwegt technische Details zu, als wolle er mich in die tiefsten Geheimnisse des Eishokkey einzuführen. Und am Schluß ertappte ich mich sogar dabei, daß ich ein wenig aufsprang und »Nein!« schrie, als der neue Tscheche um Zentimeter das Tor verfehlte. Soweit war es schon mit mir gekommen. Und es wurde noch schlimmer: Am nächsten Freitag saß ich wieder auf der Tribüne, schimpfte mit den anderen mit, weil der Tscheche schon wieder danebenhaute und lieh mir von meinem Nachbarn eine Wunderkerze.

Natürlich mag ich auch nicht alles am Eishockey. Wenn zwei beim Prügeln überhaupt nicht voneinander lassen können. Oder wenn sie versteckte Fouls machen, mit dem Ende vom Stock (worauf mein Begleiter immer mit hochrotem Kopf aufspringt – sofern einer aus »seiner« Mannschaft der Getroffene ist). Erschreckend finde ich auch, daß die Spieler fast jedes Jahr den Verein wechseln. Ihre Frauen und Kinder müssen alle zwölf Monate umziehen, sich in einer neuen Umgebung einleben, neue Freunde finden.

Trotzdem: Ich bleibe beim Eishockey. Und lasse mein frisch gewonnenes Wissen auch beim Stadt-Land-Fluß zur Geltung kommen. Stadt: Kaufbeuren. – Land: Kanada. – Vorname mit U? »Udo!« Ob ich an Udo Jürgens oder Udo Lindenberg gedacht habe, fragen meine Freundinnen. »An Udo Kießling«, sage ich. Prominenter mit T? »Truntschka.« »Wer is'n das?« »Eishockeyspieler.« Achso...

Ute Wellmann

Was Frauen am Eishockey nicht behagt: Wenn zwei sich verbissen raufen (Bild oben). Was Frauen am Eishockey abstoßen könnte: Brutale Gewalt gegen einen Hilflosen (Bild unten).

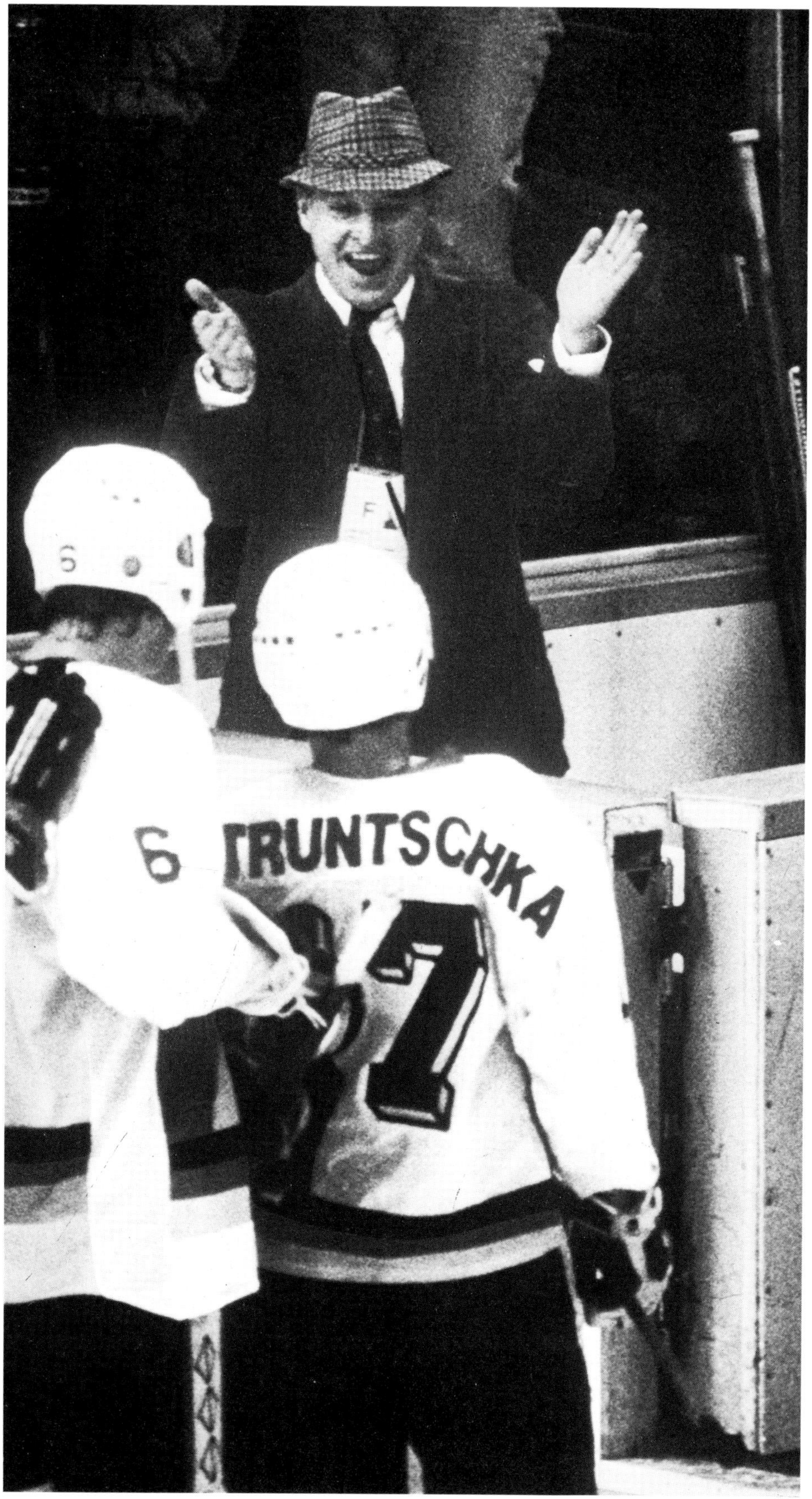

Applaus, Applaus!
Bundestrainer
Xaver Unsinn
kann mit seinen Jungs
und sich zufrieden sein.
Deutschland hat
den Platz in der Elite
längst gesichert.
Applaus, Applaus!
Die Bundesliga
verzeichnet
einen Boom,
Eishockey ist in.
Applaus, Applaus –
spenden uns den auch
die anderen Länder?
UdSSR, CSSR, Österreich,
Schweiz, Italien, DDR,
Schweden, Finnland,
Kanada – was hält man
dort von unserer Bundesliga
und unseren Spielern?
So denken…

Andere über uns

Der Ostblock liebt Kjuhnhakl

Was weiß man vom deutschen Eishokkey in der Sowjetunion? Zur Klärung dieser Frage sei dem Autor die kurze Nacherzählung eines Erlebnisses gestattet.
Es war im Dezember 1987, in Moskau, in den Tagen, als dort der Iswestija-Cup ausgespielt wurde, mit der deutschen Mannschaft, die zum dritten Mal an diesem renommierten Turnier teilnahm. Wir – zwei deutsche Journalisten – waren auf dem Weg zur Metro. Und mit uns drei russische Mädchen aus dem Pressezentrum. Marina, Anfang 20, ihre Schwester, etwas jünger, und noch eine Freundin, etwas älter. Wir sprachen über Moskau, über Deutschland, was wo anders ist, und natürlich auch über Eishockey. Und da kam ganz unvermittelt Marinas Frage, die sofort das Interesse ihrer beiden Begleiterinnen weckte: »Was ist eigentlich mit Kühnhackl. Spielt er noch?« – »Ja, er ist 37, aber er spielt noch immer.« – »Oh.« – »Sogar in der ersten Liga.« – »Oh.« – »Und er ist dort einer der Besten.« – »Oh.«
Und da fiel mir wieder der Iswestija-Cup von 1984 ein – damals noch mit dem »Langen«. »Nomer tschetirnadzat: Erik Kjuhnhakl« hatte der Sprecher im Lushniki-Palast angesagt – und Erkennungsbeifall auf den Rängen ausgelöst. So, wie wir Deutschen im Fußballstadion mit leichter Ehrfurcht Oleg Blochin beklatschen würden.
Doch sonst sind deutsche Spieler kaum bekannt in der UdSSR. Gerade noch Udo Kießling und, weil er so wunderschön spielt, Gerd Truntschka. Doch bei Ernst Höfner fangen die Probleme an. Seinen Namen muß Bundestrainer Xaver Unsinn (mit dem man natürlich durchaus was anzufangen weiß, allein deshalb, weil der Pepita-Hut für höchsten Wiedererkennungswert bürgt) in Pressekonferenzen der russischen Journaille noch immer buchstabieren.
Die russischen Cracks werden bei internationalen Turnieren von den anderen Nationen immer etwas abgeschottet. »Du hast kaum die Chance, Kontakt zu kriegen«, meint der deutsche Verteidiger Uli Hiemer. Lediglich internationale Dauerbrenner wie Udo Kießling und Helmut de Raaf kommen an die UdSSR-Kollegen ran. De Raaf hat vom Starverteidiger Fetisow in einem Moskauer Kabinengang sogar von dessen Kanada-Plänen erfahren.
In der CSSR wird das deutsche Eishokkey natürlich intensiver beachtet. Jahrelang hat man verdiente Spieler und Trainer als Lehrmeister zum westlichen Nachbarn geschickt, gerne kommen die tschechoslowakischen Teams im Sommer und um Weihnachten zu Trainingslagern nach Deutschland (wobei sich etliche Mannschaften schon stark reduziert haben). Die legalen Legionäre werden von der Agentur »Prago-Sport« vermittelt – gegen Devisen, auch die Gehaltszahlung wird teilweise über »Prago-Sport« abgewickelt. Was die Gastarbeiter drüben leisten, verfolgen die Agentur-Bosse über den SPORT-Kurier. Die Ergebnisse der Bundesliga kann in der CSSR übrigens jeder nachlesen, im Fachblatt »Tip« stehen sie – mit einiger Verspätung eben...
Und die Polen? Sie treiben regen Westhandel. Anfangs ließen sie ältere Spieler gegen Ausrüstungsteile wie Hosen und Handschuhe raus, mittlerweile, seit der EC Braunlage 25000 Dollar Ablöse für den Torwart-Heros Henrik Wojtynek hingelegt hat, regieren die harte Münze und der glatte Schein.
Populärster deutscher Crack ist in der CSSR, weil dort geboren, Erich Kühnhackl. Ebenso in Polen – wo man auch noch Rainer Philipp gut kennt. Er war nämlich derjenige, der 1976 bei der WM im polnischen Kattowitz den Gastgeber Sekunden vor Schluß aus der A-Gruppe schoß... *Günter Klein*

Österreich: Nachtexpreß nach Düsseldorf

So elanvoll stürmte Tom Roulston zuerst in Salzburg, dann in Landshut, von wo ihn schließlich Rosenheim wegkaufte ...

Auch Nachbarn können mitunter unbekannte Wesen sein. In gewissem Maße traf dies vor Olympia in Calgary auch auf die deutsch-österreichischen Eishockeybeziehungen zu. Denn weder ÖEHV-Präsident Hans Dobida, an sich seit langem im internationalen Eishokkey erfahren, noch sein Verbandskapitän Dieter Kalt – selbst jahrelanger Nationalspieler – konnten sich erinnern, wann es das letzte offizielle Länderspiel zwischen den beiden Nachbarn gegeben hatte. Ende der sechziger Jahre müsse es gewesen sein, aber sicher sei man sich nicht. Bei so wenig Zusammenleben fehlte auch in Calgary noch jene Emotion, die solch ein Spiel zu fußballerischer Rivalitäts-Atmosphäre hätte ausufern lassen.

Immerhin: Bei den Österreichern meinte man nach der Begegnung von Calgary, als Testpartner von den Deutschen in Zukunft in Betracht gezogen zu werden, bei Beseitigung der Terminprobleme vielleicht doch wieder einmal ein Länderspiel ansetzen zu können.

Auf Vereinsebene gibt es da, zumindest seit der Dreiländercup ausgespielt wird, schon mehr Kontakt. Die Innsbrucker und Feldkircher lernten die Rosenheimer und Landshuter näher kennen. Die Salzburger begnügten sich mit regem Vorsaison-Spielverkehr mit Zweitligisten aus dem DEB-Süden.

Für die Eishockey-Freunde im Westen Österreichs ist das deutsche Eishockey nichts Fremdes. Denn in Vorarlberg, Tirol und Salzburg ist auch ohne Verkabelung das deutsche Fernsehen weitgehend präsent. Und für Innsbrucker ist es nach Garmisch oder Rosenheim ebenso nah wie für die Salzburger nach Rosenheim oder Landshut. Dort kann man schon regelmäßig Österreicher unter den Fans entdecken.

Die deutschen Bundesligisten interessieren sich primär dann für ihre österreichischen Kollegen, wenn dort auffällige Ausländer, zumeist Kanadier, aus irgendwelchen Gründen frei werden. So wurde zuletzt der von Landshut aus Salzburg importierte Tom Roulston ein Wahl-Bayer.

Während man hin und wieder deutsche Funktionäre und Manager auch in Österreichs Eishallen (derer gibt es ja nicht so viele) auf Beobachtungstour erleben kann, muß man sich manchmal doch wundern, wie auch im weit professionelleren deutschen Eishockey manchmal Spieler-Importe getätigt werden. Und wenn ein Ausländer in Deutschland einmal Fuß gefaßt hat, gibt es so etwas wie Nibelungentreue – man tauscht vielleicht untereinander eher, als sich im fernen Nordamerika nach Neuem umzusehen. Somit kommen Ausländer in Deutschland auf viel längere Vertragszeiten als in Österreich, wo der Ausländer zuallererst getauscht wird, wenn ein Ziel verfehlt wird.

Was drüben die Deutsch-Kanadier sind, sind hierzulande unsere »Austros«, wiewohl der Verband diesen Begriff ein für allemal abgeschafft hat. Doch während es früher in Österreich immer wieder Debatten um die »Austrokanadier« gab, standen ein Friesen, Wolf, Roedger, Kreis und wie sie alle heißen nie in der Diskussion.

P. S. In Salzburg gibt es eine Fan-Gruppe, die etwa zweimal pro Winter in den Nachtzug nach München steigt und weiter nach Düsseldorf fährt. Für sie ist die Brehmstraße der winterliche Garten Eden, der erfüllbare Ersatz für das Northlands Coliseum, des Saddledome und des Madison Square Garden, die doch zu sehr außerhalb der geographischen und finanziellen Reichweite liegen.

Gerhard Kuntschik

Schweiz: Wundern über Konkurs-Taktik

Die deutsche Eishockey-Nationalmannschaft und ihr Unterbau, die Bundesliga, werden in der Schweiz immer wieder zu Vergleichen herangezogen. Das kommt nicht von ungefähr: Bis gegen Ende der 60er Jahre marschierten Deutsche und Schweizer auf dem internationalen Eisparkett im Gleichschritt – doch dann tat sich ein Graben auf.
Zweimal schaffte das Schweizer Nationalteam den Sprung in die A-Gruppe und stieg gleich wieder ab: 1972 in Prag und 1987 in Wien. Dem folgte ein recht gut gelungener Auftritt bei den Olympischen Spielen in Calgary, wo der Überraschungssieg gegen den späteren Zweiten Finnland als großer Triumph gefeiert wurde. Der Kontrast zu den Deutschen ist aber offensichtlich: solche Siege, selbst gegen die CSSR und Kanada, sind bei ihnen zur Tagesordnung geworden. Über den Leistungsunterschied täuschen auch manchmal knappe Ergebnisse in Freundschafts-Länderspielen nicht hinweg.
Natürlich schielen die Schweizer Eishockeyfreunde auch während der ganzen Saison über die Grenze. Sie können sich durch das deutsche Fernsehen ein gutes Bild von der Spielqualität in der Bundesliga machen, auch wenn die TV-Berichterstattung nicht jenes Ausmaß hat wie in der Schweiz.
Zudem gehen die Schweizer Klubs in der Bundesliga oft auf Ausländerfang: »Wir sind nicht schlecht gefahren damit, wir können so oft besser beurteilen, ob ein Spieler in unser Team paßt, als wenn wir einen direkt aus Übersee holen«, erklärte dazu Gary Diethelm, Präsident des Rekordmeisters HC Davos. Manchmal kommen solche Spieler auch nur als Lückenbüßer, wie vor zwei Jahren die Schwenninger Don Dietrich und Tony Currie, die Kloten in den Play-Offs aushalfen. Immer werden sie in Interviews nach Vergleichen befragt. Die Antworten fallen immer gleich aus: Die Schweizer laufen gut Schlittschuh, sie sind technisch hervorragend – aber in der Bundesliga wird härter gekämpft. Aber sie geben auch zu: In der Schweiz wird besser – und vor allem pünktlicher – bezahlt...
Mit prallvollen Lohntüten gewinnt man allerdings noch keine Spiele. Die Ausnahme machte vor zwei Jahren der HC Lugano, der dem Deutschen Meister Köln einen Finalplatz im Europacup wegschnappte – allerdings mit unsäglichem Glück, wie selbst die Schweizer Presse zugab.
Typisch für das Ansehen der Bundesliga: während die Schweizer Tagespresse außer der kanadischen alle ausländischen Landesmeisterschaften ignoriert oder bestenfalls Rosinen aus dem Alltagsgeschehen herauspickt, ziehen etliche Blätter die deutschen Resultate nach und präsentiert die »Sonntags-Zeitung«, herausgegeben von der auflagenstärksten seriösen Zeitung, dem Züricher »Tagesanzeiger«, wöchentlich eine Bundesliga-Rundschau.
Was dem Image der Bundesliga schadet und von der Presse als Kuriosum abgehandelt wird: Es ist aus Schweizer Sicht völlig unverständlich, daß ein Bundesliga-Verein Konkurs macht und wie ein Phönix aus der Asche gleichenorts, wenn auch mit anderem Kürzel versehen, wieder aufersteht und womöglich in der gleichen Klasse weiterspielt. Solches empfinden die Eidgenossen als Mangel an Seriosität – bei ihnen findet der Wiederbeginn in solchen Fällen in der alleruntersten Liga statt.

Hermann Pedergnana

Don Dietrich, Schwenninger Abwehrrecke mit der Nummer 20, und Tony Currie, der Stürmerstar, spielten innerhalb einer Saison in der deutschen und der schweizerischen ersten Liga.

Italien: Nachbars blühender Garten

Die deutsche Bundesliga ist was anderes als die Serie A in Italien – Bryan Lefley hat das schmerzlich erfahren müssen. 1986 war er mit Meran italienischer Meister – 1987/88 trainierte er in Düsseldorf und hatte dort allen Grund, die Nase zu rümpfen.

Die Eishockeywelt ist klein – in Südtirol, wo knapp die Hälfte der gesamten Serie A beheimatet ist, spielt sich alles auf engstem Raum ab. Und da blickt man sehr gerne über die Grenzen in Nachbars Eishockeygarten. Die Schweiz und Österreich sind nahe, nur etwa zweieinhalb Stunden Autobahn liegen beispielsweise zwischen Bozen und Rosenheim, dem bevorzugten Bundesligaschauplatz der Südtiroler. Landshut und Kaufbeuren sind auch noch »Tagesausflüge«, über einheimische und bundesdeutsche Medien (nicht zuletzt über das im gesamten Südtiroler Raum sehr gut zu empfangende ZDF) ist das deutsche Eishokkeygeschehen dem Serie-A-Eishokkeyfan vertrauter, als die Bundesligaszene dies wahrnimmt.

Die deutsche Bundesliga ist in jeder Beziehung der große Bruder, zu dem man bewundernd aufblickt – leider kommt es viel zu selten zu direkten Vergleichen. Diese wären wohl nur mehr für Serie-A-Klubs interessant – leistungs- und imagemäßig ist die deutsche Bundesliga dem italienischen Eishockey längst enteilt.

Dem war – ein Blick ins Archiv genügt – nicht immer so. Vor 15, 20 Jahren war der Unterschied klein, heute trennen die Serie A und die Bundesliga fast schon Welten. Hier zwar brillante Puckkünstler wie Gaetes Orlando, Mark Pavelich oder »Magic Man« Kent Nilsson (aber leere Stadien), dort enormer Publikumsandrang, tolle Stimmung und vor allem exzellente (einheimische) Eishockeyspieler.

Der entscheidende Unterschied zwischen Serie A und deutscher Bundesliga liegt in erster Linie in der gediegenen Trainerausbildung, in zweiter bei den Kunsteisanlagen und erst in dritter an den Spielern. Neidvoll blicken hiesige Vereinsfunktionäre auf die randvollen Nachwuchsreservoirs – die Jugendspielerquellen der Serie A liefern nur tröpfchenweise talentierte Leute. Entsprechend ist auch die Leistungsdifferenz zwischen den einen permanent hohen Standard aufweisenden DEB-Nachwuchseinheiten und den zwischen den B- und C-Gruppen pendelnden Juniorenteams des italienischen Eissportverbandes.

Interessant sind die Vergleiche immer wieder wegen der »Grenzgänger«. 1988 war beispielsweise der aus Bad Tölz zu Meran gestoßene Bobby Crawford zur Saisonhalbzeit nach Rosenheim gewechselt. Nowell Catterall, in Auronzo für die Serie B zu schwach, feierte in Berlin bei den Preussen »Auferstehung«. Gary Lupul war 1986/87 einer der Leistungsträger in Bruneck, ebenfalls wie zwei Jahre zuvor Bob Sullivan in Bozen. Diese Aufzählung läßt sich beliebig lang fortsetzen, auch auf Trainerebene. Toni »Tiger« Waldmann hatte 1983/84 Bozen zum Meistertitel geführt, 1985/86 hatte Brian Lefley mit Meran triumphiert, dann angelte ihn sich die DEG. Lefley wurde zum Saisonende dem italienischen Exmeister Varese weitergereicht. Etliche gebürtige Tschechoslowaken und nunmehr deutsche Staatsbürger (Hans Schulz, Dr. Zdenek Cerveny) sind mit Erfolg in unteren Ligen des italienischen Eishokkeys tätig.

Angetan haben es dem Serie-A-Eishockeyfan das hohe Spielniveau der Bundesliga, die rassigen Zweikämpfe, die mitunter eindrucksvoll aufspielenden Persönlichkeiten, die man vom Fernsehen her kennt, aber auch von Abstechern in diese völlig andere Eishockeywelt. Wer einmal ein Spiel in Köln oder Düsseldorf erlebt hat, der kann an einem Allerwelts-Serie-A-Spiel nicht mehr froh werden.

Leider »verirren« sich die Klasseteams aus der Bundesliga viel zu selten nach Italien, höchstens zu Sommer-Vorbereitungsturnieren, vielleicht zu Europapokalmatches. Wie in der Saison 1984/85, als der Kölner EC den Meister Bozen mit 6:1 und 9:3 in die Schranken wies.

Franz Sinn

DDR: Bewundernde Blicke nach drüben

Das deutsch-deutsche Verhältnis ist im Eishockeysport absolut ungetrübt. Die unrühmliche Ausnahme, als es bei der Weltmeisterschaft 1983 in der Bundesrepublik Deutschland im direkten Duell in der Dortmunder Westfalenhalle zu skandalösen Zuschauerausschreitungen gegen das DDR-Team kam, ist vergeben und vergessen. Als bei den Olympischen Spielen 1988 in Calgary die Mannschaft von Bundestrainer Xaver Unsinn mit ihrem beherzten Spiel vor allem bei den Siegen über die CSSR und die USA Eishockey zum Fernseh-Hit machte, flimmerten auch in der DDR die Mattscheiben bis tief in die Nacht. Das DDR-Fernsehen war beim sensationellen Eröffnungsspiel der Bundesrepublik gegen die CSSR (2:1) von Anfang an sogar »live« drauf, was den Westsendern, die die Eröffnungsfeier der Spiele vorgezogen hatten, in kritischen Kommentaren manchen Spott eintrug.

Man schätzt sich in beiden deutschen Eishockey-Lagern gegenseitig, hat Respekt voreinander und hegt teilweise sogar freundschaftliche Gefühle. Xaver Unsinn und der DDR-Trainer Joachim Ziesche, der wie Unsinn vielfacher Auswahlspieler war, verstehen sich glänzend.

Nur einmal erhielt das freundliche Bild einen tiefen Riß. Am 22. April 1983 gab es zwischen beiden Auswahl-Teams »ein Spiel wie auf dem Vulkan«, wie die Deutsche Presse-Agentur damals berichtete. Nach 2:3-Rückstand gewannen die Gastgeber noch 4:3 in einer dramatischen Schlußphase. Einige rücksichtslose Zuschauer »flippten« aus, bedrohten körperlich direkt hinter der DDR-Bande das Gäste-Team und seine Funktionäre, beleidigten diese unflätig und hieben sogar mit Stöcken. Der Präsident des Deutschen Turn- und Sportbundes der DDR, Manfred Ewald, protestierte förmlich auf höchster Ebene beim damaligen Präsidenten des Deutschen Sportbundes, Willy Weyer. Der Deutsche Eishockey-Bund mußte sich offiziell entschuldigen und nach einem Urteil des Internationalen Eishockey-Verbandes 500 Franken Strafe zahlen.

Doch die Gemüter beruhigten sich glücklicherweise bald, auch weil die DDR-Seite sehr korrekt reagierte. WM-Delegationsleiter Herbert Gasch nahm die Entschuldigung an und sagte: »Die sportlichen Kontakte zwischen uns werden durch die Vorfälle nicht weiter getrübt.«

Auch die Kontakte der Fans untereinander sind gut. Zum Beispiel gab es bei der Eishockey-WM in Prag 1985 rundum in den Kneipen um die Fucik-Halle regelmäßige viele deutsch-deutsche Verbrüderungs-Umtrunke. Beliebtes Gesprächsthema war zu vorgerückter Stunde nicht selten die Anekdote, daß ja einst Trainer Gerhard Kießling in seinen DDR-Zeiten Staatschef Walter Ulbricht einmal das Schlittschuhlaufen beigebracht haben soll.

Die Leistungen im bundesdeutschen Eishockey werden in der DDR mehr als anerkannt, fast bewundert. Mit Wehmut verfolgen sicherlich manche Auswahlspieler der DDR und Trainer Ziesche, welche positive Entwicklung das »BRD-Eishockey« international genommen hat, zumal das DDR-Eishokkey im eigenen Lande ein Stiefmütterchen-Dasein führt und, mangels Erfolgsaussicht, trotz gesicherter Qualifikation nicht am Olympiaturnier von Sarajewo 1984 teilnehmen durfte.

Ein Indiz, wie aufmerksam und zustimmend in der DDR Eishockey im Westen verfolgt wird, ist auch in der Übernahme des Play-Off-Systems für das ewige Zweier-Duell zwischen Dynamo Weißwasser und Dynamo Berlin im Kampf um den DDR-Meistertitel zu erkennen. Das DDR-Eishockey, das zeigt sich immer deutlicher, ist bereit, von den westlichen Methoden zu lernen und hat im Prinzip keine Berührungsängste mit den Profis.

Hans-Rüdiger Bein

Joachim Ziesche, der DDR-Cheftrainer, ist mit seinem West-Kollegen Xaver Unsinn befreundet und verfolgt das Geschehen in der Bundesrepublik mit großem Interesse.

Flucht!

DDR-Asse in der Bundesliga? Beinahe hätte es das mal gegeben. 1984 tauchten zwei, die geflüchtet waren, beim Mannheimer ERC auf: Stefan Steinbock und Guido Hiller von Dynamo Berlin: jung, gut, als Stürmer der Zukunft gehandelt.

Nach 18monatiger Sperre hätten sie für den MERC spielen dürfen – doch dazu kam's nie. Bald schon kehrten Steinbock und Hiller in die DDR zurück. Man hatte ihnen Straffreiheit zugesagt.

Und tatsächlich: Beide wurden wieder in ihr Team integriert, kamen im Europacup-Viertelfinale 1986 sogar mit ihrer Mannschaft nach Rosenheim. *Günter Klein*

Skandinavien: Angst vor deutschen Quellen

Jorma Siitarinen: Ein finnischer Trainer, dessen Fachverstand in Deutschland gefragt ist. Frankfurt führte er von der zweiten in die erste Liga und dort sogar in die Play-Offs.

Finnland hat den 3. Februar 1939 nicht vergessen: Als WM-Neuling wurde es damals von der deutschen Nationalmannschaft vorgeführt: 1:12 – ein Debakel.

In Schweden ist der 7. Februar 1928 das historische Datum. Da traf das Drei-Kronen-Team erstmals auf die Deutschen – und verlor. Wenn auch knapp mit 1:2.

Die Zeiten sind andere geworden, Finnen wie Schweden haben längst positive Bilanzen gegen Deutschland. Aber sie haben sich den kritischen Blick auf den Kontinent bewahrt. Und so sagt Pentti Mattikainen, Coach des finnischen Teams, das 1988 bei den Olympischen Spielen in Calgary die Silbermedaille gewann: »Schweizer und Deutsche waren die Trendsetter im mitteleuropäischen Eishockey, und sie werden diese Rolle beibehalten. Und gerade Deutschland wird immer ein ernsthafter Gegner für uns bleiben.«

Die Skandinavier wundern sich: Ihre Jugend- und Junioren-Auswahlmannschaften sind um einiges stärker als die Teams, die der DEB auf die Beine stellt, doch im Seniorenalter ist der Vorsprung dahin. Das liegt an der Schule der Bundesliga. In ihrer Atmosphäre von Professionalität und Konfrontation überleben nur die Besten.

Olli Hietanen, ein erfahrener finnischer Trainer, der einige Zeit in der Schweiz arbeitete, hat das deutsche Bundesliga-Eishockey genau studiert und sich auch mit Frankfurts Trainer Jorma Siitarinen, seinem Landsmann, ausführlich unterhalten. »Die hochqualitative Arbeit«, sagt Olli Hietanen, »findet ausschließlich in der ersten und zweiten Liga statt. In den Klassen darunter hapert es, vor allem in der Jugendarbeit, junge Spieler werden unzureichend ausgebildet. Die Bundesliga arbeitet professionell, aber das bringt auch Nachteile mit sich: Auf den teuren ausländischen Spielern lastet ungeheuer viel Verantwortung, zuviel! Individualisten sind gefragt, und deren Spiel provoziert Zweikämpfe und ein Eishockey, das aufs Stören ausgerichtet ist. Da liegt der Unterschied zur skandinavischen Spielkultur. Schon unsere Kinder bilden Einheiten, Kollektive.«

Deutsches Eishockey in Skandinavien: Ja, man verfolgt die Ergebnisse – besonders der Mannschaften mit Gastarbeitern aus Finnland und Schweden. In Tages- und Sportzeitungen sind sie nachzulesen. Doch man kann mit nur einem Namen wirklich was anfangen: mit Iso-Eerikki, dem großen Erich Kühnhackl. Weil er viele Tore bei internationalen Turnieren (meist gegen Finnland) schoß, und weil das finnische Spielmacher-Genie Matti Hagman, zu Hause der Topskorer, Kühnhackl in Landshut nicht annähernd ersetzen konnte, nachdem dieser 1985 in die Schweiz gewechselt war. Der Mythos Kühnhackl lebt – vor allem bei den Journalisten. Noch immer fragen sie Bundestrainer Xaver Unsinn auf Pressekonferenzen, ob denn ein Kühnhackl-Comeback ins Haus stünde.

Die deutsche Nationalmannschaft hat sich für die finnische zu einem Hauptrivalen entwickelt. 1976 schnappte sie ihr Olympia-Bronze weg, 1983 brachte sie sie mit der besseren WM-Plazierung um die Einladung zum Superturnier um den Canada Cup. Und bang ist der Blick auf die Landkarte, auf das große Deutschland mit seinen vielen Menschen. Weniger Fußballer, mehr Eishockeyspieler – wenn diese Umschichtung den Deutschen gelänge, so die finnische Befürchtung, würde der Gegner noch besser aussehen. Er hat eine Menge noch unerschlossener Quellen – wann bemerkt er sie? *Tom Ratschunas*

Nordamerika: Bundesliga – Buschliga

Wer deutscher Eishockeymeister wird, das erfährt man in Nordamerika nie – außer vielleicht in einem Fünfzeiler in den »Hockey News«, dem Fachblatt, das sich zu 90 Prozent den Profis widmet.

Geschichten aus der Bundesliga bringen amerikanische und vor allem kanadische Gazetten schon, doch dann solche, die ein schiefes Licht auf die »German Federal League« werfen. So der Versuch des Mr. Weifenbach, seinen Verein Iserlohn mit Ghaddafi-Geldern zu sanieren. Das war ein gefundenes Fressen, wurde samt Bild als süffisante Story aufbereitet. Oder den Prozeß des Steve McNeil gegen Roy Roedger, wegen eines augenlichtgefährdenden Stockschlags, nicht zu vergessen die von Steuerfahndern vorgenommenen Hausdurchsuchungen in Iserlohn. Man mische dazu gelegentliche Aussagen von kanadischen Ex-Profis, welche die Bundesliga als knüppelhart bezeichnen. Folge: Deutschlands Eliteklasse wird in Nordamerika abschätzig als »Buschliga« abgetan, als Tummelplatz für die Wilden.

Doch das paßt nicht ganz zu einer anderen Seite. Immer wieder setzten Profiklubs Deutsche auf ihre Reserveliste. Die Talentsucher pflegen dann die Fähigkeiten eines Didi Hegen oder Udo Kießling zu rühmen, der Klubmanager nimmt Kontakte auf und kommt schließlich öffentlich zur Erkenntnis wie Mark Johnson, Personaldirektor der New Jersey Devils: »Die verdienen in Deutschland so viel, daß für sie die NHL uninteressant sind.«

Angefangen hat es schon mit Erich Kühnhackl und Alois Schloder. Besonders Kühnhackl war nahe daran, bei den Vancouver Canucks anzubeißen. Das Engagement scheiterte an einer Garantie- und Versicherungsklausel. Auf des langen Erich Wünsche nicht eingegangen zu sein, bereuten die Canucks im nachhinein. Udo Kießlings Forderung ließ Lou Nanne, den Generalmanager der Minnesota North Stars, beinahe sprachlos. So blieb es Uli Hiemer vorbehalten, als erster Deutscher eine Bresche zu schlagen, nur hatte er das Pech, bei einem schwachen Team zu landen und bei einem Coach, der nicht auf seine Stärken bauen, sondern ihn umformen wollte. In der letzten Saison macht Uwe Krupp bei den Buffalo Sabres den gleichen Prozeß durch. »King Kong« wird er genannt, und als deutsches Eishockeymonster tut er in Amerika mehr fürs Image der Bundesliga als die deutsche Nationalmannschaft. Von der nimmt nämlich kaum jemand Notiz.

Als seltener Vogel ist Krupp ein beliebter Interviewpartner, und so fließt eben einiges mit ein über den Weg, den ein erfolgreicher deutscher Eishockeyspieler hinter sich hat, wer ihn geformt und für wen er gespielt hat.

Wenn die Bundesliga für den Mann der Straße drüben ein Kuriositätenkabinett ist, so trifft dies auf die wahren Fachleute nicht zu. Nationaltrainer wie Dave King oder Dave Petersen und ihre Assistenten oder Spieler haben da ihre Erfahrungen gemacht und zollen Respekt. Und auch die Profispezialisten halten ein wachsames Auge auf sie. Im Computer der Philadelphia Flyers sind die Namen von 1500 Spielern aus aller Welt verzeichnet, darunter auch von etlichen Deutschen. »Wir aktualisieren die Informationen dauernd, wir sind über alle Kandidaten bis hinunter zu den 15jährigen auf dem laufenden«, erläuterte Generalmanager Bobby Clarke. Den Input besorgen Talentsucher. Sie halten auch ein wachsames Auge auf die Bundesliga, nicht zuletzt schon deshalb, damit nicht etwa ein Konkurrent die Nase vorne hat – wie die Sabres im Falle Krupp.

Hermann Pedergnana

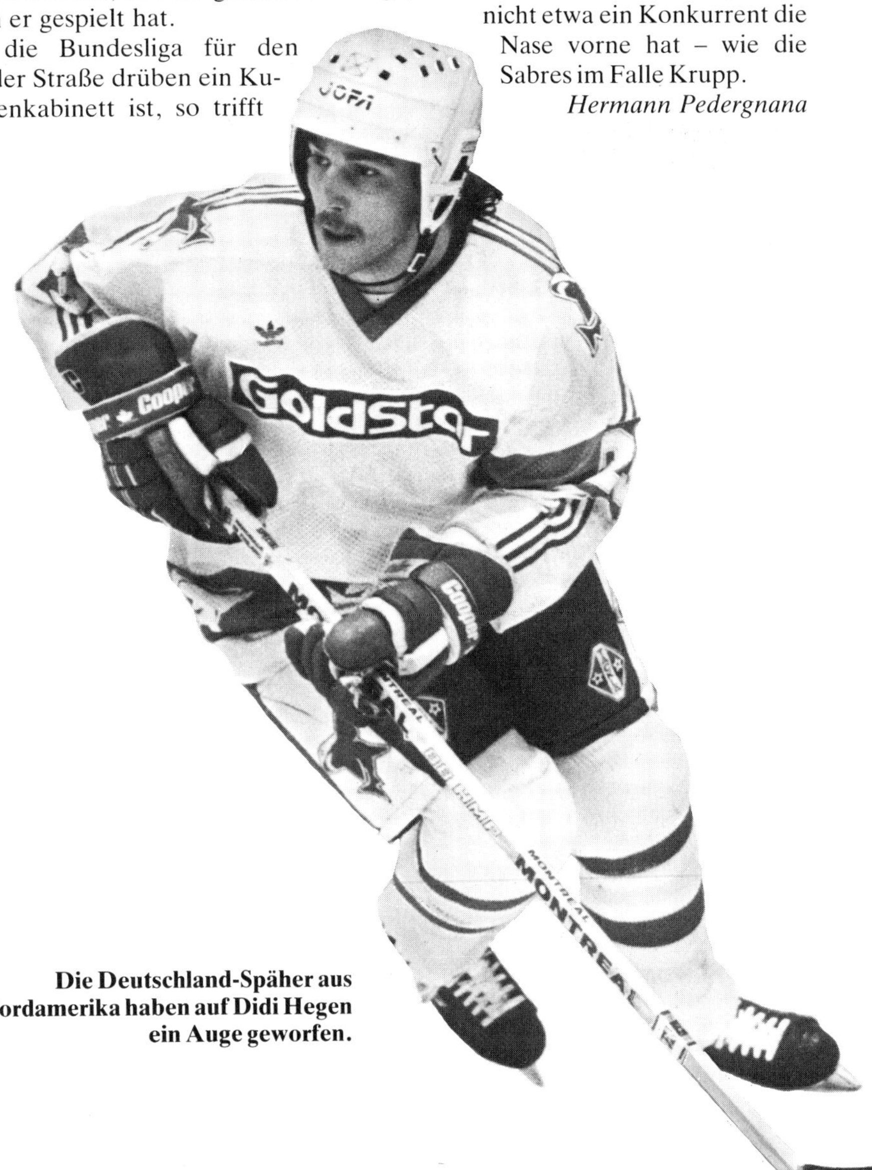

Die Deutschland-Späher aus Nordamerika haben auf Didi Hegen ein Auge geworfen.

Keine deutsche Fremdenlegion

Aufgepaßt: Diese Meldung ist brandaktuell. Paul Ambros vom EV Füssen wird zu den Edmonton Oilers gehen! Nein, wirklich, das ist kein Quatsch. Es war im Frühjahr 1988, daß sich anläßlich eines Freundschaftsspielchens die Alten Herren des EV Füssen und die Ex-Stars der Oilers gegenüberstanden. Die Männer aus Edmonton bemerkten, daß einer dieser Allgäuer Verteidiger mindestens genauso kanadisch spielte wie sie selbst. Eben Paul Ambros. Und den luden sie für die nächste Saison ein: »Spiel doch mal bei uns.« Das Oilers-Trikot hat der Paule dann gleich probeweise anziehen dürfen.
Die Erkenntnis, daß einer wie der »Tiger vom Hopfensee«, der Mitglied der ersten Füssener Bundesliga-Meistermannschaft war, auch drüben mitmischen könnte, ist gut 25 Jahre alt. 1962 bei der Weltmeisterschaft in Colorado Springs fiel er – wie Nationalmannschaftskollege Leonhard Waitl – Spähern aus der National Hockey-League (NHL) auf, die auch ihre Angebote unterbreiteten. Doch beide lehnten ab. Paul Ambros: »Wir haben das nicht so richtig ernst genommen, nicht daran gedacht, daß man mit Eishockey so viel Geld verdienen könnte. Und die Heimat war sowieso stärker.«
Bundesliga-Cracks im Ausland – das waren allenfalls kanadische Legionäre, die weiterzogen. Aber deutsche Spieler? Sie wurden erst zum Thema, als sich die Nationalmannschaft zu Xaver Unsinns zweiter Amtszeit international profilierte.
Von der NHL gefragt war der Typ »großer Verteidiger«. So wie Uli Hiemer, und so wie Uwe Krupp. Uli Hiemer, der Füssener, der für den Kölner EC spielte, wechselte 1984 zu den New Jersey Devils. Drei Jahre blieb er bei dem New Yorker Klub – und er hatte Erfolg. Die erste Saison: 53 von 80 Spielen, 5 Tore, 24 Assists. Die zweite Saison: 50 Spiele, 8 Tore, 16 Assists. Sein letztes Jahr: 40 Spiele, 6 Tore, 14 Beihilfen. 1987 kehrte er nach Deutschland zurück, zur Düsseldorfer EG. Sein Fazit: »Es hat mir unheimlich viel gebracht, sportlich und menschlich. Es kann eigentlich keiner sagen, daß er Eishockey-Streß kennt, wenn er nicht in Nordamerika gewesen ist. Du bist ständig auf Achse, du spielst und spielst und spielst. Und stehst unter Leistungsdruck, weil da noch ein Farmteam ist, aus dem Leute nach oben drängen. Ein Farmteam hat die Stärke einer deutschen Bundesliga-Mannschaft. Ich kann die Schule NHL guten Gewissens empfehlen. Vor allem für junge Deutsche!«
Wie Uwe Krupp. Kurz vor Beginn der Saison 1986/87 verschwand er über den großen Teich, zu den Buffalo Sabres. Zunächst kam der Kölner auch zum Zug, dann verschwand er im Farmteam von Rochester. Dort trumpfte er auf – und das war Empfehlung genug, ihn in seiner zweiten Saison ins NHL-Team zu nehmen. Endgültig. Mittlerweile wird er liebevoll »King Kong Krupp« gerufen. Sein Ziel: »Ich will es auf 400 NHL-Partien bringen – dann kriege ich nämlich mal eine Rente.«
Nur etwas mehr als ein Jahr hielt es den in Kanada geborenen und aufgewachsenen Karl Friesen im Profi-Eishockey. Sein Stil – ruhig auf der Linie stehen und reagieren, wenn was passiert – kam nicht an. Statt im NHL-Team der New Jersey Devils neben Uli Hiemer zu spielen, mußte der Torwart sich zumeist bei der Reserve, den Maine Mariners, verdingen. Als er dann doch mal in der »Ersten« ran durfte, kassierte er in fünfzig Minuten acht Gegentore und wurde vom Eis genommen. Insgesamt 130 Minuten dauerte Karl Friesens NHL-Karriere – im Dezember 1987 entschloß er sich, den Weg zurück zu gehen, nach Rosenheim. »Für mich als Menschen, dessen Zentrum die Familie ist, war das kein Leben«, sagte er.
Udo Kießling in die NHL? Für ein paar Probespiele war er Anfang der achtziger Jahre schon drüben und wurde bei Weltmeisterschaften und Bundesligaspielen auch immer wieder mal beobachtet, doch er entschloß sich zum Hierbleiben. Erich Kühnhackl in die NHL? Das verhinderte das Traumangebot des Kölner EC. Auf die alten

Eine Bauchlandung erlebte Erich Kühnhackl in seinem zweiten Schweizer Jahr. Konsequenz: die Rückkehr nach Deutschland.

Bild Mitte: Uli Hiemer (links) und Karl Friesen standen gut ein Jahr beim selben NHL-Klub unter Vertrag – aber nur minutenweise in einem Team.

In der NHL etabliert: »King Kong Krupp«.

Uli Hiemer vor Manhattans Skyline – ein Allgäuer in der großen weiten Welt . . .

Tage zog's den Langen dafür zum EHC Olten in die Schweiz. Er ging 1985 dorthin – und wie Karl Friesen nach eineinhalb Jahren doch lieber heim.

Aber er hatte eine ansprechende erste Saison. An einem Drittel der Oltener Treffer war Erich Kühnhackl beteiligt, und daß der EHC als Aufsteiger nicht abstieg, war seinen Antreiber-Qualitäten zu verdanken. Doch weiter ging's weniger erfolgreich. Zwei Kanadier wurden dem »Langen« vor die Nase gesetzt, er mußte sich für ein Spiel erst qualifizieren. Naturgemäß gab's da Knatsch – Kühnhackl wollte weg, und den Klub-Chefs war's letztlich nicht unrecht. Die halbe deutsche Bundesliga beabsichtigte den damals 36jährigen zu verpflichten, Heimatverein EV Landshut erhielt fast sensationell den Zuschlag: »Ganz einfach«, nannte Erich Kühnhackl den Grund, »meine Familie wollte was von mir haben.«

Die Deutschen im Ausland – ein Blick voraus: Sie werden nicht zur Legion, denn dazu ist das Angebot an Kanadiern, Skandinaviern, Tschechoslowaken, Polen und bald Russen zu groß und zu gut. Deutsche im Ausland – das werden immer Einzelfälle bleiben.

Und wer packt's als nächstes? Milan Vanik, der in Kaufbeuren und Freiburg spielte, war in der »Draft«, der NHL-Talentziehung, Thomas Brandl vom Kölner EC, einem gebürtigen Bad Tölzer, werden vom Krupp-Agenten Roley Thompson gute Chancen eingeräumt – wie auch Berlins Torhüter Klaus Merk.

Deutsche in der NHL – eigentlich wird's ja Zeit, den Superstars drüben mal zu zeigen, daß auch hierzulande Eishokkey gespielt wird. Wie hat doch gleich wieder Kanadas Eishockey-Gott mit der Nr. 99, Wayne Gretzky, so süffisant gesagt: »Deutsche Spieler? Ich kenne nur Kühnhackl.«

Günter Klein

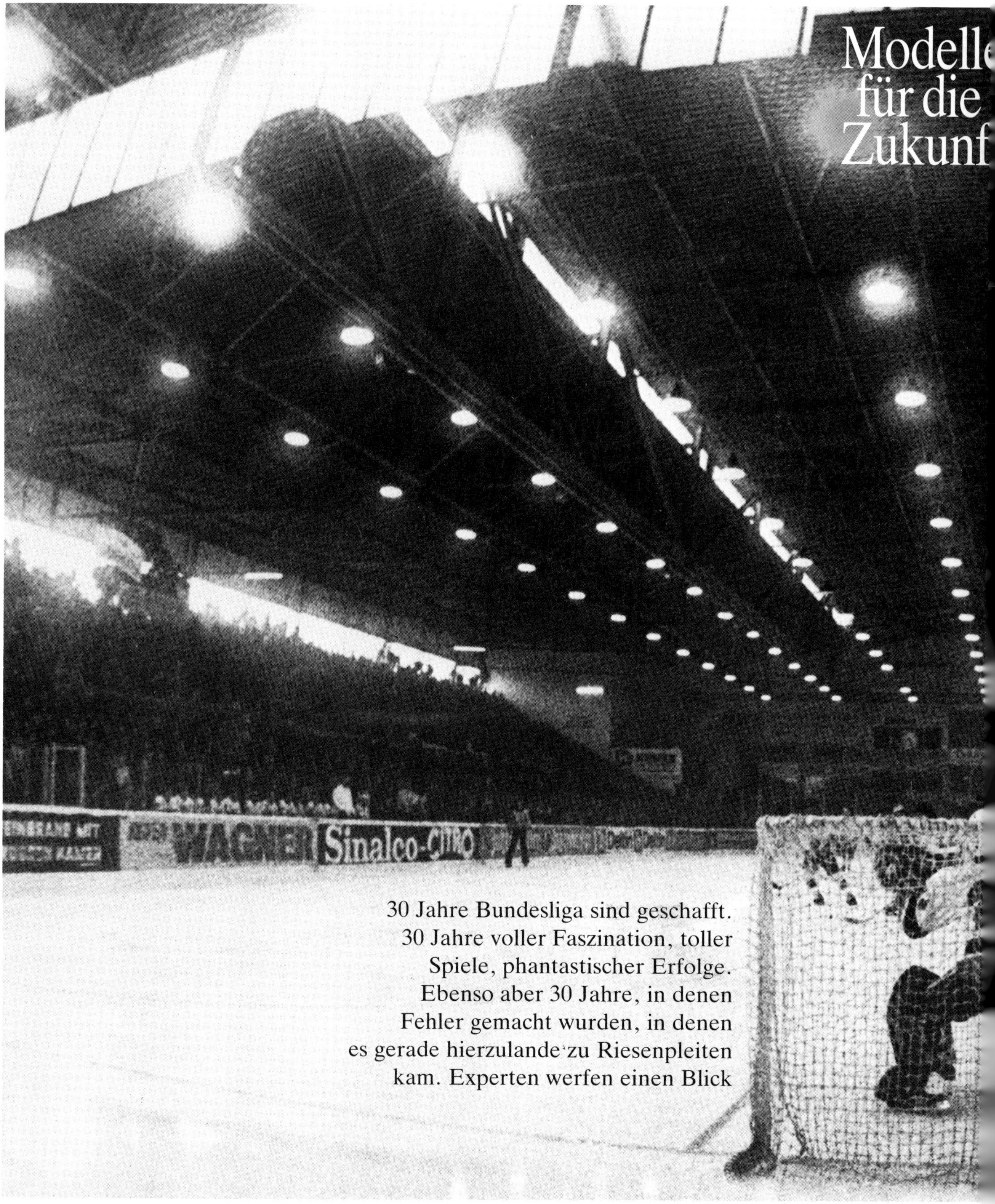

Modelle für die Zukunf

30 Jahre Bundesliga sind geschafft. 30 Jahre voller Faszination, toller Spiele, phantastischer Erfolge. Ebenso aber 30 Jahre, in denen Fehler gemacht wurden, in denen es gerade hierzulande zu Riesenpleiten kam. Experten werfen einen Blick

voraus: Was muß in der Trainingsarbeit anders werden, was in der Vermarktung? Wie muß der Spielmodus aussehen, wie die Ablöseregelung? Viele Fragen – zwei Trainer und zwei Funktionäre beantworten sie uns auf den folgenden vier Seiten.

Schwedische Verhältnisse schaffen!

Xaver Unsinn ist Deutschlands »Mister Eishockei«. Als Spieler gehörte er zum erfolgreichen Füssener Team der 50er Jahre, als Trainer begann seine Karriere in Kaufbeuren. Seit 1981 ist Xaver Unsinn zum zweiten Mal Bundestrainer. Seine Zukunfts-Überlegungen gründen vor allem auf der engen Beziehung von Nationalmannschaft und Bundesliga.

1987, als wir in Moskau beim Iswestija-Cup spielten, habe ich den Satz in den Pressekonferenzen immer wieder sagen müssen: »Wenn wir international schlecht aussehen, dann hat das vor allem unsere Bundesliga zu verantworten. Denn sie läßt uns, der Nationalmannschaft, oftmals zu wenig Zeit.« Zum Beispiel vor dem Iswestija-Turnier: Da wurde am Sonntag noch eine Punkterunde gespielt, in der Nacht mußten die Spieler nach Frankfurt, am nächsten Tag konnten wir gerade einmal locker trainieren, und schon ging's ab mit dem Flugzeug. Die anderen Mannschaften kommen zu so einem Turnier mit viel längerer Vorbereitungsphase. Und sie sehen dadurch besser aus.

Das Problem unserer Bundesliga ist: Die Spieler sind sehr teuer und die Klubs darauf angewiesen, daß sie möglichst viele Heimspiele haben. Aber sie wollen nicht vor Ende September in den Punktspielbetrieb. Lieber tragen sie im Sommer Freundschafts- und Testpartien aus – ich persönlich gebe darauf gar nichts!

Bei internationalen Vergleichen sieht man auch: In den obersten Ligen der anderen Länder wird besser gespielt, da ist die Leistungsdichte größer. Bei uns konzentriert sich vieles auf die Topspieler, sie werden überstrapaziert. Keine Frage: Wir brauchen – und das muß unser Ziel bis zum Ende des Jahrtausends sein – ein größeres Spielerpotential. Wir müssen sozusagen schwedische Verhältnisse schaffen. 16000 Aktive haben wir derzeit – 30000 sollten es schon werden. Ab der Saison 1989/90 werden wir auch eine Junioren-Bundesliga haben, wo unsere Talente richtig gefordert werden. In den bisher gültigen regionalen Gruppen war die Leistungsdifferenz zu groß, nun kann sich Spitze mit Spitze messen.

Ein weiterer Punkt in meinem Zukunftskonzept ist der: Der Verband sollte sich durchringen, einen eigenen Mann für die Trainerausbildung einzustellen. Ich kann das nicht mit übernehmen, weil ich mit der Nationalmannschaft und auch im allgemeinen Management genug zu tun habe. Vor vierzig Jahren hatte man den großen Leinweber auf diesem Ausbilder-Posten. So ein Mann täte uns wieder gut.

Ändern muß sich zudem in unseren Stadien was. Die sind einfach zu klein. Der Eishockey-Boom wird eines Tages komfortable Hallen für 15000 Leute – wie in Kanada – erforderlich machen. Mit ihnen könnten die Einnahmen der Vereine steigen. Eine Chance, sich aus dem Dunstkreis der Wirtschaftskriminalität zu befreien.

Wenn dann die Nationalmannschaft genügend Freiraum hat und gute Spiele liefert, wird auch das Image der Bundesliga besser werden.

Aufgezeichnet von Günter Klein

Für die deutsch-kanadische Freundschaft!

Jozef »Jojo« Capla spielte in den 60er Jahren 47mal für die Nationalmannschaft der CSSR, durfte 1969 in die Bundesliga, zum Augsburger EV, wechseln, wo er später – nachdem er sich zum Bleiben im Westen entschlossen hatte – auch Trainer wurde. Von 1977 bis 1987 arbeitete er als Trainer beim Bayerischen Eissport-Verband, vor allem im Nachwuchsbereich. Mit dem EHC Freiburg stieg er 1988 in die erste Bundesliga auf. Seine Gedanken und Pläne:

Werfen wir mal einen Blick auf die Altersstruktur in der Bundesliga. Da haben wir die Gruppe der 28- bis 33jährigen, Leute wie Kießling, Truntschka, Höfner, Steiger. Klassespieler, doch mittlerweile eine Generation, die am Aussterben ist. Dann haben wir die Deutschkanadier. Bis in drei Jahren werden sie großteils von der Bildfläche verschwinden. Und dann müssen die Spieler, die jetzt Anfang 20 sind, stark sein.

Doch die Frage ist: Wann schafft man die Grundlagen für die positive Entwicklung eines Spielers? Mitte 20 ist alles gelaufen, da gibt es kaum mehr etwas zu verbessern. Auch ein 18jähriger hat schon Schwächen, die nicht mehr abzustellen sind. Am besten ausbilden kann man die jungen Cracks zwischen 14 und 18.

Ich bin ein Trainer, den es nicht ausfüllt, nur auf die erste Mannschaft des Vereins sein Augenmerk zu richten. Ich will Projekte gestalten für die Zukunft – über die Zeit meiner Tätigkeit an einem Ort hinaus.

Für Freiburg bietet sich ein ganz besonderes Modell an. Wir haben in 40 Kilometer Entfernung eine Kaserne mit zwei Eisbahnen, die bis auf einen Monat im Jahr in Betrieb sind – und etliche kanadische Jugendliche, die es satt sind, immer nur Rot gegen Blau zu spielen. Ich möchte, daß unsere Nachwuchsspieler mit ihnen einen regen Austausch haben. Das heißt: Wir spielen nicht nur gegen sie, sondern auch mit ihnen, eignen uns deren kanadische Stärken an. Wir kommen in der Kaserne zusammen oder im Freiburger Eisstadion, die Kanadier können auch Mitglieder bei uns werden, man trifft sich außerhalb der Eisfläche, die Eltern kriegen Kontakt zueinander. Von dieser deutsch-kanadischen Freundschaft könnten wir viel profitieren.

Und auch sonst sollten wir ruhig zu den Kanadiern hinüberschauen, wie die das in ihrer National Hockey-League machen. Ich war auf Einladung der Calgary Flames für zwei Wochen als Trainer in Kanada – es war phantastisch!

In Deutschland haben wir zu viele mangelhaft ausgebildete, auch zu viele primitive Spieler, die von Verein zu Verein ziehen und abkassieren. In der NHL bestellen sich die Klubs zu Saisonbeginn 60 Cracks ins Sommertraining und wählen dort die Besten aus. Es wäre gut für unser Eishockey, wenn wir eine größere Auswahl hätten.

Dazu benötigen wir auch ein Eishokkey-Internat für die Jugend. Irgendwann möchte ich so etwas aufziehen.

Aufgezeichnet von Günter Klein

Laßt uns endlich richtig werben!

Seit 1980 steht Heinz Landen an der Spitze des Kölner EC – erst als kommissarischer, dann als offizieller Präsident. Der renommierte Pelzhändler macht sich darüber Gedanken, wie ein Verein seine sportliche Klasse halten kann, ohne ins Minus zu rutschen. Seine Kölner Haie sind ein schuldenfreier Klub.

Wenn ich mal den Kölner EC als Beispiel nehme: 47 Prozent unseres Etats decken wir über die Zuschauereinnahmen ab. Woher wir die restlichen 53 Prozent hernehmen, das frage ich mich selber oft. Trotzdem haben wir es immer noch geschafft, unsere Ausgaben durch Einnahmen auszugleichen – doch das wird zunehmend schwieriger.

Das Eis, auf dem sich unser Sport bewegt, ist unheimlich dünn, die Klubs leben von der Hand in den Mund. Deshalb muß der Deutsche Eishockey-Bund uns zusätzliche Einnahmequellen erschließen lassen. In der Werbung könnte sich da allerhand tun. Trikot, Ärmel und Helm darf man mit Werbeschriften versehen – warum nicht auch die Hose? Des weiteren könnte man den Namen der Liga verkaufen. In England spielt eine »Budweiser-Liga«. Ähnliches müßte auch bei uns denkbar sein. Der Sponsor zahlt den Vereinen eine gewisse Summe, der Verein bietet als Gegenleistung Werbung in den Anspielkreisen, und die Spielklasse trägt einen neuen Namen. McDonald's wollte das mit der Bundesliga schon machen. Das ist durch eine Indiskretion jedoch zu früh an die Öffentlichkeit gebracht worden und somit geplatzt.

Natürlich hoffen wir auch auf verstärkte Bildschirm-Präsenz. Da es zwischen den TV-Anstalten und dem Fußball-Lager Knatsch gibt, bietet sich uns eine große Chance. Und ist Eishockey öfter zu sehen, können wir auch die Preise für Banden- und Trikotwerbung anheben.

Der DEB ist in seiner Entwicklung zuletzt nicht nur stehengeblieben, sondern sogar rückwärts gegangen. Doch nun haben wir einen neuen und agilen Vorstand. Rudolf Gandorfer, mein Amtskollege aus Landshut, verhandelt fleißig mit weltweit tätigen Werbeagenturen. Da wird sich also was tun! Unser Vorbild ist der Deutsche Fußball-Bund. Wie der seine Vereine führt, das wollen wir auch im Eishockey haben.

Zu hoch sind meiner Ansicht nach die Ablösesummen in unserem Sport. Wir jedenfalls können es uns nicht leisten, 300000 Mark für einen Spieler auszugeben. Da müßten wir erst einen unserer starken Leute verkaufen – und würden somit an die eigene Substanz gehen.

Natürlich wären 500000 Mark als Ablöse kein Problem – wenn ich eine Halle für 20000 Leute hätte und die immer voll wäre. Aber solange sich an der Hallensituation nichts ändert, müssen wir eben versuchen, durch verstärkte Werbung an den Lebensunterhalt zu kommen.

Aufgezeichnet von Günter Klein

Trinken Heinz Landen, Kölns Präsident, und Stürmer Holger Meitinger schon auf die deutsche »Budweiser-Liga«?

Schützt unsere Nachwuchsarbeit!

Rudolf Gandorfer ist Präsident des bayerischen Traditionsklubs EV Landshut. Der Architekt hat sich vor allem zu den Themen Spielmodus und Ablösesummen seine Gedanken gemacht:

Seien wir ganz ehrlich: Das Eishockey, wie es heute ist, hat seine Grundstruktur doch schon seit den ersten Tagen nach dem Krieg. An den selbstgestrickten Schwächen dürfen wir nicht zugrunde gehen, und deshalb sollten wir einige verwaltungstechnische Änderungen vornehmen.

Der Deutsche Eishockey-Bund betreut derzeit die I. Liga, die II. Liga Nord und Süd, Oberliga Nord und Süd sowie die Regionalligen Süd, Süd/West, Mitte, Nord und West. Viel zuviel! 40 Vereine unter DEB-Obhut würden genügen, um den Rest sollten sich die Landesverbände kümmern.

Die Neugliederung stelle ich mir so vor: Die I. Liga umfaßt acht Vereine, eine eingleisige II. Liga ebenso. Je acht Klubs haben auch die drei regionalen Ligen als Unterbau. Fünfmal acht – da sind wir bei meinen 40. Nun müssen wir schauen, daß jeder zu seiner Anzahl an Spielen kommt, die er braucht, um sich zu finanzieren.

I. und II. Liga spielen je eine Doppelrunde – also 28 Partien. Die nächste Runde hat 16 Spiele, in ihr treffen die Klubs von I. und II. Liga aufeinander, die Punkte fließen in die jeweiligen Tabellen ein. Danach haben wir in beiden Ligen eine Plazierung vom Ersten bis zum Achten. So – die besten vier der I. Liga spielen Play-Off um die Meisterschaft, die vier Schlechteren von oben müssen sich mit den vier Guten von unten streiten. Wieder im Play-Off-System Best of Seven. Die vier Sieger sind in der I. Liga. Die vier hinteren Klubs aus der II. Liga müssen in eine Relegationsrunde mit den Teams aus den regionalen Ligen.

Man mag einwenden: Die Zweitligisten haben in dieser eingeschobenen Runde doch keine Chance. Stimmt wahrscheinlich – aber nach drei Jahren wird sich das eingependelt haben. Die Zweitligisten kommen nämlich durch neue attraktive Gegner zu höheren Einnahmen und können sich verstärken, an Niveau gewinnen. Sie werden eine ernsthafte Konkurrenz – mit der Zeit auch für die Erstligisten. Hetzen wir sie ruhig aufeinander – die Spielstärke steigt.

Zu den Ablöseregelungen: Ich finde, Vereine, wie der EV Landshut, die intensiv Nachwuchsarbeit betreiben, gehören geschützt. Wir lassen uns das jährlich 300000 Mark kosten. Wenn ich heute mit fünfzehn Siebenjährigen anfange, sind sieben als 19jährige noch dabei – das ist die Regel. Ein jeder hat den Verein 200000 Mark für seine Ausbildung gekostet. Nur: Der schwächste der sieben wird bloß eine Leihgebühr von 5000 Mark bringen, wenn er dann irgendwo in der Bayern- oder Landesliga hobbymäßig Eishokkey spielt. Also muß ich das Recht haben, für meinen Besten, wenn ihn einer kaufen will, 400000 Mark zu bekommen.

So lohnt sich für uns bayerische Vereine die Nachwuchsarbeit. Und wir können weiter existieren.

Aufgezeichnet von Günter Klein

Epilog: Die Bundesliga in 30 Jahren

Ein nicht ganz ernstgemeinter Ausblick aufs Jahr 2018

Xaver Unsinn ist immer noch Bundestrainer. »Ich kann doch das deutsche Eishockey und meinen Freund Otto Wanner nicht im Stich lassen. Ich mache weiter. Aber in ein paar Jahren, da will ich mich nur noch ums Management kümmern.« Hardy Nilsson, Trainer in Köln, vernimmt's zähneknirschend: »33mal nacheinander bin ich jetzt mit dem KEC Meister geworden. Ich will endlich Bundestrainer sein.«

★

Krisenstimmung: In einigen Klubs wackelt der Trainerstuhl. Aus seinem Domizil in Reichersbeuern meldet sich Mike Daski: »Ich wäre bereit zu helfen. Mit 90 gehört man noch nicht zum alten Eisen.«

★

Jupp Kompalla kann's ebenfalls nicht lassen. Die Altersgrenze für Schiedsrichter wird auf sein Betreiben hin auf 83 angehoben.

★

In Libyen wird ein Eishockey-Verband gegründet. Präsident ist der Deutsche Heinz Weifenbach. In der Liga spielen die El-Jaghbub Oilers, die Tripolis Trippers, die Bengasi Boys und der ECD Iserlohn...

★

Eintracht Frankfurt meldet lauter ausverkaufte Spiele in der 20000 Zuschauer fassenden Olympiahalle. Dennoch macht die Abteilung ein Minus von zwei Millionen Mark. Die Eishockey-Funktionäre fordern die Stadtväter auf, das Waldstadion endlich zu überdachen und eine Eisbahn zu installieren: »Nur so ist Eishockey finanzierbar«, heißt es.

★

Verkauf der Dauerkarten an der Düsseldorfer Brehmstraße. Jeder fünfte, der alle 86 Sponsoren der DEG ohne Atem zu holen aufzählen kann, kommt auf die Warteliste. Aber es ist nach wie vor schwierig, selbst dann an einen Platz in der Halle zu gelangen. Beim Tod eines Abo-Besitzers wird automatisch dem Erstgeborenen das Kaufrecht übertragen.

★

Der Eishockey-Boom ist nicht mehr aufzuhalten. Für 295,90 Mark verkauft Eduscho komplette Ausrüstungen in Unisex-Größen.

★

Werbung in der Bundesliga: Köln hat durchgesetzt, daß Trikotnummern bis 99 getragen werden dürfen. Es fällt auf, daß die Kölner Spieler mit den Nummern 47 und 11 stets dicht nebeneinander übers Eis laufen.

★

Generalsponsor der Bundesliga ist ein amerikanischer Fast-Food-Konzern. Die Bezeichnungen der teilnehmenden Klubs wechseln monatlich. Zur Zeit spielen: Apple Pie Mannheim, Big Mäc Düsseldorf, Chicken MacNuggets Frankfurt, Mexicana Salat Schwenningen. Vor der Saison hatte es Krach gegeben: Der Generalsponsor bestand auf der sofortigen Aufnahme des Regionalligisten Hamburger SV in die höchste Klasse. Nach einigem Hin und Her gab der DEB sein Okay.

★

Verhandlungen um die TV-Übertragungsrechte an der Eishockey-Bundesliga: Der DEB will an die Privaten verkaufen, weist das Angebot über 500 Millionen Mark für drei Jahre von seiten der ARD und des ZDF entrüstet zurück. Sat plus bietet schließlich das Dreieinhalbfache. Die Öffentlich-Rechtlichen sind erzürnt und reagieren: »Dann bringen wir halt in Zukunft verstärkt Randsportarten auf den Bildschirm. Fußball zum Beispiel – das ist gar kein so übles Spiel...« *Günter Klein*